하빈 신후담의
돈와서학변

지은이 하빈(河濱) **신후담**(愼後聃)

1702(숙종 28)년에 태어나 1761(영조 37)년에 세상을 떠났다. 자는 이로(耳老), 본관은 거창(居昌)으로, 한양에서 태어났다. 23세 때 성호(星湖) 이익(李瀷)을 찾아가 문인이 되었다. 윤휴(尹鑴)·허목(許穆) 등 근기 남인계의 학문정신을 계승하고, 성호에게서 회의를 통한 본지탐구의 방법을 익혀 주자학만을 절대존신하지 않고 새로운 해석을 추구하였으며, 관념적 유희보다는 실제의 행사를 중시하는 실학적 사유를 드러내고 있다. 동문 이병휴(李秉休)와 함께 성호학과 내의 진보 성향을 가진 대표적인 학자로 후대 정약용(丁若鏞) 등의 경학에 상당한 영향을 미쳐 조선 후기 경학사에서 빼놓을 수 없는 인물이다.

옮긴이

김선희·이화여자대학교 인문과학원 HK 연구교수

실시학사
실학번역총서
04

하빈 신후담의
돈와서학변

신후담 지음
김선희 옮김
재단법인 실시학사 편

사람의무늬

實學飜譯叢書를 펴내며

실시학사(實是學舍)에서 실학연구총서(實學研究叢書)를 발간하여 학계에 공헌하면서 뒤이어 실학번역총서(實學飜譯叢書)를 내기로 방침을 세운 것은 벌써 2년 전의 일이다. 실시학사가 재단법인으로 발전하면서 그 재정적 바탕 위에 여러 가지 사업을 수행하는 가운데 실학(實學)에 관한 우리나라 고전들을 골라, 한문으로 된 것을 우리글로 옮겨서 대중화 작업을 시도하기로 한 것이다.

여기, 이 기회에 나는 다시 몇 마디 말씀을 추가할 것이 있다. 이 실학번역총서를 낸다는 말을 전해 듣고 모하(慕何) 이헌조(李憲祖) 형이 앞서 거액을 낸 것 외에 다시 적지 않은 돈을 재단에 출연해 주었다. 나는 그의 학문에 대한 열정에 오직 감동을 느꼈을 뿐, 할 말을 잊었다. 오늘날 우리나라에서 사회문화에 대한 허심탄회(虛心坦懷)로 아낌없이 투자해 줄 인사가 계속해서 나와 준다면 우리 학계가 얼마나 다행할까 하는 생각을 금(禁)할 수 없었다.

실(實)은 실시학사가 법인으로 되기 전부터, 나는 성균관대학교에서 정년퇴임한 뒤에 진작 서울 강남에서 학사(學舍)의 문을 열고 젊은 제자들과 함께 고전을 강독하면서 동시에 번역에 착수하였고, 그 뒤 근교 고양(高陽)으로 옮겨온 뒤에도 그대로 계속하여 적지 않은 책들을 간행하였다. 예를 들면 경학연구회(經學研究會)가 다산 정약용(茶山 丁若鏞)의『정체전중변(正體傳重辯)』,『다산과 문산(文山)의 인성논쟁』,『다산과 석천(石泉)의 경학논쟁』,『다산과 대산(臺山)·연천(淵泉)의 경학논쟁』,『다산의 경학세계(經學世界)』,『시경강의(詩經講義)』5책 등을 번역 출판하였고, 고전문학연구회(古典文學研究會)가 영재 유득공(泠齋 柳得恭)의『이십일도회고시(二十一都懷古詩)』와『열하기행시주(熱河紀行詩註)』각 1책, 낙하생 이학규(洛下生 李學逵)의『영남악부(嶺南樂府)』1책, 그리고『조희룡전집(趙熙龍全集)』5책,『이옥전집(李鈺全集)』5책,『산강 변영만(山康 卞榮晩)전집』3책, 유재건(劉在建)의『이향견문록(里鄕見聞錄)』1책 등을 모두 번역 출판하였다. 이 열거한 전집들 중에는 종래 산실(散失) 분장(分藏)된 것이 적지 않아서 그것을 수집하고 재편집하는 데 많은 노력을 기울였다. 이 과정에서 제자들은 어려운 생활 속에서도 세월 따라 능력이 성장해 왔고 나는 그것을 보면서 유열(愉悅)을 느껴, 스스로 연로신

쇠(年老身衰)해 가는 것도 잊고 있었다.

그런데 이제 번역 사업이 본격화되면서 많은 역자(譯者)가 한꺼번에 나오게 되고 나는 직접 일일이 참여할 수 없게 되고 보니 한편 불안한 점이 없지도 않다. 나는 지난날 한때 민족문화추진회(民族文化推進會, 韓國古典飜譯院의 前身)의 회장직을 맡아, 많은 직원들, 즉 전문으로 번역을 담당한 분들이 내놓은 원고들을 하나하나 점검할 수도 없어 그대로 출판에 부쳐 방대한 책자를 내게 되었다. 물론 역자들은 모두 한문 소양이 상당하고 또 성실하게 우리글로 옮겨 온 분들이지만 당시 책임자였던 나로서는 그 자리에서 물러난 지 오래된 지금에 와서도 마음 한 구석에 빚이 되어 있는 것이 사실이다. 그런데 지금 또 실시학사에서 전건(前愆)을 되풀이하게 되는 것이 아닐까 걱정이 앞서기 때문이다.

그러나 이미 화살은 날았다. 이제 오직 정확하게 표적(標的)에 맞아 주기를 바랄 뿐이다.

2013년 초하(初夏)
李佑成

차 례

해 제 (解題)

1. 하빈 신후담의 생애와 사상

하빈 신후담(河濱 愼後聃, 1702~1761)은 18세기 조선의 대표적 실학자 성호 이익(星湖 李瀷, 1681~1763)의 제자로, 근기남인계의 집안에서 태어나 과거를 포기하고 평생 학업에 전념한 뛰어난 학자였다. 자(字)는 이로(耳老)·연로(淵老)이며 호(號)는 하빈(河濱)·돈와(遯窩)로 본관은 거창(居昌)이다. 지금의 서울인 한성부에서 현감 신구중(愼龜重)의 3남 3녀 중 장남으로 태어난 신후담은 관직에 나아가지 않은 채 평생 경기도 파주의 교하(交河)를 중심으로 학문 활동을 했고 20대에 성호 이익의 문하에 들어가 문인들과 교류하며 『대학』, 『주역』 등 다양한 방면에 걸쳐 백여 권의 저술을 남긴 박학한 학자였다. 신후담은 스승 성호에게 순임금의 노여움과 맹자의 기쁨 같은 공희노(公喜怒)가 이발(理發)이라는 주장을 폈고 성호가 『사칠신편(四七新編)』에서 이를 반영하여 「중발(重跋)」을 지음으로써 문인 사이에 이에 관한 심도 깊은 논쟁이 일어나

기도 하였다. 그 밖의 신후담 자신의 학설이나 저서는 지금까지 크게 알려지지 않았다. 신후담은 경학에 토대를 둔 그 자신의 학문적 경향보다는 23세 때 저술한 것으로 알려진 조선 최초의 서학 비판서 「서학변(西學辨)」의 저자로 더 많이 알려져 있다.

연보에 따르면 신후담은 다섯 살이던 1706년에 글을 익히기 시작해서 이듬해부터 조부가 추천한 박세흥(朴世興)에게 수학하였으며 열네 살에는 사서삼경을 독파하였고 열일곱 살이던 1718년에는 『성리대전』을 읽었다고 한다. 이와 더불어 청소년기에는 노장사상에 심취하기도 하고 병서나 불교 서적도 탐독하였지만 이후 부친으로부터 훈계를 듣고 18세 때 「자경설(自警說)」을 지어 자신의 학문적 방향을 도학(道學)으로 정했다. 이후 22세 때 진사시에 합격하였지만 곧 과거시험을 포기하고 학문에 전념하기로 결정하였다. 그가 과거를 포기한 것은 남인 출신이라는 현실적인 제약 때문이기도 하지만 당시 성호학파의 학문적 경향과도 관계가 있다. 성호와 그의 문인들은 관직에 진출해 현실 정치에 참여함으로써 세상을 바꾸기보다는 깊이 있는 학문적 추구와 토론, 저술 활동에 중점을 두고자 했고 신후담도 이런 배경에서 관직 진출을 포기했던 것으로 보인다.

신후담의 학문이 도약한 것은 23세 때 성호 이익을 찾아간 이후부터이다. 신후담은 23세 때인 1724년 아현우사(鵝峴寓舍)로 성호 선생을 찾아뵙고 이 자리에서 당시 성호가 깊이 연구하고 있던 서학(西學)에 관해 듣게 된다. 이후로 스승인 성호와 나눈 서학 관련 토론을 「기문편(紀聞編)」으로 정리하였고, 스스로 서학서를 찾아 읽고 연구한 끝에 「서학변」[1]을 완성함으로써 서학에 관련된 자신의 견해와 입장을 정리하게 된

---

1 「서학변」은 일찍부터 학계의 주목을 받아 여러 연구자들이 이에 관한 연구 성과를 제출한

다. 신후담이 23세 때 쓴 것으로 알려진 「서학변」은 성호 문하에서 나온 최초의 반서학적 저술로, 순암 안정복(順菴 安鼎福, 1712~1791)의 「천학고(天學考)」, 「천학문답(天學問答)」, 간옹 이헌경(艮翁 李獻慶, 1719~1791)의 「천학문답(天學問答)」 등 서학 유입에 따른 조선 후기 유학자들의 척사론적 대응의 포문을 연 중요한 저술이다.

비슷한 시기에 신후담은 성호 문하의 윤동규·이병휴 등과 함께 성호의 「사칠신편(四七新編)」에 관한 심도 깊은 토론을 진행하기도 하였다.

스물여덟이던 1729년에는 영남에 살던 식산 이만부(息山 李萬敷, 1664~1731)를 방문하여 『주역』에 관한 토론을 나누기도 했다. 30대부터는 서학 등 유학 외의 학문에 대한 관심을 접고 경학에 매진해 「주역상사신편(周易象辭新編)」, 「논어차의(論語箚義)」 등을 차례로 완성하였고 마흔이던 1741년에는 사칠론에 대한 자신의 견해를 정리한 「사칠동이변(四七同異辨)」을 내놓았으며 중년 이후에도 「대학후설(大學後說)」, 「중용후설(中庸後說)」 등 경학 관련 저술에 매진하였다. 사십대 후반에는 『춘추』나 『시경』에 관한 저술을 남겼고 오십 대에는 「가례차의(家禮箚義)」 등 예학 관련 저술을 쓰기도 하였다. 죽기 직전에 「천문약론(天文略論)」, 「곤여도설약론(坤與圖說略論)」과 같은 과학 분야의 서학 관련 저술을 남겼다고 하나 현재 전해지지 않는다.

바 있다. 대표적인 초기 연구로는 홍이섭(洪以燮)(1957), 「실학의 이념적 일모(一貌) : 하빈 신후담의 「서학변」의 소개」, 『인문과학』, 연세대 인문학연구원; 최동희(1975), 「신후담·안정복의 서학비판에 관한 연구」, 고려대 박사논문 등을 들 수 있다.

2. 판본과 번역에 대해

이 번역의 저본으로 활용한 것은 2006년에 간행된 『하빈선생전집(河濱先生全集)』 제7책에 수록된 『돈와서학변(遯窩西學辨)』이다. 『돈와서학변』은 최근까지 국립중앙도서관에 소장되어 있다가 『하빈선생전집』의 제7책으로 간행된 것으로, 『돈와선생문집』 권7에 해당하는 「서학변(西學辨)」[2]을 「기문편(紀聞編)」과 함께 『돈와서학변(遯窩西學辨)』이라는 제목으로 묶은 것이다. 한편 「서학변」은 이만채(李晚采)가 1931년에 간행한 『벽위편(闢衛編)』 권1에 「신돈와서학변(慎遯窩西學辨)」[3]이라는 제목으로 수록되어 있다.

필사본 『돈와서학변』은 바로 뒤에 실려 있는 『하빈잡저』 권1과 필체가 다를 뿐 아니라 한 사람의 필체가 아니라 여러 사람이 돌려 가며 필사한 것으로, 신후담의 사후에 정리된 것으로 보인다. 「서학변」의 끝 부분에 필사자가 부기(附記)의 형식으로 신후담의 삶과 학문을 간략하게 정리하고 있다. 전체적으로 보았을 때 필사된 글자가 정교하지 않고, 잘못 필사한 글자들이 많은 것으로 보아 문집 간행을 위해 정리한 판본으로 보이지는 않는다. 특히 「신돈와서학변」에 비해 잘못된 글자가 많고 순서가 다른 문단도 상당수 보인다. 「신돈와서학변」 역시 잘못 필사한 글자가 더러 보이지만 『하빈선생전집』에 실린 「서학변」의 완성도가 이보다 더 떨어지고 「신돈와서학변」에는 보이지만 「서학변」에는 나오지 않는 부분도 있다.

「신돈와서학변」의 경우 「서학변」에 비해 문장의 출입이 많은데 전반

---

2 『하빈선생전집』에 실린 「서학변」은 이하 「서학변」으로 표기한다.
3 『벽위편』에 수록된 「신돈와서학변」은 이하 「신돈와서학변」으로 표기한다.

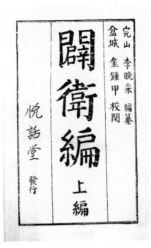

『벽위편』의 표지

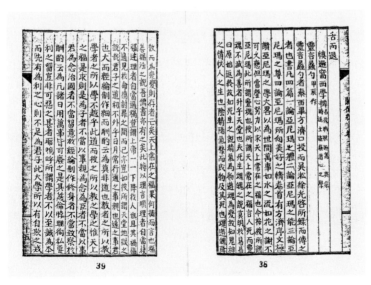

『벽위편』에 수록된 「신돈와서학변」

적으로 내용을 수정하고자 했다기보다는 문장의 어기와 뉘앙스를 살리기 위해 첨삭을 하거나 문장의 순서를 바꾼 정도로 보인다. 양쪽 모두 원본에 해당하는 것이 있고 이를 필사한 것일 텐데 각각 오류가 많아 어느 것이 더 정본에 가까운지 단정할 수 없다. 심지어 「서학변」의 경우 두 쪽이 순서가 바뀌어 영인되어 있다. 다만 「서학변」보다는 「신돈와서학변」이 글자 상의 오류가 적고, 문장의 의미를 살리기 위해 불필요한 내용을 줄이고 접속사를 바꾸는 등 완성도를 높이려고 한 것으로 보아 신후담이 이미 완성한 「서학변」을 후에 다시 정리하였고, 현재의 두 판본은 각각 다른 시기에 완성된 판본을 필사한 것이 아닐까 추정할 수 있다.

특히 『직방외기』에 대한 비평 부분에서 「서학변」에는 『직방외기』 본문만 소개되어 있는 데 비해 「신돈와서학변」에는 그에 대한 신후담 자신의 논평이 붙어 있어 「신돈와서학변」이 「서학변」에 비해 보다 발전된 판본이라고 여겨진다. 그러나 양쪽 모두 오류가 적지 않고 해독이 불가능한 글자들로 인해 상호 교감을 통해야 비로소 온전한 문장이 보이는 구절이 더러 있다. 정본을 정할 수 없는 상황이지만 이 번역의 경우는 「신돈와서학변」을 이본으로 보고 원문에 교감주를 달았다.

신후담에 관한 연구는 현재까지 「서학변」에 집중되어 있다고 할 수 있다. 신후담의 경학 관련 자료들에 관한 연구 성과보다 그의 서학 비판을 담고 있는 「서학변」이 여러 연구자들에 의해 일찍부터 주목받아 왔기 때문이다.[4] 「신돈와서학변」은 1980년대에 번역 출간된 『벽위편 :

---

4 대표적인 연구들은 다음과 같다. 홍이섭(1957), 「실학의 이념적 일모」, 『인문과학』 1, 연세대학교 인문과학연구소 ; 이원순(1975), 「서학 수용에 따른 조선 실학사상의 전개양상」, 『동방학』 5, 한서대학교 동양고전연구소 ; 이원순(1975), 「조선후기 실학자의 서학의식」,

한국 천주교 박해사』에 수록되어 비교적 접근이 쉬웠다. 그러나 이 번역은 『영언여작』, 『천주실의』, 『직방외기』 등 신후담이 검토한 서학서들의 실제 내용이나 맥락을 검토하지 않고 「서학변」의 문장을 자구대로 번역했다는 점에서 일정한 한계를 가진다. 스콜라 철학이나 르네상스 시기 과학사적 정보를 담고 있는 서학서의 원래의 맥락을 알지 못하고서는 파악하기 어려운 부분이 많기 때문에 신후담의 서학 이해와 비판을 구체적으로 이해하는 데 어려움이 있었던 것이다. 「기문편」 역시 기존 연구를 통해 초역의 형태로 일부 번역되거나[5] 분석된 바 있다.[6] 그러나 이 번역과 연구 역시 서학 이론에 대한 이해를 바탕으로 이루어진 결과물이 아니라 기초적인 번역 작업이라는 점에서 지금까지 축적된 서학 연구를 토대로 좀 더 본격적인 연구가 반영된 번역이 필요한 상황이다.

　이처럼 기왕에 번역이 있는 문헌을 다시 역주하고자 하는 것은 그간 축적된 서학 관련 연구의 성과를 반영해 다양한 학술적 정보를 담아 성호 이익과 신후담의 서학 이해에 좀 더 체계적으로 접근하기 위해서이다. 최근 근대 동서양의 학술적 조우에 관한 관심이 확대되면서 관련 분야의 다양한 연구 성과들이 축적되었다. 『천주실의』, 『칠극』, 『영언여작』, 『직방외기』 등 중요한 서학서들이 번역되었고 성호의 과학 이

『역사교육』 17, 역사교육연구회 ; 이원순(1986), 『조선서학사연구』, 일지사 ; 최동희(1972), 「신후담의 서학변에 관한 연구」, 『아세아연구』 제46호 ; 강병수(2003), 「성호 이익과 하빈 신후담의 서학담론-腦囊에 대한 인식을 중심으로」, 『한국실학연구』 6집, 한국실학학회 ; 금장태(2001), 「돈와 신후담의 서학 비판이론과 쟁점」, 『종교학연구』 제20집.
5 서종태(2001), 「이익과 신후담의 西學談論-『돈와서학변』의 '기문편'을 중심으로」, 『교회사연구』 16집, 한국교회사연구소.
6 강병수(2003), 앞의 논문.

론, 신후담의 서학 비판 등에 관한 연구 성과도 꾸준히 축적되고 있는 상황이다. 이 역주는 이러한 서학 관련 연구 성과들을 활용하여 서학에 관한 성호학파의 토론 과정을 파악하고 이를 통해 조선 유학자들의 서학 이해의 폭과 맥락을 확인하기 위한 토대로 삼고자 한다.

이를 위한 중요한 전제 중 하나가 번역어의 선정이다. 사실상 『영언여작』, 『천주실의』 등의 서학서에는 스콜라 철학의 전문적 용어가 많이 등장한다. 그러나 우리가 지금 「서학변」을 읽는 것은 『영언여작』이나 『천주실의』에서 예수회원들이 전하고자 한 서양의 학술 자체가 아니라 조선의 특수한 지적 상황에서 성호와 신후담이 이해하고 수용한 바를 읽고자 하는 것이다. 다시 말해 서양의 담론과 개념 자체가 아니라 조선 유학자들의 눈에 비친 타자의 담론을 읽고자 하는 것이다. 따라서 서학서의 원저자인 마테오 리치(Matteo Ricci, 利瑪竇, 1552~1610)나 삼비아시(Franciscus Sambiasi, 畢方濟, 1582~1649)가 전달하고자 한 스콜라 철학의 용어가 실제로 무엇이었는지도 중요하지만 더욱 중요한 것은 한역(漢譯) 과정에서 선택된 번역어를 조선 유학자들이 어떻게 이해했는가 하는 점일 것이다. 그들은 '구상력'이나 '공통감각'과 같은 현대적 개념이 아니라 '사사(思司)'·'공사(公司)'와 같은 한역어로 스콜라 철학의 개념들을 이해하고 비판했다. 따라서 성호나 신후담의 서학 관련 저술에 등장하는 서구 개념들을 바로 현대어로 옮기기보다는 중국과 조선 지식인들의 이해 방식과 의미망을 고려하며 읽어 가는 것이 중요할 것이다. 다만 이 번역에서는 서학서들이 원래 전달하고자 했던 것이 무엇인지 파악하기 위해서 필요한 경우 현대 번역어를 함께 병기할 것이다.

이해를 돕는 데 도움이 되는 정보와 이론들은 각주에서 다루고 원문은 가급적 동아시아 유학자들이 포착했을 의미망에 준거해서 우리말로 옮길 것이다. 이미 영혼·실체·범주·류와 종차 등 서양 개념들에 익숙한 우리의 눈으로 신후담의 사유를 파악하고자 한다면 현대인의 시선을 18세기 조선인의 인식과 지적 태도 위에 그대로 투사하는 셈이 될 것이다. 이런 방식에 따르면 결국 서양 이론에 대한 조선 유학자들의 이해를 원의에 맞게 수용했는지의 정오판단으로 평가하게 될 가능성이 높다. 그러나 이들은 외래의 언어가 아니라 자신들의 일상적 언어와 학술적 표현으로 이루어진 문장과 개념을 접하고 그 맥락 안에서 이해하고자 노력했던 사람들이다. 신후담보다 서양의 개념과 학술에 대해 더 많은 정보를 가진 우리가 우리의 정보량으로 신후담의 이해 방식을 평가할 때 발생할 수 있는 오류를 줄인다는 점에서도 이 점은 중요한 문제로 보인다.

3. 「기문편(紀聞編)」 : 스승과의 서학 토론

「기문편」은 신후담이 1724년 봄부터 1729년 가을까지 스승인 성호 이익(李瀷)과 나눈 서학에 관한 토론, 그리고 스승과의 토론 내용을 바탕으로 이천의 외암 이식(畏庵 李栻, 1659~1729), 상주의 식산 이만부(息山 李萬敷, 1664~1732) 등과 나눈 서학 관련 토론을 대화가 이루어진 시기에 따라 총 6편으로 정리한 글이다.

근기남인계 집안에서 1702년(숙종 28)에 태어난 신후담은 노장과

『하빈선생전집』의 「기문편」

불교 서적까지 섭렵하던 소년기를 지나 18세부터 과거에 응시했고 22세에 진사시에 합격했지만 그 후 문과 시험을 포기한 채 학문에 전념하게된다. 23세 때인 1724년에 신후담은 처음으로 아현우사(鵝峴寓舍)에 머물던 성호 선생을 찾아뵙게 된다. 이 첫 번째 만남부터 신후담은 성호 선생으로부터 서학에 관해 많은 이야기를 듣게 된다.

첫 만남에서 신후담은 마테오 리치가 어떤 사람인지, 서학의 천당지옥설은 불교와 어떻게 다른지, 서학에도 실용적인 측면이 있는지에 대해 활발하게 질문한다. 이후 신후담은 성호의 권고에 따라『천주실의(天主實義)』,『직방외기(職方外紀)』등의 서학서를 구해 읽고 이를 바탕으로 성호와 적극적으로 토론한다. 그러나 신후담은 서학에 대해 우호적이었던 성호와는 달리 비판적인 입장을 견지했고 서학에 대한 질문과 토론 역시 날카롭고 비판적이었다. 성호는 천당지옥설 등에 대해서는 유보적인 태도를 취하면서도 서양의 학문적 수준, 특히 천문 역법 등의 성취에 대해 높이 평가하며 신후담의 지나치게 비판적인 태도를 경계하기도 한다.

성호 이익이 상당한 양과 깊이로 서학을 수용했다는 것은 기존 연구에서 충분히 밝혀진 바이다. 신후담이 성호를 처음 만났을 당시 성호는 문인들과 서학에 대한 활발한 토론을 벌이고 있었다. 성호는 선구적으로 서학서들을 읽은 뒤에[7] 제자들에게 서학서 읽기를 권하였고 편지[8]를 통해 제자들과 서학에 관한 토론을 주고받기도 했다. 성호가 검토한 책

---

7 금장태는 이원순·한우근의 연구를 바탕으로 성호가 접한 서학서와 서양 문물을 각각 21종과 9건으로 정리하고 있다. 금장태(2003),『조선 후기 유교와 서학』, 서울대학교 출판부, 55~56쪽.
8 성호가 서학에 관해 언급한 편지 목록은 금장태, 위의 책, 57쪽 참조.

은『천주실의』,『직방외기』,『주제군징(主制郡徵)』,『칠극(七克)』등 대표적인 서학서들을 비롯해『건곤체의(乾坤體義)』,『천문략(天文略)』,『치력연기(治曆緣起)』,『시헌력(時憲曆)』,『간평의설(簡平儀說)』,『기하원본(幾何原本)』,『혼개통헌도설(渾蓋通憲圖說)』등 다수의 과학 관련 저술을 포함한다.

「기문편」을 살펴보면 신후담과 토론할 당시 서학에 대한 성호의 관심은 우주관, 천문 역법, 인체 이론 등 과학 이론에 집중되어 있었던 것으로 보인다. 예를 들어 유학의 심성론과 유사한 서학의 삼혼설을 언급하는 맥락에서도 가장 먼저 뇌낭(腦囊), 즉 두뇌가 기억의 주체가 된다는 사실을 언급한다. 이는 외암 이식과 심신에 관해 나눈 토론의 영향으로 볼 수 있지만 신후담과 만났을 당시 성호가 서학의 어떤 이론과 관점에 주목하고자 했는지를 보여 준다.

잘 알려져 있듯이 성호는 특히 서학의 과학 이론에 대해 높게 평가한다. 물론 중국이나 조선에 천문 역법이나 상수·지리에 관한 담론이 없었던 것은 아니지만 서학의 이론에 비해 낙후되어 있다는 것이다. 성호가 서학의 과학 이론을 객관적인 태도로 수용할 수 있었던 것은 과학과 기술은 후대로 갈수록 더욱 발전한다는 인식에서 비롯된 것이다.

모든 기계와 수리의 법은 후에 나온 자가 더 정교한 것이며, 비록 성인이라도 미진한 바가 있다. 후인들이 그것을 토대로 하여 더욱 증보하여 연구하면 오래되면 될수록 더욱 정교해지게 마련이다.[9]

---

9 『성호사설』권2,『천지문(天地門)』,「역상(曆象)」, "凡器數之法, 後出者工, 雖聖之有所未盡, 而後人因以增修, 宜其愈久而愈精也."

성호는 특히 서학이 실증과 계산을 통한 객관적 인식을 보여 준다는 점을 높이 산다. 성호가 생각하는 실용이란 이론이나 개념만이 아니라 수학적 계산을 바탕으로 한 실측과 경험을 포함하는 것이라고 할 수 있다. 이에 비해 신후담은 서학에 접촉하던 초기에는 과학에 대해 거의 관심을 보이지 않는다. 「기문편」에 따르면 과학 이론에 대한 토론을 주도하는 것은 성호 쪽이고 신후담은 이를 전하고 있을 뿐 토론에 깊이 개입할 의지를 보이지 않는다.

1724년에 신후담이 성호 이익을 찾아가 처음 만나게 되었을 때 이미 성호는 서학에 대한 상당한 수준의 지적 축적이 이루어진 상태에서 자신의 문인들에게 서학을 읽고 토론하도록 권하고 있었다. 신후담은 성호를 만나기 전에 서학에 대해 어느 정도 알고 있었던 것으로 보인다. 첫 만남에서 신후담은 일전에 서학서 한 권을 보았다며 '서양 학문〔西泰之學〕은 대개 천신(天神, 천주)을 우러러 받드는〔尊奉〕 것을 종지로 삼는다.'는 의견을 밝힌다. 또 일본의 영주로 천주교를 믿었던 고니시 유키나가(小西行長)에 관한 이야기도 전한다.

이런 지식을 바탕으로 신후담은 성호에게 마테오 리치에 대한 평가와 서학의 핵심적 종지에 대해 질문한다. 이에 대해 성호는 마테오 리치에 대해 유학과 합치하지 않지만 학문의 수준으로 보아 성인(聖人)이라 함 만하다고 높이 평가한다. 또한 머리에 뇌낭이 있어 기억의 주체가 된다는 점과 인간에게 생혼·각혼·영혼이 있다는 삼혼설이 서학의 종지라고 소개한다.

그러나 신후담은 결과적으로 서학이 천당불교설로 인해 불교와 다름이 없지 않느냐고 질문한다. 이에 대해 성호는 서학에는 적멸로 빠지는 불교와는 다른 실용처가 있다고 평가한다. 성호가 생각하는 서학의 실용성은 『천문략(天問略)』, 『기하원본(幾何原本)』 등에 소개된 천문(天文)·

수리〔籌數〕의 법과 같은 것이었다. 성호는 이런 이론들이 이전 사람들이 발명하지 못한 바를 밝힌 것으로 세상에 크게 유익함이 있을 것이라고 생각한다.

성호로부터 서학에 대해 듣고부터 4개월 뒤인 1724년 가을에 신후담은 다시 성호 선생을 찾아간다. 이때 신후담은 성호가 권한 서학서들을 읽고 자기 나름의 연구를 했던 것으로 보인다. 첫 대화 때 서학에 관한 성호의 의견을 구하는 정도에서 더 나아가지 않았다면 두 번째 방문에서는 분명한 자신의 의견을 피력한다. 서학이 결국 불교와 마찬가지로 사학(邪學)에 불과하다는 것이다. 신후담은 『직방외기』를 살펴보았지만 그 도(道)는 전적으로 불교를 답습한 것이라고 평가하면서 스승이 이를 취하는 까닭을 이해할 수 없다고 말한다. 분명한 비판의 태도를 보이자 성호는 '서양 학문〔西泰之學〕은 가볍게 보아 넘길 수 없다.'며 서학에 대한 신후담의 경직된 태도를 경계한다.

다음 해인 1725년 가을에 두 사람이 다시 만났을 때 서학에 대한 신후담의 입장은 전보다 더욱 확고해졌던 것으로 보인다. 성호는 자신의 제자인 윤동규로부터 들었다며 신후담이 서학을 강하게 배척하는 점을 걱정한다. 여기서 성호는 서학을 이원화해서 이해하고자 한다. 천당지옥설 등 불교와 유사한 부분, 천주의 존재 등 유학에서 받아들이기 어려운 종교적인 내용에 대해서는 거리를 두면서 천문 역법 등 과학적 이론에 대해서는 그 수준을 인정하는 것이다.

스승이 강경한 태도를 보이자 신후담은 자신이 『직방외기』 등 황탄한 내용이 담긴 책만 보았기 때문에 과학 이론에 대해서는 말할 상황이 아니며 그들의 천문 역법 등의 이론은 스승이 말한 것처럼 볼 만한 내용이 있을 것이라고 한발 물러선다. 여기서 신후담은 일식과 월식에 관한 이론에 대해서는 인정할 만하다고 말한 뒤 일식과 월식을 인간에 대한 하늘의 경계로 보는 『춘추(春秋)』의 관점은 어떻게 받아들여야 하는가를 질문한다. 과학 이론에 대한 성호의 긍정적 수용 태도를 부정하지는 않지만 전통적 사유와 어떻게 견주고 이해해야 하는지를 질문한 것이다.

다음 해인 1726년 신후담은 다시 성호를 찾아간다. 이때 신후담은 성호가 권한 책들을 여러 권 읽었던 것으로 보인다. 이 만남에서 신후담은 자신도 서학의 천문 역법이나 상수학에 대해서는 인정하게 되었음을 밝힌다. 그러나 역시 『천주실의』나 『영언여작(靈言蠡勺)』에서 전하는 천주에 관한 이야기들은 기만적인 이치에 가깝다며 스승의 의견을 구한다. 이 만남에서 신후담은 이전과는 달리 서학의 이론들을 조목조목 비판하며 논리적인 비판을 시도한다.

귀신을 믿는 폐단은 진실로 황탄한 바에 이르게 됩니다. 예를 들어 이른바 천주강생의 설은 그 황탄함이 매우 심합니다. 그들은 일찍이 천주의 설을 논하면서 하늘이 머무는 바[次舍]는 각각 그 자리에 의거하며 (하늘의) 도수(度數)가 각각 그 법칙에 의거하는 것은 천주가 이를 주재하였기 때문이라고 말합니다. 그렇다면 천주는 하루라도 하늘을 떠날 수 없는 것이 역시 분명합니다. 그러나 돌아보면 (천주가) 서양 땅에 강생하여 (머문 것이) 33년에 이릅니다. 그렇다면 하늘이 머무는 바[次舍]와 (운행의) 도수(度數)가 문란해지고 무너지는 폐단이 없을 수 있겠습니까?[10]

---

10 『하빈선생전집(河濱先生全集)』, 「기문편」, "信鬼之弊, 固至於誕然, 如所謂天主降生之說, 其誕亦太甚. 此其嘗論天主之說曰, 天之次舍, 各依其所, 度數, 各依其則者, 由天主之爲之主宰也云, 則天主之不可一日離天也, 亦明矣. 而顧乃降生西土, 至於三十三年之舊, 則天之次舍度數, 能無紊舛壞墬之弊乎."

이 구절은 「서학변」의 『천주실의』 제8편에 관한 비평에 거의 그대로 다시 나온다. 신후담은 서학서들에 대한 독해를 바탕으로 자신만의 비판을 완성해 가고 있었던 것이다. 이를 통해 「서학변」이 「기문편」의 토론이 이루어지던 시점에 쓰여진 것임을 추론할 수 있다.

신후담은 1728년 외암 이식, 1729년 식산 이만부와 만나 서학에 관해 토론을 나눈다. 이 만남은 성호와 나눈 토론에 대해 다른 이의 의견을 구하려는 목적에서 이루어진 것으로 보인다. 신후담은 자신이 완전히 동의할 수 없는 인체에 관한 성호의 주장에 대해, 성호와 다른 입장을 듣고 싶었던 것으로 보인다. 일찍이 성호 이익은 외암 이식과 심신설(心腎說)에 관해 토론한 바 있다. 그 당시 성호는 외암의 이론을 비판했는데 서학의 뇌낭설을 통해 외암의 이론을 재고하게 되었다고 한다. 신후담은 성호의 입장 변화를 전하고 성호가 생각을 바꾼 계기가 된 서학의 아니마(亞尼瑪)의 이론 즉 뇌낭설과 삼혼설에 대해 전한다.

뇌낭설은 성호와 신후담의 첫 만남에서도 거론되었던 주제로 「서학변」의 『영언여작』 부분에서도 중요하게 논박되는 주제다. 뇌낭설은 뇌낭 즉 두뇌를 기억의 주체로 보는 것으로, 유학의 입장에서는 낯선 관점이었다. 물론 도가적 사유와 연결되어 있던 전통 의학에서도 두뇌는 중요하게 다루어졌지만 이는 정신 작용이나 인식 능력에 관한 것이 아니라 주로 생명력이나 생식력과 관계된 것으로 여겨졌다.

유학의 관점에서 가장 중요한 인체의 기관은 심장(心)이었다. 특히 맹자 이래 심(心)은 사려(思慮)의 기관으로 여겨졌기 때문에 두뇌는 정신적 활동과는 직접적인 관계가 없는 기관이었다. 이런 맥락에서 본다면 서학의 뇌낭설을 토론한 성호와 신후담은 두뇌를 인간의 사유나 기억 등 정신 활동의 측면에서 논쟁한 조선 최초의 유학자들이라고 할 수 있다. 사실상 이런 토론 자체가 전통적인 심성론의 궤도를 벗어나는 것이라고 할 수 있다. 서학의 영향을 통해 성호는 사변적인 심성론에 거리를 두고 실제 인체의 기관과 그를 운용하는 기(氣)라는 측면에서 사유와 인식, 기억 등을 다시 다루었던 것이고, 신후담은 이를 전통적인 심성론과 인체관의 관점에서 논박했던 것이다.

4. 「서학변(西學辨)」: 신후담의 서학 이해와 비판

신후담이 23세 때인 1724년에 저술한 것으로 알려진 「서학변」은 스콜라 철학의 영혼론을 심도 깊이 소개한 예수회 선교사 삼비아시(F. Sambiasi, 畢方濟)의 『영언여작(靈言蠡勺)』, 총론적 성격의 전교 예비록인 마테오리치(M. Ricci, 利瑪竇)의 『천주실의(天主實義)』, 줄리오 알레니(J. Aleni, 艾儒略)의 인문지리서 『직방외기(職方外紀)』의 핵심적 내용을 소개하고 비판하는 대표적인 척사론 성격의 글이다.[11]

　「서학변」에서 특기할 만한 점은 중국과 조선에서 가장 많이 읽히고 가장 많은 영향을 끼친 『천주실의』가 아니라 영혼론만을 다룬 『영언여작』을 가장 먼저 그리고 가장 중요하게 다루었다는 점이다. 이는 신후담의 학문적 관심을 반영하는 구성이라고 할 수 있다. 신후담은 『영언여직』에 소개된 서양의 인간관에 가장 큰 관심을 보였다. 이는 신후담이 사칠론에서 공희노 이발설을 주장하는 등 인간의 심성에 대해 특별한 관심을 가지고 있었던 점과 관련이 있을 것이다. 이에 비해 신후담은 과학이론에 대해서는 큰 관심이 없었던 것으로 보인다. 신후담은 성호가 관

---

11 성호의 문인으로 신후담보다 연배가 높았던 안정복 역시 「천학문답(天學問答)」·「천학고(天學考)」 등 척사론을 저술한 바 있지만 이는 신후담보다 후에 쓴 것이다.

심을 보였던 『천문략』이나 『건곤체의』, 「곤여만국전도」 등은 언급하지 않고 오직 『영언여작』, 『천주실의』, 『직방외기』만을 언급하기 때문이다.

또한 『직방외기』의 경우 지리서이면서도 지리적 정보 외에 과학적 이론들을 소개하고 있는데, 신후담은 이에 대해 큰 관심을 보이지 않고 천주교의 교의적 측면이나 서양의 교육 체계 등에 대해서만 논박한다. 이는 천문학을 비롯한 다양한 과학 이론에 관심을 보였던 스승 성호와 다른 점이라고 할 수 있다. 그러나 이런 신후담의 인식이 만년까지 지속되었던 것으로 보이지는 않는다. 연보에 따르면 신후담은 과학 이론에 관한 글을 저술한 일이 있기 때문이다. 신후담은 59세에 「천문략곤여도설약론(天問略坤輿圖說略論)」을 지었다고 한다.

「천문략곤여도설약론」이라는 글이 있는데 그 서문에 말하기를 '서양(西洋)의 학(學)이 지금 천하에 크게 유행하고 있다. 그 학문은 불교에 근본을 둔 것이지만 조금 바꾸어 스스로 신령하다고 여겼다. 내가 일찍이 「서학변(西學辨)」을 지어 그 설(說)을 배척하였다. 그 천지의 도수(度數)와 물리(物理)를 논한 학설은 가장 정미하지만 때때로 궤변에 이르니 모두 믿을 수는 없다. 『천문략(天問略)』과 『곤여도설(坤輿圖說)』 두 책에 실려 있는 바의 경우 그 대략을 볼 만하다. 지금 살펴본 바에 따라 대략을 논하니 식자들의 질정을 기다린다.'고 하였다.[12]

이 글은 현재 전하지 않아 실제 내용을 알 수 없지만 적어도 신후담

---

12 『하빈선생전집(河濱先生全集)』 권9, 「하빈선생연보(河濱先生年譜)」 경진(庚辰), "有天問略坤輿圖說略論, 其序曰, 西洋之學, 今大行於天下矣. 其學本佛氏, 而稍變以自神. 余嘗撰西學辨以斥之, 其論天地度數及物理說, 最爲精微, 而往往弔詭, 不可盡信. 如天問略坤輿度說二書所載者, 可見其槪. 今隨覽略論, 以俟識者質焉."

이 젊은 시절의 평가와는 달리 말년에는 성호의 생각에 동조해서 서학의 과학 이론을 재평가하게 되었다는 점은 확인할 수 있다.

5. 「서학변(西學辨)」: 조선 유학자의 서학 이해

「서학변」은 「기문편」의 토론을 바탕으로 신후담이 23세 때 저술한 본격적인 반서학적 저술로 『영언여작』, 『천주실의』, 『직방외기』 등 세 서학서에 대한 비판적 논변을 담고 있다. 「서학변」은 조선 유학자의 눈에 과학을 제외한 서학 이론들이 어떤 구도와 문제로 포착되었는지를 보여주는 저작이다. 당시 성호학파가 읽었던 서학서는 『천주실의』, 『영언여작』, 『칠극』, 『직방외기』 외에 과학 관련 저술들이 포함되어 있었지만 신후담은 그 가운데 특히 사변적인 영혼론을 다룬 『영언여작』을 중심적으로 논변한다. 『영언여작』의 영혼론이 성리학적 마음〔心〕과 대비될 수 있다는 점에서 신후담의 관심과 지적 경향을 알 수 있다. 서학에 대해 우호적이었던 스승 성호와 달리 신후담은 일관되게 성리학적 관점에서 천주의 존재, 영혼의 구조와 기능 등에 대해 비판적으로 논박하였고 신후담의 이러한 작업은 성호학파 내에서 '공서파'로 분류되는 사상적 경향의 시발이 되었다.

1) 『영언여작』 비판

『영언여작』에 대한 비판은 몇 가지로 나눌 수 있다. 먼저 신후담은 서양의 학문적 태도와 목적을 비판한다. 『영언여작』의 서문에서 '세상의 일은 오래도록 연연하기 어려우므로 군자라면 천상의 영원히 존재하는 일(天上永永常在之事)에 마음을 써야 한다.'는 구절을 문제 삼는다. 이러한 태도는 '아들된 자가 마땅히 부모를 섬기는 일에 유념하지 않고, 신하된 자가 마땅히 임금 섬기는 일에 마음을 쓰지 않으며, 나라를 다스리는 자가 마땅히 나라를 다스리고 법률을 제정하는 데 유의하지 않으며, 자신을 닦는 자가 마땅히 응대하고 말하며 행동하는 것을 살피지 않는' 것에 불과하며 결국 이익[利]을 구하는 것에 불과하다는 것이다. 신후담은 전통적인 유가적 발상에서 이익을 구하는 태도를 경계하며 화복은 상제가 아니라 리(理)에서 비롯되는 일이라고 주장한다.

삼비아시나 마테오 리치는 중국인들에게 신의 존재와 의미, 인간과의 관계를 설득하기 위해 현실 세계가 아니라 '천상의 영원히 존재하는 일'에 마음을 쓰도록 유도하고자 했다. 인간적인 삶의 한계를 인식하고 영원한 존재인 천주(天主)를 받들고 공경하기를 바랐기 때문이다. 그러나 이들의 이러한 전략은 유가적 입장에서 받아들이기 어려운 것이었다. 유학에서는 이 세계를 넘어선 또 다른 근원 세계가 존재하지 않을 뿐더러, 세상의 일이 아니라 천상의 일에 마음을 쓴다는 것은 결국 한 사람이 부여받은 삶의 의무들을 이행하지 않는다는 것을 뜻하기 때문이다. 아버지나 아들, 신하로서의 의무를 저버리고 천상의 일만 생각한다면 이는 결과적으로 인륜을 어그러뜨리고 사사로이 하늘의 복을 구하는 행위에 불과하다는 점에서 일종의 이익을 추구하는 것과 마찬가지다. 신후담은 전형적인 유가적 발상으로 인간과 세계의 배후에 근원적 존재가 있음을 전하고자 한 서학서의 입장을 반박하고 있는 것이다.

다음으로 신후담은 서학서에 등장하는 천당지옥설을 비판하고 이 역시 이익[利]을 추구하는 행위에 불과하다고 비판한다. 천당에 가고 지옥에 떨어지지 않기 위해 도덕적 행동을 해야 한다면 이는 사사로운 이익을 구하는 행위와 다름없다는 것이다. 사실상 마테오 리치를 비롯해 대부분의 선교사들은 지상에서 선을 행하고 악을 피해야 하는 이유로 선업과 악업에 따라 천당과 지옥이 결정된다는 천당지옥설을 제시했는데 이런 설명은 대부분의 유학자들에게 상당한 거부감을 일으켰다. 유학자들에게 지상에서 선을 추구하는 행위는 천당에 가기 위한 수단이 아니라 자신의 본성을 회복하는 당위적인 것이었기 때문이다.

이후 신후담은 『영언여작』에 소개된 삼혼설, 은총, 내적 감각과 외적 감각, 공통 감각, 수동 이성, 능동 이성, 의지 등 심화된 스콜라 철학의 영혼론을 소개한 뒤 이를 성리학의 관점에서 조목조목 비판한다. 예를 들어 인간의 영혼(靈魂)은 죽으면 사라지는 생혼(生魂)이나 각혼(覺魂)과는 달리 그 자체로 독립적으로 존재할 수 있다는 설명에 대해 '혼(魂)이라는 것은 형체에 의존해서 존재하는 것이니 형체가 이미 사라진다면 흩어져서 무(無)로 돌아간다. 어찌 자립한다고 할 수 있는가?'[13]라고 반문한다. 인간의 혼은 음양(陰陽)의 굴신(屈伸)의 결과이며 인간의 지적 활동은 마음[心]의 활동의 결과라는 성리학의 입장을 일관되게 주장하는 것이다. 신후담에게 '사람의 지각은 단지 마음이 하는 바[人之知覺, 只是此心之所爲]'일 뿐이었다.

신후담의 비판은 예수회 선교사들이 동아시아의 지식인들에게 스콜라 철학을 전달하는 과정에서 부딪히는 이론적 문제의 양상과 구조를 보여 준다. '영혼-아니마(anima)'는 전통적인 유학의 '혼백(魂魄)-심(心)'의 복잡한 함수 속에 막혀 버렸던 것이다. 이미 심·성·혼·기 등 인간의 신체와 정신을 설명하는 기존의 이론을 가지고 있던 유학자들에게 스콜라 철학의 영혼론과 은총 등의 신학적 이론을 소개하는 과정은 사실상 논리적 논파로 달성될 수 있는 일이 아님을 보여 준다.

---

13 「서학변」,〈천주실의〉, "魂者乃依於形而爲有, 形旣亡則消散而歸於無者也. 烏得爲自立之體乎."

2) 『천주실의』 비판

신후담은 『천주실의』를 『영언여작』보다 뒤에 배치했을 뿐 아니라 내용에 대해서도 간략하게 소개한다. 『영언여작』이 원문을 소개하고 이에 대해 논박하는 형식을 취하고 있다면 『천주실의』는 원문에 대한 소개 없이 각 편에 대한 자신의 논평만을 제시하고 있다. 신후담은 『천주실의』에 대해 다음과 같이 총평한다.

『천주실의』는 서양의 이마두(Matteo Ricci)와 그의 동향인 친우가 중국인과 문답한 글이다. 이 책은 여덟 편으로 되어 있는데 그 대략은 천주를 존숭하여 받드는 일을 말하고 있다. 그러나 그 귀결처를 살피면 천당·지옥의 설로써 세상 사람들을 위협하고 유혹하는 것에 불과하니 사람은 죽어도 그 정령은 불멸하므로 천주가 사람이 죽기를 기다렸다가 상벌을 준다고 여기는 것이다.[14]

신후담은 『천주실의』의 핵심 주장인 천주의 주재(主宰)·안양(安養)·창조〔始制天地〕 가운데 주재와 안양에 대해서는 타당성을 인정한다. 그러나 천주가 세계를 창조했다는 점에 대해서만은 수용하지 않는다. '천지가 천주의 제작(창조)으로 말미암아 만들어졌다면 이는 이치상으로도 징험할 것이 없고 경전에서도 상고할 바가 없으니 다만 근거 없는 억측에서 나온 이론'이라는 것이다. 신후담은 천지의 개벽은 사람의 손에서 집이 만들어지는 것과는 다르며, 결국 상제는 목수에 비교될 수 없다고

---

14 「서학변」, 〈천주실의〉, "天主實義者, 秦西利瑪竇及其鄕會友與中國人問答之詞也. 書凡八篇大略言奉事天主之事, 而考其歸趣, 則不過以天堂地獄之說, 恐誘世人, 以爲人死而精靈不滅, 故天主固待其死而賞罰之."

지적한다. '상제는 또한 천지가 형성된 후에 그 사이에서 주재한다는 것으로, 도(道)와 기(器)를 합해서 이름한 것'일 뿐, 인격적인 창조자가 아니라는 것이다. 신후담은 일관되게 리와 태극의 관점에서 천주에 관한 이론을 부정하고자 한다.

> (이마두가) 리(理)는 영명함과 지각이 없는 것이요, 나에게 없는 것을 사물에 베풀 수는 없다고 한 것은 곧 리(理)가 리(理)인 까닭을 모르는 것이며, 물(物)이 물(物)인 까닭을 모르는 것이다. 무릇 사물이 영명〔靈〕할 수 있고 지각〔覺〕할 수 있는 것은 기(氣)가 (그렇게) 만드는 것이다. 그 영명하고 지각하는 까닭의 근원을 미루어 나가면 리(理)인 것이다.[15]

마테오 리치는 세계의 근원에 인격적 신을 세우기 위해 비인격적 원리였던 태극을 비판하고 부정해야 했다 신후담은 이러한 마테오 리치의 태극 비판을 전통적인 성리학적 입장에서 강하게 비판한 것이다. 신후담의 비판은 자취와 형질이 없지만 기를 제어하고 기를 통해 현시되는 태극과 리로 세계의 구조와 운행을 설명하는 성리학적 관점에서는 근원의 자리에 인격적 존재를 내세우는 것이 불필요한 일이었음을 명확히 보여 준다.

3)『직방외기』 비판

『직방외기』는 예수회 선교사 줄리오 알레니가 쓴 인문지리서로, 서양

---

15 「서학변」, 〈천주실의〉, "至謂理無靈覺, 而不得以所無施之於物, 則此又不知理之所以爲理, 而物之所以爲物也. 夫物之能靈能覺者, 氣之爲也. 而推原其所以靈覺者, 則理也."

세계에 관한 상세한 인문 지리적·세계 지리적인 지식을 전달함으로써 동아시아 지식인들의 중국 중심적 세계관을 변화시키는 데 결정적인 역할을 한 책으로 평가된다. 그러나 신후담은 『직방외기』가 전하는 사실을 그대로 받아들이지 않으며 도리어 전통적인 중화주의의 입장에서 서양의 낙후성을 지적한다.

> 나는 오직 중국이 천하의 중심에 있으면서 풍속과 기후의 올바름을 얻었고, 예로부터 성현이 번갈아 흥기하여 명교(名敎)가 높았으며, 그 풍속의 아름다움과 인물의 번성함이 진실로 다른 나라가 미칠 바가 못된다고 여긴다. 그러나 저 유럽〔歐羅巴〕의 여러 나라들은 모두 바다 끝의 외딴 지역에 있어서 명교(名敎)에 대해 들을 수 없었으니 스스로 중국〔華夏〕에 진출할 수 없었다.[16]

여기서 특기할 만한 것은 신후담이 『직방외기』의 핵심적인 내용인 각국의 지리적 정보나 지구과학적 정보에는 큰 관심을 보이지 않는 대신 유럽 사정 소개에 등장하는 유럽의 교육 과정에 흥미를 보인다는 점이다. 신후담은 소학·중학의 교육 과정의 의의에 대해서는 인정하지만 대학 교육에서 정치학〔治科〕·신학〔道科〕·교회법학〔敎科〕·의학〔醫科〕 등으로 전문화된다는 설명에 대해서는 부정적인 태도를 보인다. 유학에서 학문은 전문 분야의 기능을 익히는 행위가 아니기 때문에 다스림〔治〕과 가르침〔敎〕이 하나이며 의학 등은 유학자의 고유한 학업이 될 수 없기 때문이다.

---

16 「서학변」, 〈직방외기〉, "余惟國中居天下中, 得風氣之正, 自古聖賢迭興, 名敎是尙, 其風俗之美, 人物之盛, 固非外國所可及. 而彼歐羅巴等諸國, 皆不過窮海之絕域, 裔夷之偏方, 其於名敎無所與聞, 不能自進於華夏."

이에 비해 이익은 『직방외기』를 통해 서양 교육의 장점을 인정한다. 예를 들어 '인간으로서 가장 뿌리치기 힘든 것이 식색(食色)·관직·봉급인데 서양의 스승이 이에 구애받지 않고 교화에만 전념하고 있으니 이러한 스승 밑에서 수양한다면 오랑캐의 지역(南蠻北狄)에서도 성현(聖賢)이 나올 수 있을 것'[17]이라며 교육 담당자로서 성직자들의 금욕주의적 태도를 높이 평가한다. 또한 서양의 교육 제도가 소학·중학·대학으로 나뉘어 치밀하다는 점과, 상급 교육 기관으로 진학하는 과정과 대학을 졸업한 이후 직분의 선택에 스승이 중요한 역할을 하며 시험을 통해 철저하게 판단한다는 점을 높이 사기도 한다.[18]

또한 신후담은 알레니가 신의 능력과 자비를 전하기 위해 소개한 프랑스 왕의 치유 은사, 솔로몬 왕의 궁전 등의 다소 비합리적인 전설적 기사(奇事)들에 대해서도 신랄하게 비판한다. 성리학적 관점에서 신비한 일이나 기적은 신의 은총이 아니라 괴이한 술수에 불과했기 때문이다.

이런 어긋남은 예수회가 선택한 전략과 입장에서 비롯되는 것이었다. 상층의 지식인들을 지적으로 설득하고자 했던 마테오 리치와 그 후임자들은 중국에 들어온 초기부터 철학자·도덕학자·수학자·천문학자의

---

17 『성호사설유선(星湖僿說類選)』, 『인사편(人事篇)』 권3, 「친속문(親屬門)」, 〈학이후신지(學而後臣之)〉, "夫人之誘於私慾者, 食色及名宦數者之擾奪也. 無此數段而專心窮理, 前者旣過, 後者繼之, 寧有不得之理. 苟使所養如此, 則無論南蠻北狄, 皆可爲聖賢矣. 其要只繫立師爲教化根本耳."

18 『성호사설유선(星湖僿說類選)』, 『인사편(人事篇)』 권3, 「친속문(親屬門)」, 〈학이후신지(學而後臣之)〉, "西洋一區, 教道最密, 有大學中學小學者, 有先立四師, 小學有四種. (…) 學成而本學之師儒試之, 優者進於中學, 中學有三種 (…) 學成而本學之師儒試之, 優者進於大學, 乃分爲四種, 聽人自擇, 一曰醫科主察病疾, 一曰治科主習政事, 一曰教科主守教法, 一曰道科主興學校. 恐是遊布教術. 數年而學成, 師儒又考閱之, 生徒北面於下, 一師問難畢, 又輸一師, 一日止一二人, 遍應諸師之問, 取其優者, 便許任事."

역할을 자임했다. 그들은 중국인들에게 오래된 지식의 수호자이자 새로운 지식의 운반자로 보이기를 원했다. 고대 경전과 유학의 가르침을 인정하는 한편, 천문학이나 수학 같은 과학 이론을 통해 유럽의 발전된 문명과 사상을 전하고자 했던 것이다. 이러한 전략은 어떤 면에서는 성공적이었지만 동시에 실패의 원인이기도 했다. 예를 들어 과학 이론을 통해 서학의 가치를 인정한다고 해도 종교적 이론 자체에 큰 관심이 없었던 신후담 같은 유학자들의 입장에서 이들은 일종의 기술적 전문가(technical experts)에 지나지 않았을 수도 있다. 만약 이들이 기술적 전문가에 머문다면 유학자들은 이들에게 도덕적 스승의 역할을 기대하지 않을 것이다.

신후담의 서학 비판은 다양한 맥락에서 예수회 선교사들이 부딪힌 이론적 문제점들을 집약적으로 보여 준다. 신후담의 논점이 모두 논리적으로 타당하거나 설득력 있는 것은 아니지만 이는 단순히 논리 싸움이 아니라 세계관적 대응이라고 해야 할 것이다. 동양이 서양에 의해 폭압적으로 열리기 전 성호와 신후담은 유학이 외래의 사유를 통해 어떻게 확장되고 변용될 수 있는지 보여 주는 중요한 시금석 역할을 했던 것이다.

「기문편」과 「서학변」은 조선 유학자들이 자신들의 학술 언어로 기술된 타자의 학문에 어떤 태도와 문제의식으로 접근하고 무엇을 수용하고 무엇을 배제하고자 했는지를 보여 준다는 점에서 조선 후기의 실학적 풍토와 학자들의 문제의식을 분석하는 하나의 중요한 사상적 참조점 역할을 할 것이다.

김선희

제1편

기문편(紀聞編)

「기문편(紀聞編)」

갑진년[1] 봄에 성호 이익 선생을 뵙고 들은 것을 기록함

— (선생의) 이름은 익(瀷)이며 안산(安山)[2]에 거하셨다.

갑진년 3월 21일 나는 아현(鵝峴)에서 우거(寓居)하고 계시던 성호 이선생을 찾아뵈었다. 이 선생은 마침 다른 사람과 서양인 마테오 리치(利西泰)[3]에 대해 논하고 계셨다.

---

1 1724년 경종(景宗) 4년으로 성호가 44세, 신후담이 23세 때다.
2 아버지 이하진의 유배지인 평안북도 벽동군(碧潼郡)에서 태어난 성호 이익(1681~1763)은 생후 1년 만에 아버지를 여의고, 선대부터 살던 경기도 안산의 첨성리(瞻星里)로 돌아와 홀어머니 슬하에서 자랐으며 평생 이곳을 떠나지 않았다.
3 마테오 리치(Matteo Ricci, 중국명 利瑪竇, 1552~1610)는 이탈리아의 작은 도시 마체라타에서 약국을 운영하는 명문가 집안의 아들로 태어나 예수회 대학 콜레지오 로마노에서 수학한 인재였다. 마테오 리치를 비롯한 그의 동료들은 예수회에 소속되어 신학과 철학, 고전문학과 수학, 과학, 천문학 등 다방면의 당대 지식을 익힌 뛰어난 인물들로, 자신들이 배운 지식과 경험을 중국 선교에 쏟아붓기로 결심한 예수회의 전사들이었다. 마테오 리치는 1582년 중국 선교의 전초기지였던 지금의 마카오에 도착한 이후 중국 본토에 들어가 기독교를 전파하기 위해 여러 방면으로 노력한 끝에 결국 1601년 북경에 진출할 수 있었

내가 물었다. "마테오 리치[西泰]는 과연 어떠한 사람입니까?"

성호 선생이 말씀하셨다. "이 사람의 학문은 가볍게 보아서는 안 된
다. 지금 그가 저술한 『천주실의(天主實義)』,[4] 『천학정종(天學正宗)』[5] 등

다. 마테오 리치는 중국인들의 환심을 사기 위해 처음에는 불교식 승복을 입었다가 나중에
는 유학자의 옷으로 갈아입었고, 중국 지식인들을 개종시키기 위해 직접 중국어를 익히고
중국 고대 경전을 공부했다. 그 결과 그는 효과적으로 중국 상층부 지식인들에게 접근할
수 있었다. 중국의 중심으로 들어가려던 마테오 리치의 노력이 결실을 맺은 것은 그가
마카오에 도착한 뒤 20년이나 지난 후였다. 그는 천신만고 끝에 북경에 정착한 후 죽음에
이르기까지 약 10여 년 동안 중국 황제를 비롯한 상층 인사들과 지식인 등 수많은 중국인
들을 만났다. 그는 기독교의 가르침이 중국의 전통적인 사상이나 윤리와 다르지 않다고
설파하였다. 물론 그의 가장 궁극적인 목표는 기독교를 중국인들에게 전파하고 황제를
비롯해 많은 중국인들을 개종시키는 것이었다. 하지만 그가 만든 파장은 단순히 종교
문제에 국한되지 않는다. 마테오 리치는 중국의 전통적인 유학과 신유학을 스콜라 철학과
스토아 철학 등 당대 서양 철학의 개념으로 설명했으며 기하학을 비롯한 수학과 천문학
등 서양 근세의 자연과학과 기술들을 전달했고 지도와 악기, 자명종 등 발달된 서양 문물을
소개했다. 마테오 리치는 자기 세계를 유일한 문명으로 파악하고 있던 중국인들에게 다른
세계를 보여 주는 창이었다. 마테오 리치는 서양과 동양을 이은 최초의 세계인이었으며
중국과 조선, 일본의 지식인들에게 큰 충격과 영향을 준 새로운 사상의 전달자였다. 그런
의미에서 마테오 리치는 각자 자기 세계 속에서 살아온 중국과 서양을 마주 보게 한,
창 역할을 한 최초의 비교 철학자라 부를 수 있다. 마테오 리치의 전기적 자료로 다음을
참고할 수 있다. George H. Dunne(1962), *Generation of Giants: The Story of the Jesuits
in China in the last Decades of the Ming Dynasty*, Notre Dame, University of Notre
Dame Press; V. Cronin(1984), *The Wise Man From the West, London*, Collins Press.
번역본은 V. Cronin, 이기반 역(1994), 『西方에서 온 賢者 : 마테오 리치의 생애와 중국
전교』, 분도출판사; 羅光(1979), 『利瑪竇傳』, 台北: 學生書局; 히라카와 스케히로(平川祐
弘), 노영희 역(2002), 『마테오 리치』, 동아시아.

4 마테오 리치가 한문으로 저술한 『천주실의』는 마테오 리치의 수년 간의 노력이 집약된
중국을 향한 지적 도전이었다. 마테오 리치가 『천주실의』를 쓰게 된 것은 루지에리
(Michele Ruggieri, 羅明堅, 1543~1607)가 1584년에 복건성의 유생(儒生) 영착(郢躇)의
도움을 받아 편찬한 것으로 알려진, 한문으로 쓰인 최초의 교리서 『천주실록(天主實錄)』
의 한계와 문제 때문이었다. 『천주실록(天主實錄)』은 중국 사회에 대한 오해와 무지로
인해 자신들을 불교식의 승려라고 표기하는 등 다양한 문제를 노정하고 있었다. 『천주실
의』는 『천주실록』의 한계를 뛰어넘기 위한 개정 작업의 성격을 갖지만 동아시아 사회에

의 여러 서적을 보면 비록 그 도가 우리 유학에 반드시 합치되는지는
알지 못하겠으나 그 도(道)에 나아가 도달한 바를 논한다면 역시 성인
(聖人)이라 할 만하다."

내가 물었다. "그 학문은 무엇을 종지(宗旨)로 삼고 있습니까?"

이 선생이 말씀하셨다. "그가 이르기를 '머리는 생명을 부여받는 근본
이다. 머리에는 뇌낭(腦囊)이 있어 기억의 주체가 된다.'[6]고 하였다. 또

『천주실록』과는 비교할 수 없는 파장과 영향을 주었다. 『천주실의』는 일종의 교리서라고
할 수 있지만 이 책이 일반적 교리서와 다른 것은 철저히 '이성의 빛' 아래에서 서술된
것이기 때문이다. 마테오 리치는 이성적 추론을 통해 중국인들을 설득할 수 있다고 믿었
기 때문에 예수의 죽음과 부활 같은 계시 신앙적 내용과 메시지들을 최소화하고 스콜라
철학의 신론과 영혼론 등을 사변적으로 전달하고자 하였다. 따라서 『천주실의』는 기독교
에 전혀 관심이 없거나 악의를 가진 사람들에게 기독교를 올바르게 이해시키려는 목적으
로 집필된 책이라고 할 수 있다. 마테오 리치는 삼위일체, 그리스도의 육화 같은 신앙의
진리 즉 이성으로 도달할 수 없는 계시에 관한 것들은 입교한 후에 충분히 설명하고 교육
할 수 있을 것으로 판단했다. 따라서 『천주실의』는 기독교 신앙 자체라기보다는 기독교
자체를 이해시키기 위한 스콜라적인 예비 작업이었다고 할 수 있다. 『천주실의』의 성격과
내용에 관해서는 김선희(2012), 『마테오 리치와 주희, 그리고 정약용』, 심산. 참조.

5 이 책은 실체가 확인되지 않는 책으로, 『하빈선생전집』에서의 언급을 통해 본다면 『천주실
의』를 가리키는 것으로 보이지만 별도의 책이 있었는지 혹은 『천주실의』를 재편집한 판본
인지 확실치 않다.

6 뇌낭이란 두뇌를 말하는 것으로, 스콜라 철학에서는 지각과 기억 등의 기능을 두뇌에,
이성적 판단의 능력을 영혼에 부여하는 방식으로 인간의 지성적 인식 작용과 판단을 이원
적으로 설명한다. 특히 『영언여작』에서는 뇌낭을 기억의 주체로 설명한다. 『영언여작』에
따르면 기억(memoria)은 이성·욕구와 더불어 영혼의 세 가지 기능 중 하나다(靈魂有內
三司, 一曰記含者, 二曰明悟者, 三曰愛欲者). 기억은 세 가지를 하나로 총칭한 것이다.
"기억은 세 가지를 지칭하는 것인데 하나는 기억능력[記能]으로, 기억할 수 있음이다.
또 하나는 기억작용[記功]으로, 기억하는 것이다. 또 하나는 습득한 초상[習像]으로, 이
미 기억하고 있는 바이다[今言記含者名之爲三, 其一記能, 能記也. 其一記功, 記之也. 其一
習像, 已記也]." 『영언여작』의 저자 삼비아시는 기억을 가능태로서의 기억능력, 현실태로
서의 기억작용, 습성으로서의 습득한 초상으로 나누고 그중에서 기억능력에 대해 자세히
설명한다. 기억은 유형·무형의 사물에서 형상만을 받아들인 뒤 이를 공통감각에 보내

이르기를 '초목(草木)에는 생혼(生魂)이 있고, 금수(禽獸)에는 각혼(覺魂)이 있으며, 사람에게는 영혼(靈魂)이 있다.'고 하였다.[7] 이것이 그들 학

필요할 때 꺼내 쓰도록 하는 영혼의 능력이다. 이때 기억은 두 가지로 나뉘는데 사기함(司記含)은 유형의 사물을 받아들이는 것으로 감각적 기억을 말하고, 다른 하나인 영기함(靈記含)은 무형의 사물을 기억하는 것으로 이성적 기억에 해당한다. 내원이 다른 이 두 가지 기억은 각각 육체와 영혼에 나누어 보관된다. 사기함은 두뇌[腦囊]의 정수리 뒤쪽(顧額之後)에 머물고 영기함은 아니마(亞尼瑪)에 머문다는 것이다. 성호는 기억에 관한 이러한 설명 가운데 뇌낭이 기억의 주체가 된다는 대목에 큰 관심을 보였던 것으로 보인다. 유학에서 유사한 기능과 역할은 모두 심(心)에 부여되어 있었다. 전통적으로『동의보감』과 같은 의학서에서는 두뇌를 중요하게 다루어 왔지만 유학에서는 두 체계가 종합적으로 다루어지지 않았다. 한편 성호는 아담 샬(Adam Schall von Bell, 湯若望, 1591~1666)의 『주제군징(主制群徵)』에서도 뇌낭 즉 두뇌와 그 기능에 대한 정보를 얻는다. 성호는『주제군징』을 통해 뇌낭설과 다양한 인체관, 생리설 등 서양 의학 이론을 접했고 이를 전통적인 유학과 인체관에 접목해 새로운 주장을 내놓는다. 선행 연구에 따르면『주제군징』은 '간(肝)－자연정기－생장력', '심(心)－생명정기－생명활동', '뇌(腦)－영혼정기－지각' 등으로 인체를 구성한 갈레노스의 이론을 소개하고 있는데 성호가 이를 변용하여 '신장－생장력', '심장－생명과 지각'의 도식으로 수용하였다고 한다. 또한 인체 각 기관이 독립적인 기로 운용된다는 대기소기설 역시 서양 인체관의 영향을 짚어볼 수 있는 부분이다. 안영상(2004),「동서 문화의 융합, 충돌 과정에 나타난 성호학파의 철학적 특징의 일단면－인체관에 나타난 pneuma와 심기론(心·氣論)을 중심으로」,『민족문화연구(民族文化硏究)』Vol.41 참조.

7 인간의 본질에 대한 규정은 인간뿐 아니라 우주의 구조와 이를 탄생시킨 신을 이해하기 위한 중요한 동로였다. 생혼·각혼·영혼은 아리스토텔레스부터 토마스 아퀴나스에 의해 정립된 스콜라적 개념인 '식물혼(anima vegetabilis)', '동물혼(anima animalis)' 또는 '감각혼(anima sensitiva)', 그리고 인간에게만 고유한 '영혼(anima rationalis)'을 중국어로 옮긴 것이다. 아리스토텔레스의『영혼에 관하여(De Anima)』는 중세 형이상학적 인간론의 교본 역할을 했다. 토마스 아퀴나스는 아리스토텔레스 영혼론의 세분화된 맥락들을 중세적 개념과 이론적 틀로 재정립함으로써 인간의 총체적 통일성을 확보할 수 있었다. 아리스토텔레스에게 영혼은 생명체의 원인(causa)이며 원리(principium)로, 영혼의 소유는 곧 생명의 소유를 의미한다. 생명이 있다면 당연히 그 생명을 유지하기 위한 필수적인 능력들이 요구된다. 이 중 '식물혼'은 가장 낮은 단계의 영혼으로, 소화 및 생식 활동에 해당하며 모든 생명체는 자기 존속을 위해 이를 필수적으로 보유한다. 동물의 경우 이보다 상위의 감각적 영혼을 소유하는데 이를 '동물혼'이라고 부른다. 동물혼에는 감각 지각과 욕구,

문에서 논하는 대략적인 요체이다. 이는 비록 우리 유학의 마음〔心〕과 본성〔性〕의 설과는 같지 않으나 또한 어찌 그것이 반드시 그러하지 않다는 것을 알겠는가?"[8]

공간 이동, 상상 같은 능력들이 속한다. 인간은 이 두 영혼의 능력을 모두 포함하는 더 고차원적인 영혼을 소유하고 있는데 이를 '이성혼'이라고 한다. 이성혼은 지성과 추리력이 포함된다. 다른 두 영혼과 달리 이성혼만은 그에 해당하는 신체의 기관을 갖지 않으므로 육체와 관계없이 작동할 수 있다. 아리스토텔레스는 지성이 그에 상응하는 신체 기관을 갖지 않는다고 보기 때문에 사실상 영혼이 신체를 벗어나 지속적이며 독자적으로 존재할 수 있다는 것을 인정한 셈이다. '신체를 벗어나 영원히 불멸하는 영혼'이라는 관념은 여기에 토대를 두고 있다.

8 성호는 서학의 삼혼설(三魂說)에서 받은 지적 자극을 통해 순자(荀子)의 이론을 활용하여 삼심설(三心說)을 주장한다. 선행 연구 중에는 성호의 삼심설에 대해 마테오 리치의 영향을 부정하고 성리학의 인심도심설에서 크게 벗어나지 않는 성리설의 연장으로 파악하려는 경향이 있지만 이는 전체적인 맥락을 고려하지 않은 주장이라고 할 수 있다. 성호는 "『순자』,「왕제편(王制篇)」에서 '수화(水火)는 기(氣)는 있어도 생명은 없고, 초목은 생명은 있어도 지각이 없으며, 금수는 지각은 있어도 의리가 없다. 그런데 사람은 기도 있고 생명도 있고 지각도 있고 또한 의리도 있으니 그러므로 사람을 천하에서 가장 귀하다고 한다〔又王制篇云, 水火有氣而無生, 草木有生而無知, 禽獸有知而無義, 人有氣有生有知亦且有義, 最爲天下之貴也〕.'고 말한다."(『성호사설』 권19, 『경사문(經史門)』,「순자(荀子)」)라고 하며 '사람에게 삼심이 있다〔人有三心〕'고 밝힌다. 이 맥락에는 서학과의 관련성이 보이지 않지만 순자설 자체가 성리학에서 용인되었다는 사실과 별개로, 다른 조선 유학자들이 주목하지 않았던 『순자』의 이 대목을 인용하는 것 자체가 『천주실의』의 자극에 따른 것으로 볼 수 있다. 실제로 안정복은 『천학문답』에서 마테오 리치의 영혼론에 대응하기 위해 『순자』를 인용하고 있음을 분명하게 보인다. "혹자가 말했다. '마테오 리치는 '영혼에는 세 가지가 있다. 생혼(生魂)·각혼(覺魂)·영혼(靈魂)이다. 초목의 혼은 생혼만 있고 각혼과 영혼은 없으며, 금수의 혼은 생혼과 각혼은 있으나 영혼은 없으며 사람의 혼은 생혼도 있고 각혼도 있고 영혼도 있다. 생혼과 각혼은 형질(形質)에서 나오는 것이므로 의존하던 것이 없어지면 생혼과 각혼도 모두 없어지지만, 영혼은 형질에서 나오는 것이 아니므로 비록 사람이 죽어도 없어지지 않고 그대로 남아 있다.'고 말합니다. 이 설은 어떠합니까?' 대답했다. '우리 중국에도 그런 설이 있다. 『순자』에, '물이나 불은 기는 있지만 생명은 없고, 초목은 생명은 있지만 지각이 없으며, 금수는 지각은 있지만 의리가 없다. 그런데 사람은 기도 있고 생명도 있고 지각도 있고 의리도 있으니 그러므로 세상에서 가장 귀중한 존재이다.' 하였는데, 이 말은 진서산(眞西山)이 『성리대전(性理大

내가 물었다. "일찍이 책 한 권을 보았는데, 서양 학문[西泰之學]은 대개 천신(天神)[9]을 우러러 받드는[尊奉] 것을 종지로 삼는다고 하였습니다. 그러므로 일본의 평행장(平行長)[10]은 일찍이 그 학(學)을 하여, 거하는 곳에 반드시 천신상(天神像)을 두었다고 합니다.[11] 이 설을 신뢰할

全)』에서 표출(表出)한 것이다. 서양 선비의 말은 이것과 대체로 같지만, 다만 영혼이 죽지 않는다는 말은 석씨와 다름이 없는 것으로, 우리 유가가 말하지 않는 바이다.'〔或曰, 利瑪竇言魂有三, 生魂覺魂靈魂, 草木之魂, 有生無覺無靈, 禽獸之魂, 有生有覺無靈, 人之魂, 有生有覺有靈, 生覺二魂, 從質而出, 所依者盡, 則生覺俱盡, 靈魂非出於質, 雖人死而不滅自在也. 此說何如. 日吾中國亦有之. 荀子曰, 水火有氣而無生, 草木有生而無知, 禽獸有知而無義, 人有氣有生有知有義, 故最爲天下貴也. 此語眞西山表出於性理大全中, 西士之言, 與此大同, 而但靈魂不死之言, 與釋氏無異, 吾儒之所不道也〕."(『순암전집(順庵全集)』권17, 「천학문답(天學問答)」) 또한 선행 연구의 경우 순암이 편집한『성호사설유선(星湖僿說類選)』의 「순자」의 마지막 부분에는『성호사설』의 「순자」에는 삭제된 '근래 서양인 필방제가 지은『영언여작』을 보았는데 그 설이 (순자설과) 마치 한 입에서 나온 듯 부합하니 어찌 멀리서 온 이들이라고 하여 무시할 수 있겠는가〔近觀西洋人畢方濟所著 靈言蠡勺, 其說恰符, 如出一口, 豈可以遠人而忽之也〕.'라는 구절이 나오는데 이것이 성호가 천주교의 영향이 있다는 것을 스스로 말하는 것이라고 볼 수 있으며, 『성호사설』의 편자가 이 부분을 삭제한 것은 아마도 성호의 설과 천주교설이 무관하다는 것을 보이고자 의도적으로 그렇게 한 것이라고 주장하기도 한다(안영상, 앞의 논문, 508쪽 주55 참조).

9 『천주실의』등의 문맥에서 천신(天神)은 천사를 가리키지만 여기서는 천주(天主)를 의미하는 것으로 보인다.

10 고니시 유키나가(小西行長, 1555?~1600)를 말한다. 약재상의 사남이있던 고니시 유기니가는 명나라와의 무역으로 서양 문물을 일찍 받아들였던 아버지의 영향을 받아 천주교 신자가 되었다. 세례명은 아우구스티노. 후에 도요토미 히데요시(豐臣秀吉)의 신임을 얻어 히고노구니 우토 성의 영주가 되었다. 자신의 영지에 기독교를 전파하여 백성들에게 모두 천주교 세례를 받게 했으므로 '키리시탄 다이묘(キリシタン大名)'라고 불린다. 조선 침략 때 포르투갈인 세르페데스(Cerpedes) 신부를 대동하여 매일 미사를 지냈다고 한다. 임진왜란 때 제1진으로 부산진성을 공격하였고 제일 먼저 서울에 진격하는 등 활약을 하였다. 전쟁 후 본국에서 세력 다툼에 진 뒤 할복을 명령받았으나 천주교의 교리에 따라 할복을 거부하고 효수당하였다. 고니시 유키나가에 관해서는 海老澤 有道(1976), 『日本キリシタン史』東京: 塙書房; 山口正之(1967), 『朝鮮キリスト教の文化史的研究』, 東京: 雄山閣.

11 신후담이 이 인물에 대한 정보를 어디서 얻었는지는 확실치 않으나 성호학파 내부에서는

만합니까?"

이 선생이 말씀하셨다. "『천주실의』 가운데 실려 있는 바도 또한 천신(天神)을 우러르고 받드는〔尊奉〕 설이다."

내가 물었다. "이는 불교의 천당지옥(天堂地獄)의 설[12]과 (비교하면) 어떠합니까?"

일본에 대한 관심이 많았던 성호의 영향으로 상당한 양의 일본 관련 정보가 유통되었던 것으로 보인다. 선행 연구에 따르면 『성호사설』의 경우 일본을 주제로 쓴 것만 22개 항목에 달하며 일본의 풍속·지리·문물 등에 대해 언급한 항목이 26개, 임진왜란에 대한 반성과 비판을 다룬 항목이 31개조가 되며 한일관계에서의 외교적인 실패에 대한 반성과 전망, 장래에 있어서의 군사적·외교적 대책 등을 취급한 항목이 21개조라고 한다. 성호는 일본의 지리·역사·정치·문화·기술·풍속·군사 등에 대한 소개와 함께 임란에 대한 검토, 향화왜인대책, 한일관계사의 정리, 장래의 한일관계에 대한 전망과 대책 등 일본에 대한 폭넓은 관심을 보였다. 성호는 통신사행을 다녀온 이에게 일본에 관한 정보를 듣거나 그들로부터 입수한 자료를 활용한 것으로 보인다. 한편 성호가 일본에 대해 다른 이들보다 더 많은 정보를 얻을 수 있었던 것은 아들 이맹휴의 덕택으로 볼 수 있다. 이맹휴는 1744년 영조 20년 예조정랑(正郎)이 되어 조선시대의 외교에 관한 사례를 수집한 『춘관지(春官志)』와 『접왜역년고(接倭歷年考)』 등을 편찬한 바 있다. 그는 조선의 대일관계에 대한 정보를 많이 가지고 있었고, 이에 따라 성호나 순암이 일본에 관한 자료나 서적을 입수해 볼 수 있었을 것이다(하우봉(1984), 「성호 이익의 일본인식」, 『전북사학』 8집, 171~173쪽).

12 천당(天堂)과 지옥(地獄)은 본래 불교의 전통적 관념이다. 『지장경(地藏經)』에 따르면 천당은 수미산(須彌山) 위에 있고, 지옥은 철위산(鐵圍山) 안에 있다. 수미산은 고대 인도에서 세계의 중심으로 여겨졌던 곳으로 수미산 중턱에는 사천왕(四天王)이 살고 있고, 수미산 정상에는 제석천(帝釋天)이 사는 33천(天)이 있다. 철위산은 수미산을 중심으로 하는 9산(山) 중 하나이다. 불교에서 천당 지옥 관념은 인간이 죽으면 이승에서 지은 선업과 악업에 대해 심판을 내린다는 십대왕(十代王)에 대한 신앙과 함께 확산되었다. 일반적으로 천당 보다는 지옥에 관한 관념이 많이 발달했다. 산스크리트어로 Naraka, Niraya 즉 나락가(那落迦)·니리(泥犁)로 불리는 지옥은 중생이 지은 악한 죄업(罪業)에 따라 가게 되는 지하(地下)의 뇌옥(牢獄)으로, 8열(熱)지옥과 각각의 지옥에 딸린 16유증(遊增)지옥이 있다. 8열지옥은 등활(等活)·흑승(黑繩)·중합(衆合)·규환(叫喚)·대규환(大叫喚)·초열(焦熱)·대초열(大焦熱)·아비(阿鼻) 지옥의 순으로 되어 있는데 이 중 가장 마지막의 아비지옥은 무간지옥(無間地獄)으로도 불리며, 끊임없는 극도의 고통을 받는 최악의 지옥이다.

이 선생이 말씀하셨다. "천당지옥의 설은 그 책에도 또한 이미 가지고 있다."

내가 말했다. "그렇다면 그 학문이 귀착되는 취지는 아마도 또한 불교와 다름이 없을 것입니다."

이 선생이 말씀하셨다. "이러한 점들은 비록 불교와 대략 같다. 그러나 불교는 적멸(寂滅)일 뿐이다. 서양 학문에는 실용처(實用處)가 있다."

내가 물었다. "만약 실용처가 있다면 그 말에 어떻게 백성을 다스리고 나라를 안정시키는 방법을 언급한 것이 있으며, 그 선조에 어떻게 요임금·순임금·우임금·탕임금과 같이 잘 다스린 자가 있었다는 것입니까?"

이 선생이 말씀하셨다. "그 글[文字]을 고찰해 보면 또한 치도(治道)를 논한 것이 있으며 또한 성스러운 군주[聖君]와 어진 임금[賢主]의 사적을 기록한 것도 있다. 그러나 내가 실용적이라고 한 것은 저 『천문략(天問略)』,[13] 『기하원본(幾何原本)』[14] 등의 여러 서

『기하원본』

---

13 예수회 선교사 디아즈(Emmanuel Diaz, Junior, 중국명 陽瑪諾, 1754~1659)가 쓴 책으로 1615년에 북경에서 출간되었다. 주로 천문학적인 주제에 대해 질문하고 그에 따라 대답을 하는 형식으로 기술되어 있다. 특히 프톨레마이오스의 우주론을 중국에 맞추어 소개한 십이중천설의 우주론을 기하학적 방법으로 설명하고 있다. 성호 이익은 이 책으로부터 천문학적 지식을 흡수했으며 후에 「발천문략(跋天問略)」을 짓기도 했다.
14 『기하원본(幾何原本)』은 대표적인 수학 관련 서학서로, 중국과 조선의 지식인들에게 상당한 영향을 끼쳤다. 이 책은 마테오 리치가 콜레지오 로마노의 교수였던 클라비우스(Christopher Clavius, 1538~1612)가 쓴 유클리드의 『기하학원본』의 주해서 *Euclidis*

적 속에서 논한 천문(天文)·수리〔籌數〕의 법을 취한 것으로 (그것들은) 이전 사람들이 발명하지 못한 바를 밝힌 것이니 세상에 크게 유익함이 있다."[15]

갑진년[16] 가을에 성호 이익 선생을 뵙고 들은 것을 기록함

갑진년 7월 17일 아현(鵝峴)에서 우거(寓居)하고 계시는 성호 이익 선생을 찾아뵈었다. 물었다. "지난번에 선생님이 서양 학문〔西泰之學〕을 깊이 취하셨음을 알았습니다. 제가 일찍이 서양인〔西泰〕이 지은 『직방외기(職方外記)』[17]를 구하여 살펴보았더니 그 도(道)는 전적으로 불교를

Elementorum libri(전 15권) 가운데 여섯 권을 중국어로 번역한 책이다. 이 작업은 서광계가 조력한 것으로 알려져 있다.

15 이런 발언은 기술이 시간에 따라 진보한다는 성호의 인식에서 비롯된 것이다. '모든 기계와 수리의 법은 후에 나온 자가 더 정교한 것이며, 비록 성인이라도 미진한 바가 있다. 후인들이 그것을 토대로 하여 더욱 증보하여 연구하면 오래되면 될수록 더욱 정교해지게 마련이다〔凡器數之法, 後出者工 雖聖之有所未盡 而後人因以增修 宜其愈久而愈精也〕.' (『성호사설』권2, 『천지문(天地門)』, 「역상(曆象)」)

16 1724년 경종(景宗) 4년.

17 이 책의 원래 제목은 '『職方外記』'가 아니라 '『職方外紀』'지만 신후담은 일관되게 '記'로 표기하고 있다. 이 책은 마테오 리치의 후임자 중 한 사람인 이탈리아 출신 예수회 선교사 줄리오 알레니(Giulio Aleni, 중국명 艾儒略, 1582~1649)가 쓴 인문지리서로, 1623년 중국 항주(杭州)에서 6권으로 간행되었다. 명나라 신종(神宗, 1573~1620)의 명을 받고 예수회 선교사 판토하(D. Pantoja, 龐迪我, 1571~1618)와 우르시스(Sabbatino de Ursis, 熊三拔, 1575~1620)가 초안을 잡은 것을 후에 알레니가 최신 정보와 자신의 경험을 바탕으로 증보한 것으로, 중국 바깥의 세계에 관한 비교적 자세한 지리 지식을 담고 있어 중국뿐 아니라 조선과 일본에서 중국 중심의 세계관을 변화시키는 데 일조하였다. 즉위 초기부터 중국으로부터 서적을 수입하고자 했던 정조 역시 이 책을 보았을 것으로 추정된다. 중국 서적 목록인 『내각방서록(內閣訪書錄)』에 서학서인 『기기도설(奇器圖說)』, 『서방요기(西

답습하였습니다.[18] 그 학문이 사학(邪學)이라는 것은 의심할 바 없습니다. 선생님이 그것을 취하시는 뜻을 저는 이해하지 못하겠습니다."

이 선생은 그렇다고 여기지 않으시고 "서양 학문〔西泰之學〕은 가볍게 보아 넘길 수 없다."고 말씀하셨다.

을사년[19] 가을에 성호 이익 선생을 뵙고 들은 것을 기록함

을사년 7월 27일 나는 안산(安山) 농장〔庄舍〕으로 성호 이익 선생을 찾아뵙고 이틀을 머물렀다. 이 선생이 물으셨다. "내가 일찍이 윤유장(尹幼章)[20]의 말을 들으니 자네〔君, 신후담〕가 서양 학문〔西泰〕을 배척하는

方要紀)』 등과 함께 『직방외기』가 포함되어 있기 때문이다(노대환(2007), 「정조시대 서기 수용 논의와 서학 정책」, 『정조시대의 사상과 문화』, 돌베개. 참조). 『직방외기』는 국내에 번역되어 있다. 줄리오 알레니, 천기철 역(2005), 『직방외기』, 일조각.

18 『직방외기』는 일종의 인문지리서로, 오대륙에 대한 지리적 정보 외에 현지의 역사와 사정, 풍속 등을 다루고 있기 때문에 천당 지옥에 관한 이론 등 유학자들의 입장에서 불교와 비교될 만한 내용도 담겨 있다. 신후담은 성호와는 달리 지리적 정보나 지구에 관한 과학적 정보에는 큰 관심을 보이지 않으며 대신 천당지옥설과 같이 불교와 유사하게 보이는 측면과 서양의 교육 제도, 풍속 등에 대해 비판적으로 논평한다.

19 1725년 영조(英祖) 1년으로 성호가 45세, 신후담이 24세 때다.

20 성호의 제자인 윤동규(尹東奎, 1695~1773)를 말한다. 유장은 그의 자이며, 호는 소남(邵南)이다. 17세에 이익의 문하에서 공부한 뒤 벼슬하지 않은 채 이익의 근처에 살며 안정복(安鼎福)·이가환(李家煥)·권철신(權哲身) 등과 가까이 지냈다. 성호의 제자들 가운데 최연장자로서 성호의 말년에 직접 병구완을 하며 임종을 지켰으며 성호의 「성호선생행장(星湖先生行狀)」을 집필하였다. 스승이 사망한 후 문인들을 이끌었다. 학문적으로는 성리학에 바탕을 두고 퇴계에서 성호로 이어지는 학설을 충실히 계승하는 한편, 역법·상위(象緯)·천문·지리·의약 등 실용적 학문에도 밝았다. 저서로는 『사수변(四水辨)』, 『소남문집(邵南文集)』 등이 있다.

데 여력(餘力)을 남기지 않는다고 하던데, 자네는 서양 학문이 어떠하다고 알고 있는가? 내가 또한 자네를 위해 (서양 학문에 대해) 말해 주겠다. 서학(西學)의 천당지옥설 같은 것은 진실로 불교에 물들었음을 면치 못한다. 그러나 그 천문역법〔星曆〕의 수(數)를 논한 것은 실로 옛 사람들이 밝히지 못한 바를 담고 있다. 요컨대 천당지옥설 역시 그들의 견해가 미치지 못하는 바이나, 불교에서 하듯 고의로 세상을 속이려는 뜻이 있는 것은 아니다.

대저 서국(西國)은 중국과의 거리가 8만여 리[21]나 되지만 저 예수회〔耶蘇會〕[22]의 사람들은 단지 세상을 구제하는 데만 마음을 써서 멀리서

---

21 풍응경(馮應京, 1555~1606)이 쓴 「천주실의서(天主實義序)」에 '리선생은 8만 리를 주유하여(利子周遊八萬里)'라는 표현이 나온다. 『직방외기』에는 '(중국은) 대서양과의 거리가 9만이다〔其距大西洋 路幾九萬〕.'라거나 '서쪽에서 오는 길은 거리가 9만 리 가량이다〔西來之路經九萬里也〕.' 등의 9만이라는 숫자가 나온다(『직방외기』 권1, 「아세아총설」).

22 예수회(耶蘇會, The Society of Jesus)는 1534년 스페인과 프랑스의 접경지역인 로욜라 출신의 이냐시오(Ignatius of Loyola)가 파리 대학에서 만난 동료들과 함께 세운 단체였다. 이들은 1534년 몽마르트르 언덕에 올라 '영적 대화'를 나누면서 간소한 의식을 치렀고 이는 예수회의 전통이 된다. 예수회라는 명칭은 교황의 직속으로서, 오직 신과 교황에게만 복종하겠다는 그들의 의지를 표현한 것이다. 예수회 회원들은 종교적 결사를 통해 신의 기사가 되기를 원한 사제들이었다. 이들은 교황의 명령이라면 어떤 영적 전투도 마다하지 않을 '교황의 기사'들이었다. 이 사명감을 바탕으로 교황의 명령에 따라 미지의 동양 세계로 떠난다. 선교사를 새 식민지 인도에 파견하고자 했던 포르투갈 요한 3세의 선교사 파견 요청에 교황은 신생 단체였던 예수회를 소환했던 것이다. 군인으로 전쟁에서 부상당한 뒤 돌아와 늦은 나이에 파리 대학으로 유학을 간 이냐시오는 예수회의 설립 초기부터 수준 높은 교육을 강조했고, 이런 전통에 따라 각 지역에 예수회 대학이 설립되었다. 예수회 대학에서 성장한 인재 중 한 명이 마테오 리치였다. 당시 예수회 대학 콜레지오 로마노(Collegio Romano)에서는 스페인 출신의 빅토리아(Francisco Victoria)나 독일 출신의 클라비우스(Christopher Clavius) 등 다국적 교수진에 의해 당시로서는 최신의 교육이 이루어지고 있었다. 최성기의 르네상스 시대에 예수회 대학의 표본과도 같은 콜레지오 로마노에서 수학한 마테오 리치도 예수회의 기본 과정은 물론 수사학, 철학과 수학, 아리스토텔레스의 유클리드 기하학 등을 섭렵해야 했다. 학문에 대한 수준 높은 이해를

항해해 올 때 조금도 외물에 구애되지 않았고 중국에 도달해서는 관직을 받아도 받들지 않고 녹을 주어도 받지 않았으며 유독 부지런히 그 도(道)를 떨쳐 천하를 교화하는 데에만 고심하였다.[23] 생각건대 그들의 심중[胸次]은 광대하고 의사(意思)는 크고 깊어, 세속의 악착같고 비루하며 외물과 나를 비교하고 견주는 사사로움[24]을 깨뜨리기에 충분하다.

바탕으로 중국에 들어온 예수회 선교사들은 중국어를 익혔고 중국 문화 속에서 천주교를 전할 방법을 찾았다. 서양의 학문을 중국의 문화적 상황에 적용하고 유교와 기독교의 통합(synthesis)을 통해 중국 지식인들의 수용을 이끌어 내고자 했던 상황을 현대의 서구 연구자들은 '적응주의(accommodationism)'라 부른다. 현지 문화에 대한 이해를 바탕으로 지식인들을 논리적으로 설득하려는 이들의 전교 방식은 유럽에서 전례논쟁과 같은 격렬한 논쟁을 불러일으켰고, 결과적으로 1773년 교황 클레멘스 14세에 의해 해산 명령을 받았다. 자세한 것은 김선희, 앞의 책 참조.

23 성호 이익은 「발천문략」에서 다음과 같이 말한 바 있다. "서양과 중국 땅은 서로 속해 있지 않고 각자 황제와 군주의 영역을 가지고 있는데, 저들은 단지 세상을 구원하겠다는 뜻으로 멀고 험한 길을 찾아온 것이다. 그러므로 관직을 주어도 받지 않고 오직 대관의 봉급만 받고 있으니 한낱 객경(客卿)의 지위일 뿐이다. 중국의 선비와 군신들은 바야흐로 그 유풍에 젖어 존경하기에 겨를이 없었다. 그런데 오히려 견문이 낮고 협소한 이가 감히 우물 안 개구리 같은 말을 하며 그들을 배신 아무개라고 하니, 어찌 식견이 통달한 자의 비웃음을 사지 않을 수 있겠는가[夫西洋之於中土, 未之相屬, 各有皇王君主域內, 彼特以救世之意, 間關來賓, 故官之而不肯拜, 惟費大官之廩, 卽一客卿之位耳. 中土君臣, 方且沾其膵馥, 而尊奉之不暇, 然猶見聞局於卑狹, 敢爲井底語曰陪臣某, 豈不爲達識之所嗤也].''(『싱호신생진집』권55, 「밑전문탁(跋大問略)」) 이런 쌍가는 『천주실의』, 『식방외기』, 『영언여작』 등의 서문을 쓴 풍응경·이지조·양정균 등 마테오 리치와 그의 후임들에게 동조했던 중국 학자들의 일반적인 평가이기도 하다. 이들은 예수회 선교사들을 서방에서 온 현인[西賢]이라고 부르며 호의적 태도를 보였다.

24 이는 당시 학풍에 대한 성호의 비판과 관련된다. 성호는 남과 자신을 비교하며 사치하는 풍조와, 사회적 명예를 위해 과거 공부에만 매진하는 풍조를 날카롭게 비판한 바 있다. "지금의 선비들은 남을 속이고 자기를 속이면서 단정히 손을 모으고 눈썹을 낮추며 질문에 대해 단지 모른다고 답하는데 알지 못한다고 대답하는 것을 겸손한 덕[謙德]이라 여긴다면, 이것이 거짓으로 꾸미고 자랑하는 것과 차이가 있어 다르다 하더라도 지식이 전혀 없기는 마찬가지이다. 그것으로 명예를 취하고 그것으로 영화를 도모하니, 이는 속학(俗學)의 비루함으로 주자가 반드시 부끄럽게 여겼을 것이다[今世儒大抵欺人以自欺, 端拱低

그러나 사람들이 간혹 '그들이 먼 곳에서 온 뜻은 실로 거짓된 가르침〔僞敎〕을 베풀어 온 세상을 함정에 빠뜨리고자 한 것이다.'라고 하니 내가 장차 여러 가지 말로 그들이 결코 그러하지 않다는 것을 증명하고자 한다.

그들의 천주(天主)의 설에 대해서는 (사리에) 어두운 사람들은 눈이 휘둥그레질 것이지만 지금 경전(經傳)에 실려 있는 상제귀신(上帝鬼神)설[25]

眉, 對問只答曰不知, 以不知命曰謙德, 其與虛橋矜伐差等不同, 其爲全無識知則均矣. 以之取譽, 以之謨榮, 此俗學之陋也, 朱子必鄙之矣〕."(『성호사설』 권13, 『인사문(人事門)』, 「영강사공(永康事功)」)

25 전통적으로 동아시아에서 상제(上帝)는 가장 큰 권능을 가진 존재로 인식되었다. 천(天)의 권능은 자연 현상과 인간사 모두에 미칠 수 있으며, 정벌이나 출사(出師), 왕의 수호나 국가적 행사 등 인간사에 명령을 내리는 한편, 정도를 이탈한 인간에게 벌을 내리는 인격적인 존재이다. 상제는 자연계에도 권능을 미치는데 농사의 풍흉·가뭄·홍수·바람 등은 모두 상제의 명령에 따른 것이다. 상족(商族)에게 상제는 인간사와 모든 자연 현상에 관계된 선악을 장악하는 최고의 존재였다. 상족은 상제라는 최고신을 정점으로 하여 하신(河神)·수신(水神)·옥신(嶽神)·산신(山神)·토신(土神)·설신(雪神)·방신(方神)·풍신(風神) 같은 복수의 자연신과 조상신을 섬기면서 모든 자연 현상과 인간 만사의 길흉화복이 이들 신의 뜻에 따라 결정되는 것으로 믿었다. 인간이 신의 뜻을 알 수 있는 방법은 갑골로 점을 치는 것이었다. 고대 중국인들은 갑골의 복사(卜辭)에 의해 상제의 의사를 확인하고 그에 따라 생활하고자 했다(윤내현(1978), 『상왕조사의 연구』, 경인문화사. 참조). 한편 고대 중국인들에게 귀신은 단순한 자연적 원리가 아니라 실질적으로 존재하는 모종의 대상이었다. 예를 들어 『춘추좌전』에는 "국가가 장차 흥하려면 백성의 소리에 귀 기울인다. 국가가 장차 망하려면 귀신의 소리에 귀 기울인다〔國將興, 聽於民. 國將亡, 聽於鬼〕."(『춘추좌전(春秋左傳)』, 「장공(莊公)」 32年) 같은 문장이 나온다. 그러나 공자는 귀신에 대해 복합적인 태도를 보여 준다. "계로가 귀신에 대해 물었다. 공자가 말했다. 사람을 섬길 수 없는데 어찌 귀신을 섬길 수 있겠는가?〔季路問事鬼神. 子曰, 未能事人, 焉能事鬼〕."(『논어(論語)』, 「선진(先進)」) 공자의 이 말은 현세에 대한 유가적 현실주의를 입증하는 구절로 여겨진다. 그러나 공자는 귀신의 존재나 제사 등 귀신을 섬기는 과정 자체를 부정하지 않는다. 귀신의 존재를 인정하고 그에 대한 사회적 처리의 방법을 인정하지만, 문제가 되는 것은 그 과정이 정도를 지나치는 것이다. "번지가 앎〔知〕에 대해 물었다. 공자가 말씀하셨다. 백성의 의무를 다하고 귀신을 공경하되 멀리하

로 보면, 그 설 또한 암암리에 (우리 유가와) 서로 합치되는 바가 있다.[26] 이 때문에 중국 선비[中士]가 천주의 설을 배척하다가 서양 선비[西士] 에게 굴복당한 것이다.[27] 이렇게 보면 군이 지금 (서학을) 배척하는 것도

면 지혜롭다 할 만하다[樊遲問知. 子曰, 務民之義, 敬鬼神而遠之, 可謂知矣].”(『논어(論語)』, 「옹야(雍也)」) 공자는 귀신을 섬기는 과정 혹은 귀신에 대한 대중의 신앙이나 두려움이 사람을 섬기는 사회적 과정을 초과해서는 안 된다고 강조한다. 이들은 인간의 질서를 떠난 모종의 힘에 대한 과잉적 사유를 경계했다. 귀신의 문제는 언제나 사회적 도리의 차원 안에서 다루어질 내용이지 신비적인 신앙의 대상이 되어서는 안 된다. 그렇게 본다면 귀신 역시 인간적인 차원에서 논의되는 인간적 현상의 일부라고 말할 수 있다. 유가들에게 귀신은 있었지만 귀신들이 소속된 내세는 없었기 때문이다.

26 이러한 인식은 성호만의 견해라기보다는 상당수의 유학자들이 인정하는 바였다. 마테오 리치는 20세기 서구 연구자들에 의해 '적응주의(accommodationism)'로 명명되는, 일종의 관용적이고 타협적인 태도로 중국 전통에 접근하였다. 그는 중국어를 배우고 중국 경전을 읽었으며 더 나아가 중국 경전에 등장하는 상제(上帝)를 기독교의 신, 즉 천주(天主)라고 설파하는 등 대담한 행보를 펼쳐 나갔다. 마테오 리치가 상제를 곧 기독교에서 말하는 천주라고 대담하게 주장했던 것은 유가적 정통성의 연원인 『시경』이나 『서경』 속에 유신론적 전통이 있음을 발견하고 이를 중국인들에게 적극적으로 호소하고자 했기 때문이다. 이 전략은 어느 정도 성과를 거두었던 것으로 보인다. 고경 속의 상제가 곧 천주라는 발상은 마테오 리치를 통해 천주교에 접근한 입교자들이나, 종교에는 관심을 두지 않고 학술로서만 수용하고자 했던 성호, 혹은 서학을 강력하게 비판했던 안정복에게조차 어느 정도 받아들여졌다. 유학자들에게 '상제'란 완전히 이치적으로 환원될 수 없는 근원적 세계의 인격성을 연상하도록 했을 것이다. 천주로 부르건 상제로 부르건 이들에게 모종의 인격성을 가진 근원적 존재는 세계의 진정한 근질이면서 도덕성의 근원이었고 이러한 맥락에서 상제가 천주라는 마테오 리치의 주장이 수용되었던 것이다.

27 『천주실의』는 천주교의 내용을 전달하려는 서양 선비[西士]와 그와 토론하는 중국 선비[中士]의 대담 형식으로 구성되어 있다. 그러나 중국 선비는 실제의 인물이 아니라 마테오 리치가 자신의 논리를 펼치기 위해 만든 가상의 인물이기 때문에 마테오 리치의 논리적 허점이나 문제점을 지적하는 날카로운 비판의 태도는 보이지 않는다. 『천주실의』 권1의 '천주가 이 세계를 창조하고 주재하며 편안히 기르신다'는 마테오 리치의 논변에서 중국 선비는 천주가 이 세계를 주재하며 편안히 기르신다는 점은 받아들이지만 이 세계를 창조[制作]한다는 사실은 받아들이지 않는다. 이에 대해 마테오 리치는 『신학대전』에 나오는 신 존재 증명의 다섯 가지 길을 원용해서 천주가 이 세계를 창조했음을 논변한다. 이를 듣고 중국 선비는 결국 천주가 이 세계를 창조했음을 받아들인다. 신후담은 이런 중국

또한 아마도 그것을 깊이 고찰하지 않은 바가 있기 때문일 것이다."

내가 대답하여 말했다. "서양 선비의 책은 진실로 아직 깊이 연구하지 못했습니다. 단지 『직방외기』에 실려 있는 것만을 보았는데, 황탄(荒誕)한 내용이 많아 일찍이 윤형(윤동규)과 대화하며 그러한 바를 운운한 일이 있었습니다. 오늘 (선생님의) 가르침을 받고 비로소 서학의 시비(是非)에 갑자기 주장을 세워 깨뜨릴 수 없는 바가 있음을 알게 되었습니다. 그러나 저의 낮은 견해로 논한다면 저들은 대개 재주가 있고 기술〔術〕이 높은 자들입니다. 그러므로 그들의 천문 역법의 설〔星曆之說〕에 혹 정묘한 곳이 없지 않을 것입니다. 그러나 도를 논하는 바가 황탄한 데 이르러서는 이른바 어질고 지혜로운 이들의 과오일 것입니다. 그런데 그들이 논한 천문 역법은 옛 사람의 그것과 어떻게 같고 다릅니까?"

이 선생께서 말씀하셨다. "중국의 천문 역법의 학〔星曆之學〕은 진(秦)·한(漢) 이후부터는 전승을 상실해 여러 학파들〔諸家〕이 서로 주장하는 것이 어지럽게 뒤섞여 정론을 세우기가 어렵게 되었다. 유독 소요부(昭堯夫)[28]의 세차설(歲次說)[29]이 천고(千古)에 가장 뛰어남에도 오히려 여전히 정밀하지 못한 곳이 있었으나 원(元)나라 사람 조파양(趙鄱陽)[30]에 이르러 더욱 정미해졌다. 그러나 서양의 역학(曆學)에 비교해

선비의 입장과 태도에 대해 실망감을 느끼는 것이다.

28 소강절(邵康節, 1011~1077)을 말한다. 성리학을 집대성한 다섯 명의 유학자들을 일컫는 '북송오자(北宋五子)' 중 한 사람으로 휘는 옹(雍), 자는 요부(堯夫)다. 『황극경세서(皇極經世書)』, 『이천격양집(伊川擊壤集)』, 『어초문답』 등의 저서가 있다.

29 지구의 자전은 단순히 회전만 하는 것이 아니라 팽이가 돌 듯 비틀거리면서 도는데 이를 '세차(歲差)운동'이라고 한다. 세차운동은 약 2만 6천 년의 주기를 갖고 있다. 소강절은 우주의 주기 중 가장 큰 단위인 1원이 129,600년이라고 밝힌 바 있다. 이는 세차운동이 다섯 번 일어난 결과이다.

30 조파양이라는 인물은 조우흠(趙友欽)을 말한다. 조우흠은 강서성 파양(鄱陽) 사람으로

보면 (조파양의 이론) 역시 낮은 수준을(下風) 면치 못한다. 대개 서양의 역학은 천중(天重)을 헤아리는 경우 십이중천(十二重天)[31]을 깊이 연구

송말원초에 활동했다고 한다. 천문 역법의 이론 문제와 천문의기·수학·광학 등을 다룬 『혁상신서(革象新書)』(1281) 등이 있다(구만옥(2012), 「성호의 서학관과 과학사상」, 『성호 이익 연구』, 사람의 무늬, 338쪽 주38 참조).

31 십이중천설은 여러 겹의 하늘이 지구를 둘러싸고 회전한다는 것으로, 프톨레마이오스 (Ptolemaeos, Klaudios 85?~165?)의 이론을 바탕으로 한 중세 유럽의 천문 모델이다. 디아즈가 저술한 『천문략』에 소개된 십이중천의 명칭은 다음과 같다. "(십이중천은) 월륜천(月輪天), 진성(辰星) 즉 수성천(水星天), 태백(太白) 즉 금성천(金星天), 일륜천(日輪天), 형혹(熒惑) 즉 화성천(火星天), 세성(歲星) 즉 목성천(木星天), 전성(塡星) 즉 토성천(土星天), 삼원 이십팔수천(三垣二十八宿天), 동서세차(東西歲差), 남북세차(南北歲差)이고, 무성종동천(無星宗動天), 천주 상제가 발현한 천당이자 여러 천신과 성인들이 머무는 영정부동천(永靜不動天)이다[月輪天, 辰星卽水星天, 太白卽金星天, 日輪天, 熒惑卽火星天, 塡星卽土星天, 五二相卽三垣二十八宿天, 東西歲差天, 南北歲差天 ,無星宗動天, 天主上帝發現天堂諸神聖所居永靜不動天]."(『천학초함(天學初函)』 5, 「천문략(天問略)」, 2638쪽) 십이중천설에 따르면 우주의 중심이 되는 것은 지구로, 그 바깥에 달·수성·금성·태양·화성·목성·토성·항성의 천구가 있고 남북세차를 설명하기 위해 고안된 수정천(Crystalline), 그리고 운행을 가능하게 하는 종동천(Primum Mobile), 마지막으로 최고천인 영정부동천(Empyrean)이 있다. 영정부동천은 천주가 거하는 천당이다. 십이중천설은 성호 이익 등 조선 유학자들에게 상당한 영향을 끼쳤고 나중에 시헌력이 도입될 때 기존의 혼천설을 대신하게 되었다. 영조 때에는 국가적으로 공인되기에 이른다. 십이중천설이 수용될 수 있었던 것은 주희의 과학 이론 가운데 이와 유사한 구중천설이 있었기 때문이다. 주희는 소년부터 『초사』에서 섭한 구천(九天)의 설에 대해 고민하다가 구중천설을 통해 고민을 해소했다고 한다(야마다 케이지, 김석근 역(1991), 『주자의 자연학』, 통나무, 147쪽). 주희는 구중천에 대해 다음과 같이 설명한다. "내가 볼 때, 그것(天)은 단지 아홉 층일 뿐이다. 아마도 하늘의 운행에는 여러 층이 있을 것이다. (…) 안쪽의 층들은 비교적 부드럽고, 바깥에 이르면 점점 딱딱해진다. 제9층을 생각해 본다면 딱딱한 껍질과 같을 것이니, 그곳에서는 더욱 긴밀하게 돌기 때문이다[據某觀之, 只是九重. 蓋天運行有許多重數 (…) 自內繞出至外, 其數九. 裏面重數較軟, 至外面則漸硬. 想到第九重, 只成硬殼相似, 那裏轉得又愈緊矣]."(『주자어류』 권2, 48조목) 주희는 이기론에 근거해 땅이 기의 회전 과정을 통해 탄생한 것을 이해한다. 주희는 하늘을 각기 운행의 속도가 다른 아홉 겹(九重天)으로 나누고 그 각각의 천에 일월과 오행성·항성 등을 배치한다. 한편 성호 이익은 「발천문략(跋天問略)」을 지어 십이중천설의 우수성을

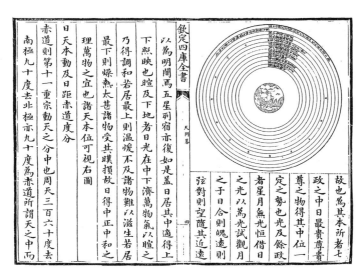

欽定四庫全書

天問畧

四

故也為其本所者七
政之中日最貴尊貴
尊之物得其中位一
定之勢也光及餘政
者星月無光恒借日
之光以為光試觀月
之于日合則魄遠則
弦對則望隨其近遠

以為明閨焉五星列宿亦復如是蓋日居其適得上
下照映也暄及下地者日光在中下濟萬物氣以暄之
乃得調和若居最上則溫煖不及諸物難以滋生若居
最下則燥熱太甚諸物受其暵摶故日得中正中和之
理萬物之宜也諸天本位可視右圖
日天本動及日距赤道度分
赤道則第十一重宗動天之分中也周天三百六十度去
南極九十度去北極亦九十度為赤道所謂天之中而

십이중천도를 표현한 『천문략』의 부분

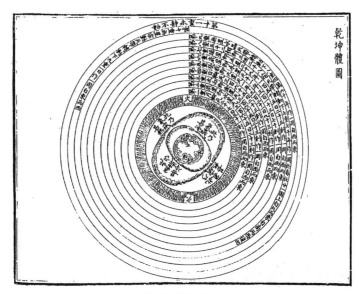

십이중천설을 표현한 「건곤체도」

인정한다. "(처음 역법을 만들었다는 전설의 인물인) 용성(容成) 이후로 몇천만 년 동안 오히려 부족한 점이 없지 않았는데 서양 선비가 깨우쳐 준 덕분에 계발하여 마침내 완전한 경지를 얻었으니, 어찌 이 도가 밝아지는 데 명수(命數)가 있는 것이 아니겠는가. 『천문략』이라는 것은 양마락이 중국 선비의 질문에 조목별로 답한 것이다. 그 십이중천설을 논한 부분이 매우 뛰어난데 '마땅히 전서(全書)에 상세히 논하였으므로 다시 상세히 다루지 않는다.'고 하였으니, 애석하다〔自容成以後幾千萬年, 猶不免有憾, 賴西士曉以啓之, 遂得十分地頭. 豈非此道之明, 有數存者耶. 天問略者, 卽陽瑪諾之條答中士也. 其論十二重天, 綮乎其至矣. 而其言曰宜有全書備論, 不復致詳, 惜乎〕."(『성호전집』 권55, 「발천문략(跋天問略)」) 성호가 중동천을 받아들임으로써 십이중천설을 수용하는 것은 세차의 원인을 설명하기 위해서라고 한다. 성호는 역대 역법의 문제점이 세차법의 부정확함에서 유래한다고 보았는데 이를 해결하는 방법으로 십이중천설의 동서세차천에 주목했다는 것이다(구만옥, 앞의 글, 345~346쪽). 또한 성호는 십이중천에 관한 글을 남기는데 이는 어떤 이유에선지 『성호사설』에는 빠져 있고 안정복이 편집한 『성호사설유선』에만 남아 있다. "옛부터 천지를 구중(九重)이라고 말하는 것은 칠위(七緯) 및 경성(經星)과 종동(宗動)을 말하는 것이다. 종동은 북신천(北辰天)인 듯하다. 무릇 물이 움직이는 데는 반드시 그 종이 있다. 그 움직임은 가장 빠르며 여러 천을 통어한다. 종동(宗動)에 가까운 것은 움직임이 빠르고 먼 것은 느리며 그 대동(帶動)함이 아닌 것이 없는 것은 누구나 모두 아는 바이다. 이마두가 십이중천이라고 말한 것은 (구중천에) 영정천 및 동서세차와 남북세차를 더한 것이다. 영정천은 움직이는 데 반드시 정을 원점으로 하는 까닭에 『장자』, 「천운」편에 '누가 이를 주장하였으며 누가 이를 얽어매었으며 누가 하릴없이 이의 움직임을 추하였던가.'라고 하였고, 주자도 이를 따랐으며 역가도 이를 술하여 바꿀 수 없는 법으로 여기게 된 것이다. 영정천과 종동천은 리로써 추명한 것이며 추측한 것이 아니다. 동서세차는 중국 역의 세차와 다름이 없는 듯하다. 남북세차는 이마두가 그 까닭을 말하지 않았으니 생각하면 28수인 듯하다. (…) 경성은 가장 높고 다음이 토성, 다음이 목성, 다음이 화성, 다음이 태양, 다음이 금성, 다음이 수성, 다음이 달이다. 혹 말하기를 금성 · 수성은 천을 가로질러 움직이지 않고 태양을 선전(旋轉)하는 하나의 천이 된다고 하고, 혹 말하기를 화성은 때로는 태양천의 위에 있다 하고 금성이 때로는 태양천에 있다고 한다. 또 반드시 관측하고 말하였을 것이니, 억측으로 그 시비를 단정할 수는 없다. 그것이 층층이 서로 싸고 있는 것은 마치 양파의 껍질이 겹쳐 있는 것과 같고, 유리가 틈 없이 겹쳐 있는 것 같아 통해 볼 수 있게 된다. 지상은 모두 천이다. 그 별이 없는 천도 또 몇 겹이 있는지 모르는 일이다. (…) 서양의 시원경(망원경)으로 직접 이를 보지 못하는 것이 한스럽다〔自古言天地有九重者, 謂七緯及經星與宗動也. 宗動似是北辰天也. 凡物動者必有其宗, 其行最疾, 統領諸天, 近者疾而遠者遲, 莫非其帶動. 此則愚智皆與知也. 利氏謂十二重天者, 添永靜

하여 바로 천주(天主)가 머물고 있는 종동천(宗動天)[32]에 이른 연후에 그 친다.[33] 천도(天度)를 헤아리는 경우 복도(福島)[34]의 원근(遠近)을 미루 어 바로 온대와 냉대로 양극을 고르게 나눈 연후에 그친다.[35] 지평(地平)

天, 及東西歲差, 南北歲差也. 動靜也, 動必根於靜, 故莊子天運云, 孰主張是, 孰綱維是, 孰居無事, 推以行是. 朱子從之, 曆家述之, 以爲不刊之法也. 永靜與宗動, 以理推明, 非有測候, 東西歲差者, 與中曆之歲差, 疑若無異義. (…) 南北歲差者, 利氏不言其故, 意者二十八宿. (…) 蓋經星最高, 次土, 次木, 次火, 次太陽, 次金, 次水 次月. 或謂金水, 獨不經天, 隨日旋轉, 則爲一天. 或謂火星有時在日天之上, 金星有時在日天之上, 亦必有測候而云未可臆料, 斷其是非也. 其層層相套, 如葱頭之苞, 疊而如玻瓈之不隔, 所以通望也. 地上皆天, 其無星之天, 不知更有幾重在也. (…) 恨不得西國視遠鏡而躬親視之也}."(『성호사설유선(星湖僿說類選)』 권1상, 「십이중천(十二重天)」; 번역은 이용범(1993), 『한국과학사상사연구』, 동국대학교 출판부, 250~251쪽을 참조하여 수정하였다.)

32 남북극과 적도가 지나가는 길을 말한다.

33 성호는 안정복에게 보낸 편지에서 영정천 이하는 따르지 않을 수 없다고 말한 바 있다. "지금 중국 책을 보니 영정천 이하로 따르지 않을 수 없으니 천하의 통행을 볼 수 있다. 북조의 최은령이라는 자는 몽매한 자들 가운데 특출났는데 일찍이 (혼천과 개천을 통합한) 혼개설을 제안했지만 세상이 믿지 않았으므로 그 말이 마침내 민멸되었다. 서력이 들어오지 않았다면 누가 (이 이론을) 열어 얻을 수 있었겠는가[而今見中國之書, 自永靜以下莫不從之, 可見天下之通行, 北朝崔靈恩者超出羣蒙, 嘗爲渾蓋說, 世不尊信, 其言逐泯, 西曆不入, 誰得以開剔得出耶]."(『성호선생전집(星湖先生全集)』 권27, 「답안백순(答安百順)」, 『한국문집총간』 198권, 543c)

34 경도의 기준이 되는 섬, 이른바 자오선섬(Meridian Island)을 말한다. 이 복도가 어디인가는 시대에 따라 다르다고 하나 알레니가 만국전도를 그렸던 1623년 당시 페로(Ferro) 섬이 경도의 기준으로 사용되었다고 한다. 이 섬은 북위 27도45분, 서경 18도에 위치한 카나리아제도의 가장 서쪽에 있는 작은 섬이며 복도는 'Ferro'를 음차한 것으로 보인다.

35 이러한 정보는 마테오 리치의 『건곤체의』나 줄리오 알레니의 『직방외기』에 소개된 지구설에 따라 경위도를 설정하는 방식에서 도출된 것이다. 『직방외기』에 다음과 같은 설명이 있다. "땅은 이미 하늘의 가운데에 있으므로 그 도수는 모두 하늘의 도수와 같다. 곧(如) 적도의 아래와 남북 양극의 아래 지역은 각 23.5°이다. 또 양극의 두 지규(二至規) 바깥은 43°이다. (이들을) 나누면 다섯 지대(五帶)가 된다. 적도 아래에서부터 두 지규(二至規) 안의 하나의 지대(地帶)는 태양이 항상 머리 위로 지나가기 때문에 열대가 된다. 하지규(夏至規) 북에서부터 북극규(北極規)까지 그리고 동지규(冬至規)의 남쪽에서부터 남극규(南極規)에 이르기까지 이 두 지대는 태양이 너무 멀지도 가깝지도 않기 때문에 온대가 된다.

을 헤아리는 경우 동서남북과 주위(周圍) 일체를 증험하여 바로 땅 위와 땅 아래 사람이 도달하여 서로 만나는 곳[36]에 이른 연후에 그친다. 세서(歲序)를 헤아리는 경우, 해와 달이 운행한 도수(度數)와 북극과 떨어진 원근의 수(數)를 헤아려 바로 6개월 동안 계속 낮이 되고 6개월 동안 계속 밤이 되는 데 이른 연후에 그친다. '지구는 달보다 몇 배나 크고, 해[日]는 지구보다 몇 배나 큰가'[37] 등의 문제에 이르기까지 그 학문에는 증명할 수 있는 방법이 있으며 해는 몇 번째 천(天)에서 운행하고, 달은 몇 번째 천에서 운행하며, 경성(經星)[38]은 몇 번째 천에서 운행하고, 위성(緯星)은 몇 번째 천에서 운행하는지에 대해서 모두 고찰할 수 있는 방식이 있다.[39]

금성(金星)의 곁에 두 귀[兩耳]가 있는 것과 은하[天河]에 특히 많은 별이 늘어서 있음도 모두 망원경[天鏡][40]으로 보면 그 사실을 징험할 수

북극규와 남극규의 안쪽 두 지대는 태양이 단지 반년 동안만 비추어 주므로 냉대가 된다. [地旣在天之中央, 其度悉與天同. 如赤道之下與南北二極之下. 各二十三度半也. 又二極二至規外, 四十三度也, 分爲五帶. 其赤道之下, 二至規以內, 此一帶者, 日輪常行頂上, 故爲熱帶. 夏至規之北至北極規, 冬至規之南至南極規, 此兩帶者, 因日輪不甚遠近, 故爲溫帶. 北極規與南極規之內, 此兩帶者, 因日輪止照半年, 故爲冷帶]." 『직방외기』, 「직방외기수(首)」, 『건곤체의』에서는 남북으로 5대(帶)가 있어 하나의 열대(熱帶)와 두 개의 한대(寒帶)와 온대[正帶]로 나뉜다고 본다(『건곤체의』, 「전지혼의설(天地渾儀說)」).
36 대척점(對蹠點, antipodes)을 가리키는 것으로 보인다.
37 마테오 리치의 「곤여만국전도」에는 '해가 지구보다 큼을 논함(論日大於地)' 등의 기사가 나온다.
38 항성을 말한다.
39 십이중천설에 따라 각각 부여받은 위치가 있다.
40 천리경으로 불린 망원경은 마테오 리치가 중국에 들어올 때 가지고 들어온 것이다. 망원경을 조선에 가지고 들어온 것은 정두원(鄭斗源)으로, 『조선왕조실록』에 기록이 있다. "진주사(陳奏使) 정두원이 명나라 수도에서 돌아와 천리경(千里鏡)·서포(西砲)·자명종(自鳴鐘)·염초화(焰硝花)·자목화(紫木花) 등 물품을 바쳤다. 천리경은 천문을 관측하고 백리 밖의 적군을 탐지할 수 있다고 하였으며, 서포는 화승(火繩)을 쓰지 않고 돌로 때리면

있다.[41] 또한 예를 들어 (중국의) 여러 학자[諸家]들이 일식과 월식[日月食]을 논한 것을 보면 모두 말하기를 '마땅히 (해나 달이) 가려져야 하는데 가려지지 않은 때가 있고, 마땅히 (해나 달이) 가려지지 않아야 하는데 가려지는 때가 있다.'고 한다. 그러나 서양 학문[西泰]의 경우에는 '일식과 월식은 그 수(數)가 이미 정해져 있다. 그러므로 마땅히 (해나 달이) 가려져야 할 경우에는 반드시 가려지지 않을 이치가 없고, 마땅히 (해나 달이) 가려지지 않아야 할 경우에는 또한 가려지는 현상을 볼 이치가 없다. 단지 일식과 월식이 동쪽에 있으면 동쪽에서는 보이나 서쪽에서는 보이지 않고, 일식과 월식이 서쪽에 있으면 서쪽에서는 보이나 동쪽에서는 보이지 않는 것이다. 그 보이고 보이지 않음으로 인하여 가려지거나 가려지지 않는다고 하는 것일 따름이다.'라고 하고 드디어 일영도(日影圖)를 만들어 그 소이연(所以然)을 밝혔다.[42]

불이 저절로 일어나는데 서양 사람 육약한(陸若漢)이란 자가 중국에 와서 두원에게 기증한 것이다〔陳奏使鄭斗源, 回自帝京, 獻千里鏡, 西砲, 自鳴鍾, 焰硝花, 紫木花等物, 千里鏡者, 能窺測天文, 覘敵於百里外云, 西砲者, 不用火繩, 以石擊之, 而火自發, 西洋人陸若漢者, 來中國, 贈斗源者也〕."(『조선왕조실록』 인조 9년(1631년)) 여기서 말하는 육약한이란 예수회 선교사 로드리게스(Juan Rodriquez, 1559~1663)를 가리킨다. 아담 샬은 중국에서 1626년에 『원경설』을 출판하기도 한다. 성호는 서양인들이 망원경을 통해 우주를 실제로 관측한다는 사실을 알고 있었다. 그는 「십이중천」에서 천문 현상을 "서양의 망원경〔視遠鏡〕을 얻어 직접 눈으로 볼 수 없음이 한스럽다〔恨不得西國遠鏡而躬親視之也〕."(성호사설유선) 권1, 『천문문』, 「십이중천」)고 말한 바 있다.

41 앞의 주 40)에서 망원경을 얻지 못함을 안타까워하는 것을 통해 알 수 있듯 성호는 서양 과학이 실측을 통해 수량화가 가능하다는 점을 높이 산다.

42 성호는 일식과 월식의 오차가 없다는 점을 근거로 시헌력을 극찬한 바 있다. "오늘날 시행하는 시헌력은 곧 서양인 탕약망(湯若望)이 만든 것인데, 여기에서 역도(曆道)의 극치에 이르렀다. 일식과 월식이 조금도 틀리지 않으니, 성인이 다시 나온다 해도 반드시 이를 따를 것이다〔今行時憲曆, 卽西洋人湯若望所造, 於是乎曆道之極矣. 日月交食未有差謬, 聖人復生必從之矣〕."(『성호사설(星湖僿說)』 권2, 『천지문(天地門)』, 「역상(歷象)」)

무릇 이들 (서학의) 여러 이론들은 지금 중국 역서(曆書)로 징험해 본 다면 예전에는 없었던 것들이다. 그것들은 서국(西國)에 오래전부터 내력이 있었으니 하루아침에 시작된 것이 아니다. 내가 일찍이 그 책을 접하여 그 이치를 조사해 보았는데 하나하나 훌륭하여 믿지 않을 수가 없었다. 그런데 내가 위서(緯書) 가운데 정강성(鄭康成)[43]의 한 설을 얻었는데 거기서 말하기를 '지구의 직경[地厚]은 3만 리이다.'라고 하였다. 이것은 서양에서 '지구의 둘레는 9만 리'[44]라고 한 것과 암암리에 서로 부합한다. 요컨대 정강성의 설은 반드시 상고한 바가 있었을 것이니 중국의 옛날 역가(曆家)의 생각도 서양 학문과 더불어 합치하는 바가 없지

----

[43] 한대 경학자 정현(鄭玄, 127~200)을 말한다. 강성(康成)은 자이다. 삼례(三禮)에 대한 주석 작업을 통해 훈고학을 집대성한 후한의 경학자로 잘 알려진 정현은 경학 외에도 참위설에 관심이 많았고 중국 고대 역법인 건상력(乾象曆) 등에 관한 글을 남겼다고 한다.

[44] 성호는 『곤여만국전도』에서 이에 관한 정보를 얻은 것으로 보인다. "내가 『(곤여)만국전도(萬國全圖)』를 보니 지구(地球)의 둘레가 9만 리에 지나지 않는다고 하였다[余考萬國全圖 大地一周不過九萬里]."(『성호사설』 권2, 『천지문(天地門)』, 「일만이천봉(一萬二千峯)」) 서학 이론을 바탕으로 성호는 지구의 둘레에 대해 다음과 같이 말한 바 있다. "지구는 탄환과 같다. 북극으로 말하면 북으로 250리를 가면 북극이 1도가 더 높고, 남으로 250리를 가면 북극은 1도가 낮아진다. 이것은 속일 수 없는 현상이다. 이렇게 미루어 볼 때에 하늘이 360도이므로 북쪽이나 남쪽으로 각기 9만 리를 가야만 북극이 제자리에 돌아온다[地如彈丸, 以北極言, 則北走二百五十里 而極高一度 南走二百五十里, 而極低一度, 此不可誣也. 從此推之, 天有三百六十度, 故北走南走 皆九萬里而極還]." 지구를 9만 리로 보는 것은 『건곤체의』와 『곤여만국전도』의 「지구도설」 등에서 마테오 리치가 제안한 계산법에 따른 것이다. 9만이라는 계산은 남북으로 250리 이동할 때마다 1도씩 변화한다는 것에 근거한 것으로 이에 따라 지구의 직경은 3만 리가 되고 지심부터 지구 표면까지의 거리는 1만 5천 리가 된다. 성호는 이 같은 내용을 안정복에게 언급한 바 있다. "以星文窺占則地 毬九萬里, 其徑不過三萬里, 心距地面爲一萬五千里, 環地面居者莫不以天爲上以地爲下, 則從地心距地面, 從此至彼, 各以萬五千里爲限, 苟使從地面則萬五千里順下, 萬五千里逆 上, 從兩面投下則自至一點中心止."(『성호선생전집(星湖先生全集)』 권27, 「답안백순(答安 百順)」, 『한국문집총간』 198권, 543c)

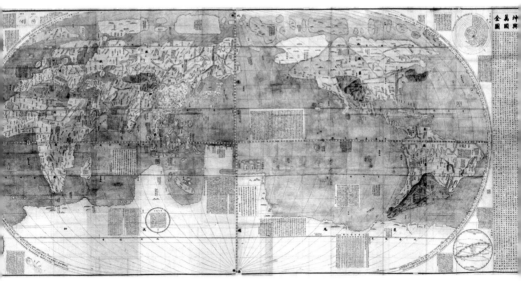

않았다. (그러한 것은) 지구의 직경〔地厚〕에 관한 설 하나에 그치지 않을 것이지만 단지 서적이 완전하지 못하여 전해진 것이 다만 이것일 따름이다. 그러므로 이미 그 말이 이치에 합당함을 알았다면 어찌 옛것과 다르다고 하여 그것을 취하지 않겠는가.”

내가 대답하여 말했다. “저는 역학(曆學)에 대해 아직 공부하지 못했기 때문에 진실로 그 말의 득실을 판별할 수가 없습니다. 그러나 그것이 창망〔愴況〕하여 의거(依據)하기가 어렵다는 것은 깨달았습니다. 마땅히 다른 날을 기다려 다시 생각〔商量〕을 더해야겠습니다. 다만 그 일식·월식을 논한 것은 가장 이치에 합당한 것 같습니다. 단지 그 가려짐과 가려지지 않음이 한결같이 수(數)에 달려 있고 사람의 힘으로〔人力〕능히 할 수 있는 바가 아니라고 하는데, 그렇다면 『춘추(春秋)』에서 (일식과 월식으로) 사람을 경계시키는 것은 무엇 때문입니까?”[45]

성호 선생이 말씀하셨다. "비록 사람의 힘에서 비롯되지 않으나 진실로 역시 천지가 꾸짖을 때 하늘은 처음부터 사람에게 징험을 주지 않은 적이 없으며 사람도 처음부터 하늘로부터 징험을 받지 않은 적이 없으니 사람이 이를 당할 때 경계하는 도가 없을 수 있겠는가? 이것이 성인이 경계를 내리는 취지이다."

내가 대답하여 말했다. "이와 같다면 그 이론 역시 이치에 장애가 되지 않을 것입니다. 그런데 서양이 역학을 논한 바에 대해 중국 선비들이 믿은 후에 듣고 받아들인 자가 과연 몇 사람이나 있었습니까?" 이 선생이 말씀하셨다. "당시 중국 선비 가운데 그 이론에 접한 자들은 대개 많이 믿고 경청하였으며 이지조[46]가 더욱 심중히 믿어 마침내 그 법을 전

---

45 동중서 이후 재이설(災異說)은 통치 질서와 관련된 국가적 문제로 여겨져 왔다. 성호는 재이를 인사와 연결해서는 안 된다고 주장하며 자연의 운동 변화를 인격적 존재의 의지나 목적에 따른 것이 아니라 그 자체의 법칙에 따른 것으로 인식하고자 한다. "천도란 무심(無心)하게 임의대로 운행할 뿐이다. 기수(氣數)가 이르는 바와 인사(人事)의 감응에 따라 자연적으로 나타나는 것으로, 사람들이 기뻐함과 노여워함이 뜻을 일으켜 각각 베풀어지는 것과는 다르니, 하늘이 어찌 일찍이 간여하겠는가? 기수에 따라 일어나는 재변에 대해 모두 두려워하고 반성해야 한다 하고, 하늘이 하나하나 점검하여 상벌을 준다고 한다면 어찌 옳겠는가?〔天道, 無心而任運, 氣數之所致, 人事之感召, 自然形見, 非如人之喜怒作意, 而各施之也, 天下嘗與焉, 氣數感召, 皆合恐懼而修省, 謂天一一點檢賞罰焉, 則奚何哉〕."(『성호사설』 권22, 「경사문」, 「대업무재(大業無災)」) 성호는 일식과 월식을 정상적인 도수에 따라 일어나는 자연 현상으로 파악해야 하며 역법을 통해 충분히 예측 가능하다는 입장을 견지했다. "하늘은 끊임없이 움직이며 일월〔二曜〕과 다섯 별〔五緯〕(의 운행)에 그 일정한 도수가 있으니 엷어지거나 침식되거나 능멸되거나 침범되는 것이 어찌 하나의 작은 나라나 하나의 미미한 일 때문에 움직이고 바뀔 수 있는 바이겠는가〔天行不息, 二曜五緯厥有常度, 其薄蝕凌犯, 豈因一國之小一事之微, 而有所移易哉〕."(『성호사설』 권5, 「재이(災異)」)

46 『천학초함』을 간행하여 당시까지의 예수회 회원들의 저작과 자신이 쓴 글을 집대성한 이지조(李之藻, 1565~1630)는 서광계(徐光啓)·양정균(楊廷筠)과 더불어 명말 천주교의 세 기둥〔三柱石〕으로 불렸던 관료다. 마테오 리치와 교류하며 세례를 받았고 서학의 실용

하였다. 일찍이 『혼개통헌(渾盖通憲)』[47] 한 책을 짓고 말하기를 그 법 (法)은 혼천과 개천[48]이 서로 발명한다고 하였다.

병오년[49] 겨울에 성호 이익 선생을 뵙고 들은 것을 기록함

병오년 11월 25일 나는 안산(安山)의 농장[庄舍]으로 성호 이익 선생을 찾아가 뵈었다. 내가 물었다. "(선생님께서) 서양[西泰]의 천문 역법[星

적 면을 활용해 중국의 학풍을 일으키고자 마테오 리치를 도와 여러 책의 간행에 관여했다. 『천주실의』와 『기인십편(畸人十篇)』, 『직방외기』 등의 서문을 썼고 아리스토텔레스의 철학을 옮긴 『환유전(寰有銓)』과 『명리탐(名理探)』을 저술하기도 했다. 이지조에 관한 연구서로는 方豪(1966), 『李之藻研究』, 台北: 商務印書館.

47 이지조가 1607년에 쓴 책으로 정식 명칭은 『혼개통헌도설(渾盖通憲圖說)』이다. 서양 천문학의 이론으로 중국 전통의 우주론인 혼천설과 개천설을 해석한 책이다.

48 혼천설과 개천설은 선야설과 더불어 중국의 대표적인 우주 구조론이다. 동양에서 천체에 대한 가장 일반적인 관념은 하늘은 둥글고 땅은 모나다는 '천원지방(天圓地方)'이다. 천원지방설은 일반적으로 개천설의 원형으로 이해된다. 개천설은 하늘을 덮는다는 의미로 하늘은 원형의 곡면으로, 땅은 사각형의 평면으로 보아 하늘이 땅을 덮고 있는 형태로 이해하는 것이다. "하늘은 삿갓을 덮어 놓은 것과 같은 형상이며 땅은 주발을 엎어 놓은 것을 본뜨고 있다. 하늘은 땅에서부터 8만 리 떨어져 있다. 동짓날에 태양은 비록 외형에 있지만 항상 북극 아래의 땅에서 위로 2만 리의 위치에서 나온다〔天象蓋笠 地法覆槃. 天離地八萬里. 冬至之日 雖在外衡 常出極下地上二萬里〕."(『주비산경(周髀算經)』 권 하) 개천설이 하늘과 땅을 평행한 상하의 대응 관계로 본 것이라면, 혼천설은 하늘과 땅을 계란의 노른자와 흰자처럼 입체적인 내외 구조로 파악하는 것이다. "하늘은 달걀과 같고 땅은 달걀의 노른자와 같아서 하늘 안에 홀로 거한다. 하늘은 크고 땅은 작다. 하늘의 겉과 속에는 물이 있고 천지는 각각 기를 타고 존재하며 물을 싣고 행한다. (…) 하늘은 수레바퀴의 운행처럼 회전한다〔天如鷄子, 地如鷄中黃, 孤居于天內, 天大而地小, 天表裡有水, 天地各乘氣而立, 載水而行 (…) 天轉如車殼之運也〕."(장형(張衡), 『혼천의주(渾天儀注)』) 이런 우주 구조론은 하늘과 땅의 관계를 모형화하고 그 모형 안에서 합리적 관측을 통해 일월오성과 행성·항성의 운동을 파악하기 위한 시도로 나타난 것이다.

49 1726년 영조 2년으로 성호가 46세, 신후담이 25세 때다.

曆]과 상수(象數)의 학을 칭찬하셨습니다. 또한 그들의 천문 관측[推步][50]은 부절이 들어맞듯 오묘하여 진실로 또한 명확하게 징험할 수 있으니 이로써 이마두 등이 또한 세상에 드문 비범한 사람들임을 알겠습니다. 그러나 그들이 저술한 『천학정종』,[51] 『영언여작』[52] 등의 책을 보면 논하고 있는 학설이 전부 불교를 답습[53]하고 있어 취할 만한 것이 없습니다. 또한 그 책에서 전하는 (천주의) 영험한 기적[靈應之蹟] 같은 류는 기만적이고 거짓되어 이치에 가깝지 않으니 세상을 속이는 뜻이 분명하게 드러납니다. 제가 생각하기에 그 학술은 비록 혹 취할 만한 것이 있으나 그 도(道)는 배척하지 않을 수 없다고 여기는데 선생께서는 어떻게 생각하시는지 모르겠습니다."

성호 선생께서 말씀하셨다. "서양 선비들이 어찌 반드시 세상을 속이고자 하는 자들이겠는가. 다만 귀신을 지나치게 믿어서 그러한 것일 뿐이다."

---

50 추보(推步)란 역법을 계산하는 추산을 말한다. 일월이 하늘에서 운행하는 것이 사람이 걷는 것(行步)과 비슷하기 때문에 추보라고 한다.
51 이 책은 실제로 확인할 수 없다. 마테오 리치의 저작 중에는 같은 제목의 책이 없다.
52 『영언여작(靈言蠡勺)』은 마테오 리치가 쓴 책이 아니라 마테오 리치가 사망한 해에 29세 이 나이로 중국에 들어온 프란치스쿠 삼비아시(Franciscus Sambiasi, 畢方濟)가 구술하고 서광계가 필록했다고 알려진 책이다. 이 책은 『천주실의』에 소개된 바 있는 스콜라 철학적 영혼론을 좀 더 체계적으로 상세하게 전달하기 위한 목적으로 쓰여진 영혼론 관련 저술이다. 이 책을 통해 삼비아시는 마테오 리치의 『천주실의』에 개괄적으로 소개된 스콜라 철학의 영혼론을 확대 심화하여 본격적으로 소개하고 있다. 이 책은 번역되어 있다. 프란체스코 삼비아시, 김철범 · 신창석 역(2007), 『영언여작』, 일조각.
53 천주교가 불교와 유사하다는 것은 중국과 조선 지식인들의 일반적 견해였다. 둘 다 서쪽에서 왔다는 점, 천당지옥설이 있다는 것, 미사 같은 예배 행위를 한다는 것, 사제가 결혼하지 않는 것 등의 표면적으로 유사한 점이 많았기 때문이다. 그러나 중국과 조선 유학자들이 서학을 이단으로 간주하는 것은 단순히 외적인 유사성 때문이 아니라 궁극적으로 현세를 넘어선 본질적 세계를 상정하고 있기 때문일 것이다.

내가 대답했다. "귀신을 믿는 폐단은 진실로 황탄한 바에 이르게 됩니다. 그런데 이른바 천주강생의 설 같은 것은 그 황탄함이 또한 너무 심합니다. 그들은 일찍이 천주의 설을 논하면서 하늘이 머무는 바[次숨]가 각각 그 자리에 의거하며 (하늘의) 도수(度數)가 각각 그 법칙에 의거하는 것은 천주가 이를 주재하였기 때문이라고 말합니다.[54] 그렇다면 천주는 하루라도 하늘을 떠날 수 없는 것이 역시 분명합니다. 그런데 (천주가) 서양 땅에 강생하여 (머문 것이) 33년에 이릅니다.[55] 그렇다면 하늘이 머무는 바[次숨]와 (운행의) 도수(度數)가 문란해지고 무너지는 폐단이 없을 수 있겠습니까?[56] 또한 그는 『천학정종』[57] 제3편 첫머리에서 이른바 유학에서 '성(誠)'이라고 하고 '유(有)'라고 하는 것에 대해 그

---

54 『천주실의』 권1에 나오는 내용이다. "도수는 각각 그 법칙을 따르고 머무는 자리도 각각 그 위치에 편안하여 일찍이 조금의 착오도 없습니다. 만약 그 사이에서 알선하고 주재하는 존귀한 주(主)가 없다면, 어그러짐이 없을 수 있겠습니까[度數各依其則, 次舍各安其位, 曾無纖忽差忒焉者. 倘無尊主斡旋主宰其間, 能免無悖乎哉]?"

55 『천주실의』에 예수의 삶이 소개되어 있다. "(예수는) 동정녀를 어머니로 택하여 (남녀의) 교감 없이 잉태되었고 강생하였다. 이름은 예수라 불렀는데 예수란 곧 세상을 구원한다는 말이다. 몸소 스스로 가르침을 세우고 33년 동안 서양에서 널리 교화하고 다시 하늘로 올라가셨다[擇貞女爲母, 無所交感, 託胎降生. 名號爲耶蘇, 耶蘇卽謂救世也. 躬自立訓, 弘化于西土, 三十三年, 復昇歸天]."(『천주실의』 권8) 한편 『직방외기』에도 "(예수가 세상에) 33년 동안 머물면서 세상 사람들을 교화하였다[在世三十三年, 敎化世人]."는 문장이 나온다.

56 이 대목은 『서학변』의 『천주실의』 제8편에 대한 비평에 거의 유사한 형태로 나온다. 『서학변』이 「기문편」의 토론이 이루어지던 시점에 쓰여진 것임을 유추할 수 있다.

57 『천학정종』의 내용으로 제시하는 이 구절은 『서학변』, 『천주실의』 2편을 논하는 부분에 다시 나온다. "이 편의 첫머리에 이른바 유학에서 '유(有)'라고 하고 '성(誠)'이라고 하는 것에 대해 아직 그 해석을 다 듣지 못했다고 했다[且篇首所謂儒之曰有, 曰誠, 未盡聞其釋也]." 이를 통해 이 책이 『천주실의』를 가리킨다는 것을 알 수 있다. 다만 신후담이 『천주실의』를 『천학정종』으로 착각한 것인지 혹은 『천주실의』의 내용을 재편집한 『천학정종』이라는 별도의 책이 있었는지 알 수 없다.

해석을 모두 듣지 못했다고 했는데[58] 처음에는 유가서(儒家書)에 대해 알지 못한 듯이 하였으나 아래 문장에서 논한 바는 경전을 드나들며 꿰뚫고 있지 않음이 없으니 그는 유가서에 대해 역시 매우 익숙한 것입니다. 이는 진실로 모순되니 의심할 만한 부분입니다. 그가 태극을 배척한 이론[59]의 경우에는 육상산(陸象山)과 왕양명(王陽明)의 여론(餘論)을 모조리 답습한 것입니다. 제가 생각하기에 이는 아마도 반드시 서양 선비가 한 것이라기보다는 혹 중국의 호사가들이 견강부회(傅會)하여 만들

---

58 이 내용은 『천주실의』 권2에 있는 내용이다. "(공을 강조하는 불교와 달리) 유학에서는 역(易)에 태극(太極)이 있다고 하여 오직 유(有)를 종(宗)으로 삼고, 성(誠)을 배움으로 삼는다고 말합니다. 선생은 어느 쪽이 옳다고 보시는지 모르겠습니다. (…) 도교나 불교에서 '무(無)'를 말하고 '공(空)'을 말하는 것은 천주의 도리와는 크게 서로 어긋나므로 그것을 숭상할 수 없음은 분명합니다. 유학에서 말하는 '유'나 '성'은 비록 그 해석을 다 듣지는 못하였으나 진실로 (도리에) 가까운 듯합니다[儒謂易有太極, 故惟以有爲宗, 以誠爲學. 不知尊旨誰是 (…) 西士曰, 二氏之謂曰無, 曰空, 於天主理大相刺謬, 其不可崇尚明矣. 夫儒之謂曰有, 曰誠, 雖未盡聞其釋, 固庶幾乎]."(『천주실의』 권2)

59 태극(太極) 개념은 마테오 리치에게 가장 먼저 공략해야 할 대상이었다. 태극이 만물을 만물이게끔 한다는 점에서 신과 유사한 역할을 하기 때문이다. 『천주실의』 권2에서 마테오 리치는 태극을 효과적으로 무력화시키기 위해 공(空)과 무(無) 등 불교·도교적 관념을 먼저 비판한다. 이는 비존재·비실재로서의 허(虛) 또는 무(無)와, 형체는 없으나 실재하는 신을 구분하려는 것이다. 마테오 리치는 태극을 불교나 도교적인 무(無) 개념과 같은 부류로 취급한다. 마테오 리치는 아리스토텔레스의 실체 속성 개념을 바탕으로, 모든 사물이 기본적으로 자립하는 '실체(自立者, substantia)'와 그것에 의존하는 '속성(依賴者, accidens)'으로 나뉜다고 본다. 스콜라 철학적 관점에서 질료와 형상의 결합 결과로 나타나는 실체는 그 자체로 자립할 수 있지만, 속성은 그 자체로 자립할 수 없을 뿐더러 실체에 비해 천한 것이다. 이런 관점에서 마테오 리치는 태극이 실체에 의존적인 속성에 불과하다고 주장한다. 태극은 신처럼 실재하는 것이 아니라 허상일 뿐이라는 것이다. 또한 태극의 이론 자체가 홀수와 짝수의 상을 취한 것에 불과하므로 결과적으로 천지를 창조할 수 없다고 본다. 실재가 아니므로 본성이나 형질 등을 다른 존재에게 베풀 수 없다는 것이다. 이러한 주장은 존재를 귀한 것으로, 비존재를 천한 것으로 여기는, 전형적인 서양의 철학적 유산을 투영한 결과로 볼 수 있다.

어 낸 것이 아닌가 합니다."

성호 선생이 말씀하셨다. "그들이 말한 천신(天神)[60]의 일은 비록 황탄한 바에 미치기도 하나 서양 선비들이 어찌 반드시 세상을 미혹시키고 사람들을 속이고자 했겠는가. 그가 태극을 배척한 이론의 경우도 비록 육왕(陸王)의 학설과 우연히 합하는 바가 있더라도 그 설은 또한 나름대로 견해가 있다."

무신년[61] 봄에 이익위(李翊衛)[62] 선생을 뵙고 들은 것을 기록함

— 이름은 식(栻)으로, 이천(利川)에 살았다.

무신년 1월 6일 내가 성동(城東)의 남정동(藍井洞) 우사(寓舍)에 있는 익위 이(栻) 선생을 찾아가 뵈었다. 이식 선생이 말하였다. "일찍이 심신(心腎)의 설로 안산(安山, 성호 이익)과 편지를 주고받은 적이 있다.[63] 피

---

60 여기서는 천사가 아니라 천주(天主)를 말한다.

61 1728년 영조 4년으로 성호가 48세, 신후담이 27세 때다.

62 익위(翊衛) 이식(李栻, 1659~1729)을 말한다. 본관은 연안(延安)이며 자는 경숙(敬叔)이고 호는 외암(畏庵)이다. 이천 출신으로 이제헌(李齊憲)의 아들이며, 정국공신 이곤(李坤)의 7세손이다. 효행이 높았고 학문을 게을리하지 않았으며 소년 시절부터 일기를 써 평생 동안 수십 권의 기록을 남겼다. 사단칠정(四端七情)론을 깊이 연구했고 이황(李滉)의 학통을 따라 이기이원론(理氣二元論)의 입장에서 『사칠부설(四七附說)』 1권을 저술하였다.

63 심신설에 관한 외암 이식과 성호 이익의 편지 왕복과 토론 내용은 선행 연구를 통해 분석된 바 있다. 문석윤(2009), 「星湖 李瀷의 心說에 관하여 : 畏庵 李栻의 「堂室銘」에 대한 비판을 중심으로」, 『철학연구』 86권. 문석윤의 연구에 따르면 외암은 1700년 12월 5일 「당실명(堂室銘) 삼장(三章)」이라는 글을 짓는데 핵심은 마음이 신장(腎臟)과 심장(心臟)을 오가며 이를 대체(大本)와 대용(大用)으로 삼는다는 것이다. 우리 몸의 신장은 우리 원명(元命) 즉 우리 생명의 터가 되며, 심장은 우리 원신(元神) 즉 우리 정신(精神)의 집이라는 것이다. 인간의 마음은 고요할 때는 신장에 머물러 그 생명력을 기르고, 움직일

차 견해가 하나로 합쳐질 수가 없었으나 강변(强辨)의 혐의가 있어 스스로 그만두었다.[64] 그대는 성호 선생으로부터 그 대략을 들었을 것이다. 그 어그러지고 잘못된 점을 변척하여 잘못된 것을 알 수 있게 하기를 바란다."

내가 대답하였다. "이들 이론의 미묘한 곳은 (저 같은) 말학(末學)이 가볍게 의논할 바가 아닙니다. 변척하라는 (선생님의) 가르침을 감히 받들 수가 없습니다. 그런데 일찍이 성호 선생을 따라 배웠는데 말이 서양의 아니마(亞尼瑪, anima)[65]의 학에 미쳤습니다. 성호 선생께서는 '지난

때는 심장으로 올라와 세계와 감응하게 된다. 따라서 신장은 현실(玄室) 즉 어두운 방으로서 고요히 머무르는 공간이 되고, 심장은 명당(明堂) 즉 밝은 집으로서 활발하게 활동하는 공간이 된다. 외암은 신장과 심장을 각각 대체(大本)와 대용(大用)이 되는 것으로 파악하는데, 이는 곧 마음이 생명의 기관으로서의 신장과 정신적 작용을 하는 심장을 오가며 활동하는, 인간의 생명과 정신 활동을 주재하는 신령한 존재라고 여기는 것이다. 성호는 37세인 1717년 무렵 '당실명'을 접하고 다른 문인과 토론하다가 1718년 봄 외암에게 직접 편지를 보내 의문을 전했다고 한다. 이에 대해 외암은 1718년 2월에 즉시 답장을 보냈고 여기에 대해 성호가 그해 4월 다시 한 번 15조목으로 의문을 제시하는 편지를 쓰게 된다.

64 외암은 성호의 적극적인 질문에 방어적인 태도로 논의를 덮었던 것으로 보인다. 외암은 우담 정시한의 「자경문(自警文)」을 언급하여 논변이 더 이상 진행되는 것을 경계하고, '심통성정(心統性情)'에 대한 서산(西山) 채원정(蔡元定)의 견해를 다시 한 번 옹호하는 것 이상의 대응을 하지 않았다(문석윤, 앞의 논문, 9쪽). 성호는 이 토론의 경과를 다음과 같이 기록하고 있다. "근래에 어떤 어른이 '신장(腎)을 방으로 삼고 심장(心臟)은 집으로 삼아서 고요하여 움직이지 않으면 (마음은) 신(腎)으로 들어오고, 감응하여 통하게 되면 심장에서 나오니 이른바 신명의 마음은 신장을 대본으로 삼는다.'고 하여 의론을 주장하였다. (…) 내가 일찍이 편지로 질문하였으나 (내 주장에 대한) 인가를 얻지 못하였다[近世有一長老, 以腎爲室, 以心臟爲堂, 寂然不動則入於腎, 感而遂通則出於心, 所謂神明之心, 以腎爲大本, 遂主張議論. (…) 余旣嘗以書質之, 不得印可]."(『성호사설』 권20, 『경사문』, 「신입우신(神入于腎)」)

65 스콜라 철학의 영혼 anima를 음차한 '아니마(亞尼瑪)'를 처음으로 사용한 것은 『영언여작』을 쓴 삼비아시였다. 삼비아시는 『천주실의』에서 마테오 리치가 사용했던 용어들을 대부분

번에 고성장(高城丈)[66]의 신(腎)이 대본(大本)이 되고 심(心)이 대용(大用)이 된다는 설을 보고 그릇됨을 변척하였다.[67] 지금 아니마에 대해 논

그대로 계승하면서 더 심화된 설명을 시도한다. 이 책에서 가장 특기할 만한 것은 '영혼'이라는 한역어 대신 '아니마(亞尼瑪)'라는 음역이 책 전체에 걸쳐 일관되게 사용되었다는 점이다. 「영언여작인(靈言蠡勺引)」의 첫 구절에서 "아니마의 학문은 필로소피아의 학문 가운데 가장 유익하고 가장 존귀하다〔亞尼瑪之學, 於費祿蘇非亞中, 爲最益爲最尊〕."(『영언여작(靈言蠡勺)』권1)라는 문장 뒤에 다음과 같은 설명을 붙여 놓았다. "번역하면 영혼(靈魂) 또는 영성(靈性)이라고 말할 수 있다〔譯言靈魂, 亦言靈性〕."(『영언여작』권1) 삼비아시는 마테오 리치가 스콜라 철학의 이성혼의 번역어로 선택한 '영혼(靈魂)' 대신 과감하게 아니마(亞尼瑪, anima)라는 스콜라 용어를 직접 음차해 쓰고 있다. 이는 기(氣)와 연결되어 있는 '혼(魂)'이라는 전통적 용어로 인한 다양한 오해를 해결하기 위한 전략적 선택이라고 볼 수 있다. 삼비아시는 '아니마(亞尼瑪)'를 통해 중국 전통의 혼 관념과 다른 새로운 인간 이해의 구조와 논리를 보여 주고자 했을 것이다. 뿐만 아니라 삼비아시는 마테오 리치가 『천주실의』에서 시도한 것과는 달리 데우스(Deus)의 번역어로 '상제(上帝)'라는 표현 대신 데우스(Deus)를 음차한 '두사(陡斯)'를 사용하기도 한다.

66 누구를 가리키는 것인지 연구자마다 다르다. 강병수는 허목의 형이자 장현광의 문인이었던 허후(許厚, 1588~1661)를 가리키는 것으로 본다. 허후는 의학설에 기초하여 신(腎)이 대본(大本)이 되고 심(心)이 대용(大用)이 된다는 설을 제시했는데, 성호가 허목의 『기언(記言)』을 살피다가 그의 심신설을 접했을 것으로 추정하고 있다(강병수(2002), 『하빈 신후담의 학문과 사상 연구』, 동국대학교 박사논문, 166쪽). 그러나 『한국문집총간』에 수록되어 있는 『둔계유편(遯溪遺編)』에는 심신설에 관련된 내용이 나오지 않아 허후가 말하는 심신설의 자세한 내용을 확인하기 어렵다. 그러나 다른 연구자들은 대체로 성호 이익과 심신설에 대해 논쟁한 바 있는 이식을 가리키는 것으로 본다. 전체적인 논지로 보았을 때도 이식을 가리키는 것이 타당한 것으로 보인다.

67 외암 이식은 인간의 마음이 신장과 심장이라는 두 개의 근원을 통해 활동한다고 주장한다. 이에 대해 성호는 "집에는 한 주인이 있으니, 그가 당(堂)에 있으면 실(室)이 빌 것이며, 실에 있으면 당이 비게 될 것입니다. 그렇다면 그가 실에 있을 때 당은 어떻게 됩니까〔家有一主人, 在堂則室虛, 在室則堂虛, 當其在室, 堂爲若何〕?"(『성호전집(星湖全集)』권9, 13a)라고 의문을 표한다. 마음이 고요할 때 신장에 머문다면 마음과 심장의 관계는 모호해질 것이다. 성호는 주희의 말을 근거로 마음이 고요할 때나 움직일 때나 결국 심장을 근거로 한다는 점을 분명히 한다. 성호는 결국 마음이 체(體)나 용(用) 모두에서 신장이 아니라 심장에 근거한다고 말한다. "사람의 한 몸을 운용하는 기〔一身之氣〕는 사지(四肢)와 백체(百體)에 유행하는 것으로, 곧 한 몸 가운데 형질(形質)을 갖추고 있지 않은 것이다. 심장·

한 설을 보니 두개골 정수리 사이에 뇌낭이 있어 바쁘게 활동할 때 기억의 주체가 된다고 운운하였다. 그 설은 비록 경전에 보이지는 않지만 역시 자못 합리적인 면이 있어 스스로 하나의 도리가 되는 데 방해되지 않는다. 이로 인해 고성장의 심신(心腎)의 설을 돌이켜 생각해 보니 또한 묘맥과 내력이 있는 것 같다.'**68**고 하셨습니다. 성호 선생께 들은 바는 이와 같으나, 그 설을 깊이 구하지는 못했습니다."

이식 선생이 말씀하셨다. "아니마의 학은 지금 비로소 들은 것이다. 그 학이 과연 어떠한지는 아직 모르겠다. 성호 선생의 설은 어떠하다고

신장과 같은 것은 곧 한 몸 중 각각 형질을 갖추고 있는 것으로, 또한 자체에 들락날락하는 음양(陰陽)의 기를 가진다. 그것은 움직일 때에 집을 비워 두고 나간 적이 없으며, 고요히 있을 때에 다른 곳에 가 있은 적도 없다. 비록 그러하나 또한 그 기(氣)는 원래 여기에 주인 노릇을 하면서 동시에 한 몸을 두루 통한다[是以人之一身之氣, 流行於四肢百體者, 卽一身中不具形質者也. 其心臟腎臟之類, 乃一身中各具形質者, 而亦自有陰陽舒翕, 動未嘗空舍而出, 靜未嘗寄寓於也. 雖然其氣也, 原主乎此而遍通於一身].''(『성호전집』 권9, 14a) 결과적으로 심신설에 대한 성호의 비판은 그의 대기소기설(大氣小氣說)과 연관된다. 형질에 구애되지 않은 상태에서 몸 전체를 운행하는 기(대기)가 있는 반면, 구체적인 형질을 가지면서 몸 전체를 운행하는 기(소기)가 있는 것이다. 이때 마음은 형질을 가진 심장을 바탕으로 온 몸에서 작동하는 것이다. 결과적으로 성호는 외암이 마음의 근거에 신장을 포함시키는 방식에 의문을 가지고 비판하면서 마음을 심장에 처소를 둔 것으로 이해하고 신명을 그 미음의 본질적인 기능으로 이해하고자 한다(문석윤, 앞의 논문, 9~19쪽).

68 성호는 예전에 비판했던 이식의 심신설을 서학의 뇌낭설·삼혼설 등에 비추어 볼 때 재고의 여지가 있다고 판단한다. 아마도 뇌낭이 기억의 주체로서 인간의 정신 활동에 관여한다면 신장을 마음의 근거로 보는 이론 역시 성립 가능한 것으로 판단한 것이 아닌가 한다. 이러한 이론적 변화를 통해 성호는 마음을 인간의 신체 밖의 초월적 차원에서 설명하려는 이론을 지양하고, 정신적 활동이자 도덕적 판단 능력으로서의 마음을 심장이라는 인간의 신체적 차원에 근거짓는 한편, 도덕적 능력으로서의 마음의 특성과 능력을 이론적으로 재구성하고자 했음을 알 수 있다. 형이상학적 이기론 차원에 묶여 인간의 정신적 활동과 신체의 관계 등이 추상화되거나 비유적으로만 설명되는 전통적인 심성론의 한계를 벗어나서 신체의 구조와 기능을 바탕으로 정신적 활동으로서의 마음은 물론 의리지심(義理之心) 등 인간에게 고유한 도덕성을 설명할 수 있는 바탕을 마련하는 것이다.

여기는가."

내가 대답하여 말했다. "아니마라는 문자는 『천학정종』, 『영언여작』과 같은 책에서 그 학설의 대략을 볼 수 있습니다. 예를 들어 상단의 뇌낭설 및 삼혼설 등이 성호 선생께서 취하신 바입니다. 천당지옥설[69]은 성호 선생께서 배척하신 것입니다. 이른바 삼혼(三魂)이라는 것은 생혼(生魂)·각혼(覺魂)·영혼(靈魂)을 말합니다. 초목의 부류는 단지 생혼만을 가지고 있고 금수의 부류는 생혼을 가지고 있고 또한 각혼을 가지고 있습니다. 사람은 생혼과 각혼이 있고 또한 영혼이 있습니다. 이것이 그 대략입니다. 그들이 천당지옥을 논한 것은 불교와 같습니다. 이 외에 또한 천문〔受曆〕과 수리〔籌數〕의 설은 『천문략』,[70] 『기하원본』[71]과 같은

---

69 『천주실의』 권6의 제목은 다음과 같다. 「의지는 소멸될 수 없음을 설명하고, 아울러 사후에 반드시 천당과 지옥의 상벌로써 세인들이 행한 선악에 응보가 있음을 논함〔釋解意不可滅, 幷論死後必有天堂地獄之賞罰以報世人所爲善惡〕」. 『천주실의』에서 마테오 리치는 천당과 지옥에 대한 불교적 관념을 비판하고 기독교에서 말하는 천당과 지옥에 대해 "도리를 닦은 사람은 내세에 반드시 천당에 올라가서 무궁한 복락을 받고, 지옥에 떨어져서 끊임없는 재앙을 받는 일을 면하게 됩니다〔修道者, 後世必登天堂, 受無窮之樂, 免墮地獄受不息之殃〕."(『천주실의』 권3)라고 설명한다. 천당과 지옥의 관념은 일반적인 유학자들에게는 거부감을 일으켰지만 이를 자기 수양의 문제로 받아들임으로써 유학에 접목하는 것도 가능했던 것으로 보인다. 마테오 리치의 협력자이자 세례 받은 신자였던 서광계는 '천당에 오르는 참된 복을 선을 행함에 대한 영광된 상으로 삼으며, 지옥에 떨어지는 영겁의 재앙으로 악을 행함에 대한 업보로 삼으니, 일체의 훈계와 규율 조리가 모두 천리(天理)와 인정(人情)의 극치이다〔以升天眞福爲作善之榮賞, 以地獄永殃爲作惡之苦報, 一切戒訓規條, 悉皆天理人情之至〕."(『서광계집(徐光啓集)』, 「변학장소(辨學章疏)」)라고 말한바 있다.
70 이 책은 중국뿐 아니라 성호 이익과 다산 정약용 등 조선의 지식인들에게도 상당한 영향을 주었다. 이 책은 프톨레마이우스의 천문관에 기반한 십이중천설을 중국인들에게 납득시키려는 목적에서 쓰여진 것이다. 예수회 선교사들이 제안하는 우주 모델은 천주가 주재한다는 마지막 천 즉 영정부동천(永靜不動天)의 존재를 천문 이론을 통해 규명하려는 것이었다. 선교사들은 중국인들이 과학이론으로서의 십이중천설을 수용하면 자연히 천주의 존재

책에서 보입니다. 성호 선생께서는 모두 깊이 취하시며 그들의 역학이 만고에 가장 뛰어나다고 칭찬하셨습니다. 그러나 『천학정종』의 한 부분에서 주렴계의 「태극도(太極圖)」와 「태극도설(太極圖說)」이 그릇되다[72]고 논하고 있는데 이는 육상산[73] 무리들의 말과 의연히 일치합니다. 이런 류의 말들은 흡사 중국의 육왕의 무리들과 같으니 (서양 선비들이) 견강부회하여 만들어 낸 것 같습니다."

를 인정할 것이라고 여겼던 것이다.

71 원서는 마테오 리치의 콜레지오 로마노에서의 스승이었던 클라비우스가 교정(校訂)한 *Euclidis Elementorum libri*(전 15권)로서, 마테오 리치가 구술하고 서광계가 필록한 것이다. 예수회의 선교 정책에서 수학은 상당히 중요한 부분을 차지하고 있었다. 수학은 우주의 절대적 근원인 신에 대한 경외심을 끌어내는 데 토대 역할을 하는 학문이었다. 수학은 신이 창조한 세계의 구조를 과학적으로 이해하도록 돕는 학문이었다. 특히 선교에서 수학은 단순히 산술적 계산을 위한 대수학이 아니라 기하학이었으며 천문학과 지도 제작술, 해시계나 지구의 제작을 위한 토대이기도 했다. 마테오 리치는 콜레지오 로마노 시절에 클라비우스에게 도제식 수업을 받았던 덕택으로 『기하원본(幾何原本)』을 출판하고 지도를 제작하는 등 수준 높은 수학 지식을 중국 전교에 활용할 수 있었다.

72 『천주실의』에 나오는 '태극'에 관한 비판적 논의를 의미하는 것으로 보인다. 이를 통해 보아도 『천학정종』이라 표기된 책은 실제로는 『천주실의』일 가능성이 높다.

73 육상산(陸象山, 1139~1193)은 중국 남송의 사상가로서 지금의 강서성(江西省)에서 태어났다. 본명은 육구연(陸九淵)이다. 육상산은 형인 육구소(陸九韶)·육구령(陸九齡)과 함께 뛰어난 학문으로 당대에 상당한 명성을 얻고 있었다. 그는 "우주가 곧 내 마음이고 내 마음이 곧 우주다. 동쪽 바다에 성인이 나타난다면 마음이 같을 것이고 리(理)도 같을 것이다."라고 주장했다. 이는 나의 심(心)이 리(理)와 마찬가지로 보편적 원리라는 의미이다. 또한 육상산은 형 육구소와 함께 주렴계의 「태극도설(太極圖說)」의 무극(無極)을 『주역』에 없던 개념이라는 이유로 거부한다. 이런 육상산의 주장은 세계를 리와 기의 관계로 파악하고 무극이 실재하는 것이 아니라 단지 태극의 형용이라고 파악하는 주희와 대립하는 것이었다. 이들은 1175년 주희의 친구 여조겸의 주선으로 강서(江西) 지방 신주(信州)에 있는 아호사(鵝湖寺)에서 만나 며칠 간 토론했지만 이 토론은 어느 한쪽으로 좁혀지지 않은 상태에서 끝나고 말았다. 이에 대해 주희는 육상산의 학문이 지나치게 '간이(簡易)'하다고 평가한 반면, 육상산은 주희의 학문이 너무 '지리(支離)'하다고 평가한 바 있다.

마테오 리치와 서광계

기유년[74] 가을에 이식산(李息山)[75] 선생을 뵙고 들은 것을 기록함

— 이름은 만부(萬敷)이며 상주(尙州)에 거주하셨다.

기유년 윤(閏)7월 그믐날에 내가 서울 서쪽 강촌(江村)의 우사(寓舍)에서 식산 이(만부) 선생을 찾아뵈었다. 이만부 선생이 말하였다. "이른바 서양(西泰)의 학문은 과연 어떠한가."

내가 대답하여 말했다. "서양의 설에서는 '초목의 혼은 생장(生)할 뿐이며, 금수의 혼은 생장하고 또한 지각(覺)하며, 사람의 혼은 생장하고 지각(覺)하고 또한 영명(靈)하다.'고 하였습니다. 또한 사람에게는 뇌낭(腦囊)이 두개골 정수리 사이에 있어 기억(記含)의 주체가 된다고 하였습니다. 성호 선생이 일찍이 그 말에 이치가 있다고 칭찬하셨습니다."

이만부 선생이 말씀하셨다. "삼혼설은 비록 독창적인 듯하나 (혼을 셋으로) 분등한 뜻을 살피면 실로 우리 유학의 사람과 사물에 통함과 막힘

---

74 1729년 영조 5년으로 성호가 48세, 신후담이 27세 때다.

75 식산 이만부(息山 李萬敷, 1664~1732)는 본관은 연안(延安)이며 자는 중서(仲舒), 호는 식산(息山)이다. 근기남인계 명문가의 자제로 서울에서 태어났으나 청년기까지 당쟁에 휘말린 부친의 영향으로 유배지를 전전하다 과거를 포기하고 영남으로 내려가 상주에 기주하였고 평생 전국을 유람하였다. 가학인 정주학에 전념하였고 말년에는 주로 『주역』에 몰두했다고 한다. 교유 관계가 넓었으며 성호 이익의 형인 이잠(李潛)·이서(李漵)와는 각별한 사이였다. 식산과 성호가 본격적인 관계를 맺은 것은 식산이 원주에 머물던 무렵으로, 이 시기 두 사람의 문답이 『식산선생문집(息山先生文集)』, 「학성문답(鶴城問答)」에 남아 있다. 성호 이익은 식산에 대해 다음과 같이 말하기도 하였다. "예전에 식산 이 선생이 별세하기 전에 내가 서강(西江)의 여관에 찾아가 인사드렸다. 선생이 나에게 말하기를 '영남(嶺南)에 재주 있고 어진 이들이 많은데, 나에게 학업을 전수받은 학생들 중에 왕왕 경전의 뜻을 발휘하는 자가 있으니, 쓰일 만한 인재에 가깝다.'라고 하셨다(在昔息山 李先生之未棄後學也. 瀷得納拜於西江之旅舍, 先生爲余道嶺南多才賢, 其受業者往往發揮經旨, 近於可用]."(『성호선생전집(星湖先生全集)』 권51, 「송홍고부지임서(送洪古阜之任序)」) 성호는 후에 「식산이선생행상(息山李先生行狀)」을 지었다.

의 차이가 있다는 이론[76]에서 나온 것이다. 뇌낭설 또한 의서에서 골수
〔髓海〕[77]를 논한 바와 서로 부합한다. 이는 그 이름을 새롭게 하고 그
방법〔術〕을 기이하게 한 것에 불과하다. 따라서 반드시 특출난 견해가
있는 것은 아니다."

---

76 퇴계는 「천명도설(天命圖說)」에서 사람과 사물이 통하고 막힘에서 차이가 난다는 것을
다음과 같이 설명하고 있다. "사람과 만물이 날 때 음양의 바른 기〔正氣〕를 얻은 것은
사람이 되고, 음양의 치우친 기〔偏氣〕를 얻은 것은 만물이 되었다. 사람은 이미 음양의
바른 기를 얻었으니 그 기질이 통하고 밝다는 것을 알 수 있고, 물은 이미 음양의 치우친
기를 얻었으니 그 기질이 막히고 어둡다는 것을 알 수 있다. 그러나 사람과 만물로 보면,
사람은 바른〔正〕 것이 되고 물은 치우친〔偏〕 것이 되며, 금수와 초목으로 보면 금수는
치우친 가운데 바른 것이 되고, 초목은 치우친 가운데 치우친 것이 된다. 그러므로 금수는
그 기질 중에 혹 한 줄기 통하는 것이 있고, 초목은 다만 그 이치만 갖추었을 뿐 모두
막혀 통하지 못한다. 그러면 그 성(性)이 통하기도 하고, 혹 막히기도 하는 것은 이 기의
바르고 치우친 데 차이가 있어서이고, 그 형상이 희기도 하고 검기도 한 것은 이 기가
밝고 어두운 차이가 있음을 표시한 것이니, 그 사이에 어찌 다른 뜻이 있겠는가〔人物之生
也, 其得陰陽之正氣者爲人, 得陰陽之偏氣者爲物. 人旣得陰陽之正氣, 則其氣質之通且
明, 可知也. 旣得陰陽之偏氣, 則其氣質之塞且暗, 可知也. 然就人物而觀之, 則人爲正, 物
爲偏, 就禽獸草木而觀之, 則禽獸爲偏中之正. 草木爲偏中之偏, 故禽獸則其氣質之中, 或
有一路之通, 草木則只具其理, 而全塞不通焉. 然則其性之所以或通或塞者, 乃因氣有正偏
之殊也. 其形之所以或白或黑者, 乃示氣有明暗之異也. 夫何有他義於其間哉〕."
77 '골수의 바다〔髓海〕'라는 의미로 동의보감을 비롯한 한의서에서 백회혈(百會穴) 자리에
위치한 뇌를 가리키는 말이다. 보통 이 부위의 뇌가 모든 골수를 관장한다고 여겨지는
데, 골수는 곧 생명력으로 골수에 따라 강건한가 허약한가가 결정된다.

제2편

서학변(西學辨)

河濱

「서학변(西學辨)」

1) 『영언여작(靈言蠡勺)』[1] 갑진년에 지음(甲辰作)[2]

『영언여작』은 서양의 필방제(畢方濟)[3]가 구술하고 오송(吳淞) 서광계(徐

---

[1] 『영언여작』이라는 제목에서 영(靈)은 아니마를 말하며, 여작(蠡勺)은 표주박으로 바닷물을 잰다는 것으로 겸손함을 표현하는 말이다. 풀이하면 '아니마에 관한 작은 이야기' 정도가 될 것이다. 이 책은 상·하 2권으로 이루어져 있으며, 권마다 2개의 장으로 나뉘어 있기 때문에 전체는 4장으로 구성되어 있다. 1권은 스콜라 철학의 전통적 서술 양식인 질문과 대답의 쌍으로 연결되어 있으며, 2권은 질문 없이 해설만으로 진행되는 형식이다. 먼저 주제의 핵심적 주장이 열거되고 열거된 내용의 개념을 조목조목 분석적으로 풀이하는 형식을 띠고 있다. 『영언여작』이 간행된 것은 1624년이지만 초고는 이전에 완성되었을 것으로 보인다. 특히 삼비아시가 구술하고 서광계가 기록한 것으로 보아 삼비아시가 교난을 피해 서광계의 집에 기거한 1617년에 완성한 것으로 추정되기도 한다(김철범(2003), 「『영언여작』과 조선 지식계의 수용양상」, 『부산교회사보』 제40호, 26~27쪽).
[2] 갑진년은 1724년으로, 「서학변」을 저술한 해를 표시한 것으로 보인다.
[3] 중국 이름 필방제(畢方濟)로 알려진 프란치스코 삼비아시는 이탈리아 출신으로 중국에서 전교 활동을 한 예수회 선교사다. 1582년에 태어난 삼비아시는 1610년에 마카오에 들어왔는데 이때 그의 나이는 29세였고 이 해는 마테오 리치가 중국에서 유명을 달리한 해였다. 삼비아시의 중국식 이름은 '프란치스코'의 음역에서 온 것이다. 줄리오 알레니 등과 함께

光啓)[4]가 기록하여 전한 것이다.[5] 책은 모두 네 편으로 되어 있으며 1편

중국을 향해 떠난 삼비아시는 예수회의 중국 전교를 위한 전초기지였던 고아에서 약 6개월 간 머물면서 천문학적 지식을 쌓는 등 중국 입국 준비를 하다가 마카오에 입성한 뒤 1613년 북경에 들어가기까지 전임자들과 마찬가지로 중국어를 공부했다. 당시 북경에는 판토하(Pantoja, 龐迪我)와 우르시스(Ursis, 熊三拔) 등 마테오 리치의 후임자들에 의한 전교가 어느 정도 성과를 거두고 있었다. 삼비아시는 1615년 남경교난(南京敎難) 이후 위험한 북경을 떠나 항주(杭州)로 피신했다가 다시 북경에 들어가 서광계의 집에 피신해 있었다. 이후 1649년에 마카오에 묻힐 때까지 30년 이상 중국 내 유력지에 머물면서 다양한 활동을 했다. 그 자신의 과로와 중병을 포함한 여러 번의 위기를 안팎으로 겪었으며 노력의 대가로 상류층의 지식인들을 전교하는 데 성공하기도 했다. 말년에는 멸망 직전의 명나라의 정치적 상황에 이용되는 등 복잡한 학문적·정치적 역정을 겪었다. 삼비아시에 관한 기본적 정보는 다음을 참조. 方豪(1988), 『中國天主敎史 人物傳』, 北京: 中華書局, 198~207쪽; 徐宗澤(1994), 『明淸間耶蘇會士譯著提要』, 上海書店.

4 명 말 기독교의 세 기둥〔三柱石〕으로 불렸던 세 사람 중 하나인 서광계(徐光啓, 1562~1633)는 마테오 리치와 교유했던 유학자였다. 그는 명 왕조의 저명한 관료로서, 일반적으로 기독교로 개종한 중국인 중에 가장 영향력 있는 유일한 인물로 평가받는다. 마테오 리치를 만난 후 1603년 남경(南京)에서 입교했다. 그는 마테오 리치의 전교 방식을 '유교를 보완하고 불교를 배척한다'는 '보유역불(補儒易佛)'의 구호로 선포하고, 예수회의 대외적 활동을 중국 지식인들과 조정에 변호하고 지원했다. 그는 마테오 리치를 통해 서양의 과학과 수학을 익혀 마테오 리치의 저술 작업을 도왔다. 마테오 리치와 함께 만든 『기하원본(幾何原本)』(6권)은 중국 지식인들에게 폭넓게 받아들여졌다.

5 중세 철학의 영혼론을 충실하게 정리한 『영언여작』은 『천주실의』에 소개된 스콜라 철학의 영혼론 가운데 특히 영혼의 기능으로서의 인식 문제와 은총 문제 등에 대해 집중적으로 다룸으로써 중국과 조선인들에게 인식론적 문제를 환기시킨 중요한 책이다. 스콜라 철학의 영혼론은 이미 『천주실의』에서 소개되었지만 삼비아시는 『천주실의』에서 마테오 리치가 사용했던 용어들을 대부분 그대로 계승하면서 좀 더 심화된 설명을 시도한다. 상권이 영혼에 대한 중세 스콜라적 영혼론의 다양한 인식론적 논점과 핵심을 정리한 것이라면, 하권은 주로 신학적 논의에 집중하고 있다. 내용상으로 보았을 때 아리스토텔레스의 『영혼에 관하여』의 이론을 바탕으로 한 『신학대전』의 영혼론 논의를 거의 그대로 들여온 것이다. 철학적 관점에서 영혼의 실체와 능력에 관해 논하는 상권에 이어, 신과 유사한 영혼의 존엄성과 영혼이 목적으로서의 최고선을 지향한다는 신학적 내용을 다루는 하권으로 진행하는 구조는 자신의 본질에 대해 먼저 이해한 뒤 이를 바탕으로 신을 지향하는 실천적 여정으로 나아갈 것을 권하는 방식이라고 말할 수 있다. 이런 구도하에서 영혼은 모든 학문의 기초이며 신을 향한 실천의 토대가 된다.

『영언여작』

에서는 아니마의 본체를 논하였고 2편에서는 아니마의 능력을 논하였으며 3편에서는 아니마의 존엄을 논하였고 4편에서는 아니마의 '최고의 선성(지극히 아름답고 좋은 것, 至美好)'[6]을 지향하는 성질을 논하였다.[7]

6　여기서 말하는 '지미호(至美好)'란 스콜라 철학의 최고선(最高善, summum bonum)을 번역한 말이다. 스콜라 철학적 의미에서 최고선은 모든 행위의 객관적 대상이며 행위의 최고 이념이자 도덕률이 목표로 하는 최고의 가치 즉 신이나 신의 창조 질서를 의미한다. 토마스 아퀴나스는 '신이 최고선인가?'라는 질문에서 '최고선은 선에다 어떤 것을 첨가하는 것을 의미하므로 신이 최고선이 아니다.'라는 주장을 반대하면서 '최고선은 선에다 어떤 절대적인 것을 첨가하는 것이 아니라 관계만 첨가하는 것이므로 신은 단적으로 최고선'이라고 선언한다. 여기서 '선'이라는 용어는 '착하고 좋다'는 뜻으로, 인간은 자연의 빈틈없는 변화와 무궁한 아름다움 등 아름답고 좋은 것들을 통해 신의 선성을 확인할 수 있다는 것이다. 삼비아시는 이 최고선을 지극히 아름답고 훌륭함이라는 의미의 '지미호(至美好)'로 번역한 것으로 보인다. 이후부터는 이를 '최고의 선성'으로 표기할 것이다.

7　『영언여작』의 목차는 다음과 같다.

책머리에 필방제의 서문이 있는데 아니마의 학〔亞尼瑪之學〕을 극찬하고 있다. 대략 '세상만사가 물이 흐르고 꽃이 시들듯 오랫동안 사랑하기 어려우니 마땅히 마음을 다하여〔罄心〕 노력함으로써 천상의 영원히 존재하는 일을 구해야 한다. 그러므로 물(物)에 나아가 이치를 구하려는〔格物窮理〕[8] 군자[9]가 (천상의 영원히 존재하는 일의) 아름답고 기묘한 것을 드러내고자 하는 까닭은 이를 위해서이다.'라고 하였다.[10]

서문「靈言蠡勺引」

상권 제1편 아니마의 실체를 논함〔論亞尼瑪之體〕

제2편 아니마의 능력을 논함

1. 아니마의 생명 능력과 감각 능력을 논함〔論亞尼瑪之生能覺能〕

2. 아니마의 이성 능력을 논함〔論亞尼瑪之靈能〕

① 기억을 논함〔論記含者〕 ② 이성을 논함〔論明悟者〕

③ 욕구를 논함〔論愛欲者〕

하권 제3편 아니마의 존엄이 천주와 비슷함을 논함〔論亞尼瑪之尊與天主相似〕

1. 본성〔性〕 2. 형상〔模〕 3. 행위〔行〕

제4편 최고의 선성을 논함〔論至美好之情〕

8 『대학』에 토대를 둔 '격물궁리(格物窮理)'란 성리학 내의 인식론 또는 과학적 태도와 연결되어 있는 개념이다. 마테오 리치와 삼비아시 등 예수회 선교사들은 '격물궁리'의 의미를 파악하고 이를 '철학(philosophy)'의 번역어로 삼았다. 『영언여작』에서 필로소피아를 비록소비아(費祿蘇非亞)라고 음차한 뒤 이를 다시 '번역하면 격물궁리의 학이다.'라고 설명한다〔費祿蘇非亞, 譯言格物窮理之學〕(『영언여작』). 또한 알레니는 서양의 교육 체계를 다룬 『서학범(西學凡)』이라는 저술에서 서양 교육의 체계를 문과(文科, rhetorica, 勒鐸理加, 수사학), 이과(理科, philosophia, 斐錄所費亞, 철학), 의과(醫科, medicina, 默第濟納, 의학), 법과(法科, leges, 勒義斯, 법학), 교과(教科, canones, 加諾搦斯, 교회법학), 도과(道科, theologia, 陡祿日亞, 신학) 등 여섯 과로 나누었는데, 이 가운데 이과 즉 비록소비아(斐錄所費亞)로 음차한 철학이 곧 중국의 격물궁리의 학이라고 여긴 것이다.

9 유가적 세계관을 체현한 주체인 군자를 상대로 세계와 영혼에 대한 이해를 제안한다는 것은 이 책이 지적 기반을 갖춘 상층부를 전교의 구체적 대상으로 삼고 있음을 보여 준다. 삼비아시는 이른바 적응주의로 불리는 마테오 리치의 전교 방법을 충실히 계승하고 있는 것이다. 지식인들을 대상으로 한 포교 방식에 변화가 발생하여 전교 대상이 민간으로 확대된 것은 예수회 이후에 중국에 들어온 다른 선교회가 활동한 이후부터다.

지금 생각건대 저들이 아니마라고 말하는 것은 이것이 이른바 '영

10 이 부분에 대한 『영언여작』의 원문은 다음과 같다. "이른바 자신을 안다는 것은 무엇을
칭하는가? 먼저 자신의 아니마의 존엄성〔尊〕과 아니마의 본성〔性〕을 아는 것이다. 만일
사람들이 항상 아니마의 능력과 아니마의 아름다움을 생각한다면, 반드시 세상만사란
물이 흘러가고 꽃이 지는 것과 같아서 오래도록 연연하기 어려운 일임을 분명히 통달하게
될 것이다. 오직 마땅히 마음을 다하고 힘을 다해 천상(天上)의 영원히 존재하는 것을
구해야 할 것이다. 격물궁리(格物窮理)의 학을 하는 학자가 아니마의 아름다움과 기묘함
을 드러내고자 하는 것은 이것으로 미루어 집안을 가지런히 하고 나라를 다스리며 천하를
평정하기 위해서이다. 대개 남의 스승이나 위정자는 더욱 마땅히 이 아니마의 학을 익혀서
이 이치를 빌어 제가 · 치국 · 평천하의 방법으로 삼아야 할 것이다〔其所稱認己, 何也?
先識己亞尼瑪之尊, 亞尼瑪之性也. 若人常想亞尼瑪之能, 亞尼瑪之美, 必然明達世間萬事
如水流花謝, 難可久戀. 惟當勱心努力, 以求天上永永常在之事. 故格物窮理之君子, 所以
顯著其美妙者, 爲此推而齊家治國平天下. 凡爲人師牧者, 尤宜習此亞尼瑪之學, 借此理以
爲齊治均平之術〕."(『영언여작』, 「영언여작인(靈言蠡勺引)」) 여기서 알 수 있듯 삼비아시
는 천상의 영원히 존재하는 일을 추구하는 것이 군자의 제가 · 치국 · 평천하의 사업에
도움이 될 수 있음을 분명히 천명한다. 이 글을 읽은 중국과 조선의 유학자들은 그리스
철학의 맥락과 상관없이 전통적인 유가의 학문적 지향 즉 『대학(大學)』의 8조목의 차원에
서 이 부분을 이해했을 가능성이 높다. 삼비아시가 아니마의 존귀함과 본성을 알고자
하는 목표를 '집안을 가지런히 하고 나라를 다스리고 천하를 평화롭게 하는〔齊治均平〕'
일에 두었기 때문이다. 이렇게 되면 아니마의 학문은 집안 · 나라 · 천하를 다스린다는〔齊
治均平〕 이른바 치인(治人) · 외왕(外王)으로 가는 초석이 된다. 삼비아시는 『대학』의 올
바른 자기 수양과 대외적 실천의 단계적 과정을 '아니마의 학문' 즉 영혼의 문제로 전환하
고자 했던 것이다. 그러나 이 맥락을 주의 깊게 살핀 유학자라면 모순적인 내용이 연결되
어 있음을 감지할 수 있을 것이다. 삼비아시는 아니마를 알게 되면 '세상의 수많은 일이란
물이 흐르고 꽃이 지는 것처럼 오래도록 마음에 둘 만한 것이 못됨을 깨달을 것'이라고
주장하면서도 아니마의 학문을 익혀 '이 이치를 빌어 제가 · 치국 · 평천하의 방법으로 삼
아야 한다고 말한다. 그러나 유학자들에게는 이 두 가지는 일관된 과정이 아니다. 불교적
내세를 연상시키는 '영원히 존재하는 천상의 일〔天上永永常在之事〕'과 대단히 현세적 목
표인 '집안을 가지런히 하고 나라를 다스리고 천하를 평화롭게 하는 방법〔齊治均平之術〕'
은 유학자들에게는 쉽게 합치할 수 없는 서로 다른 문제였다. 삼비아시는 전략적으로
기독교와 유가의 세계관을 하나로 연결하고자 했지만 신후담은 이 두 세계관이 합치될
수 없음을 간파했던 것으로 보인다. 따라서 의도적으로 치국평천하와 관련된 문장을 삭제
하고 영원한 세계를 지향하는 신학적 세계관에 관해서만 문제 삼고 있다.

혼'[11]이다. 이른바 천상의 영원히 존재하는 일을 구한다는 것은 사람이 죽어도 영혼이 불멸하여 선을 행하는 자는 천당에 오르고 악을 행하는 자는 지옥에 들어가므로 배우는 자는 마땅히 그 마음을 다하여 힘써 천당에 오를 일을 구해야 한다는 것을 말한다.

무릇 죽음과 삶, 혼(魂)과 백(魄)의 일은 『역(易)』에 가장 분명하다. 『역』에 이르기를 "시작을 살펴 끝을 헤아리니 삶과 죽음의 이치를 알며〔原始反終, 故知死生之說〕정기(精氣)가 엉겨 만물이 되고 떠도는 혼〔游魂〕이 변하니 귀신의 실정〔情狀〕에 대해 알 수 있다〔精氣爲物, 游魂爲變, 是故知鬼神之情狀〕."고 하였다.[12] 사람이 태어나는 것은 음양의 정기가

---

11 『벽위편』에서 이를 '우리가 말하는 영혼'으로 옮기고 있는데 이에 대해서는 신중한 접근이 필요하다. '영혼(靈魂)'이라는 용어가 전교 초기 예수회 선교사들이 만들어 낸 일종의 신조어로, 중국과 조선의 유학자들이 사용하던 개념이 아니기 때문이다. 전통적인 유학자들은 혼백·귀신·심 등 다양한 맥락의 다양한 표현을 사용해 지금 스콜라 철학의 '영혼'에 해당하는 인간의 특질을 설명해 왔다. '영혼'은 마테오 리치가 스콜라적 이성혼을 중국인들에게 전달하기 위해 조합한 새로운 용어다. 완전히 새로운 신조어는 아니지만 마테오 리치가 고심 끝에 선택한 단어로 보아야 할 것이다. 성리학에 '영혼'에 해당하는 본질이나 내용이 없었다기보다는 서양식 '영혼'과는 다른, 고유한 인간 본성과 심성에 관한 개념과 용어들이 존재했다는 의미다. 그러나 마테오 리치와 그의 동료들이 선택한 '영혼'은 결국 동아시아에 수용되어 현재와 같은 일상어가 되었다. 자세한 내용은 김선희(2012), 앞의 책 3장 참조. 삼비아시는 영혼이라는 마테오 리치의 용어를 사용하는 한편, 아니마라는 라틴어의 음차어를 동시에 사용하고 있다. 이는 혼(魂)이 물질성을 포함하고 있는 '기(氣)'와 연관되는 데서 오는 중국인들의 오해를 걷어 내려는 시도였다고 볼 수 있다.

12 『주역』, 「계사전」의 구절이다. "역(易)은 천지를 본받은 것이다. 고로 능히 천지의 도와 온전하게 합한다. 우러러 천문을 보고 굽어 지리를 살피니 그윽함(幽)과 밝음(明)의 이치에 대해 알 수 있고 시작을 살펴 끝을 헤아리니 삶과 죽음의 이치를 알며, 정기가 엉겨 만물이 되고 떠도는 혼(游魂)이 변하니 귀신의 실정〔情狀〕에 대해 알 수 있다〔易與天地準, 故能彌綸天地之道. 仰以觀於天文, 俯以察於地理. 是故知幽明之故. 原始反終, 故知死生之說, 精氣爲物, 游魂爲變, 是故知鬼神之情狀〕."

모여서 육체[物]를 이루는 것이며, 죽음에 이르러서 혼(魂)은 떠돌고 백(魄)은 내려가[13] 흩어져서 변화하는 것이다. 이미 변화하였으면 존재하던 것은 없어지고 견고하던 것은 썩으니 다시 육체[物]가 없다. 저들이 말하는 영원히 존재하는 일은 과연 무엇에 근거한 말인가?

군자의 도는 처음부터 일상생활에서 항상 행해지는 일을 벗어나지 않는다. 가까이는 부모를 봉양하며 멀리는 임금을 섬기며, 크게는 나라를 다스리고[經綸] 법률과 제도를 만들며, 작게는 사람을 응대하고 말하고 행동하는 것들이 모두 일[事]이 아님이 없으니 도는 일찍이 그 사이에 존재하지 않았던 적이 없다. 그러므로 성현이 가르치는 것은 이 도를 가르치는 것일 뿐이며, 배우는 자는 이 도를 배우는 것일 뿐이다. 지금 곧 세상만사가 오래 사랑하기 어려우므로 오직 마땅히 하늘 위의 영원히 존재하는 일을 구해야만 한다고 말한다면 이는 아들된 자가 마땅히 부모를 섬기는 일에 유념하지 않고, 신하된 자가 마땅히 임금 섬기는 일에 마음을 쓰지 않으며, 나라를 다스리는 자가 마땅히 나라를 다스리고 법률과 제도를 만드는 데 유의하지 않고, 자신을 닦는 자가 마땅히 응대하고 말하며 행동하는 것을 살피지 않는 것이다. 무릇 여러 일상의 만사가 모두 폐해지게 된다. 한 마음이 생각하고 바라는[懸企] 바가 오직 하늘 위의 진정한 복에 달려 있을 뿐으로, 이것은 인륜을 어그러뜨리고 도리를 업신여기며 사사로움을 좇아 이익을 구하는 습성이니 어찌 깊이 미워하지 않을 수 있겠는가.

저들은 세상만사가 비록 오래 마음 두기가 어려우나 역시 전적으로 폐할 수 없으므로 하늘에 오르는 복을 구하고자 하는 자는 반드시 격물

---

13 『예기(禮記)』, 「교특생(郊特牲)」, "혼(魂)은 하늘로 돌아가고 백(魄)은 땅으로 돌아간다〔魂氣歸於天, 形魄歸於地〕."

의 학(學)을 하여 일찍이 일을 끊어 버리고 사물을 멀리한 적이 없다고 하였다. 아, 군자의 학문은 지극한 성실함을 근본으로 삼으니 비록 종신토록 학문을 한다 해도 만일 조금이라도 이익을 위하는 마음이 있다면 군자가 되기에 부족하다. 이것이 『대학(大學)』에서 자신을 속이는 것을 경계하는 까닭이고 『중용(中庸)』에서 몸을 성실히 하라고 훈계하는 까닭이며, 공자가 자신을 위하는〔爲己〕 학문과 남을 위하는〔爲人〕 학문의 구분[14]을 간곡히 하신 까닭이고, 맹자가 의리(義理)의 분변에 고심하신 까닭이다. 지금 저들이 하늘에 오르는 복을 구하고자 하여 격물의 학을 한다면 이는 학문을 하는 뜻이 모두 이익〔利〕에서 나온 것이니 크게 성실하지 못한 것이다.

'선행에 복을 주고 음란함에 화를 내린다〔福善禍淫〕'는 설은 우리 유가의 책에도 있다.[15] 그러나 이는 다만 '리(理)'를 가지고 말한 것이다. 사람과 천도는 이 하나의 리(理)를 함께 하니 리(理)는 선하지 않음이 없다. 선한 자는 리(理)에 순응하는 자니 스스로 마땅히 복을 얻고 음란한 자는 리(理)를 거스르는 자니 스스로 마땅히 화를 만난다. 이는 도리의 합당함이 이와 같은 것이다. 어찌 상제가 일일이 사람에게 내려 준

----

14 『논어』, 「헌문(憲問)」편에 나오는 말로 학문의 방향이 내적으로 수렴되지 못하고 외적인 명예나 영달의 추구로 향하는 세태를 비판하는 것이다. "공자가 말씀하셨다. 옛 학자들은 자신을 위해 학문하였지만 지금의 학자들은 타인을 위해 학문한다〔子曰, 古之學者爲己, 今之學者爲人〕."

15 『서경(書經)』, 「탕고(湯誥)」 3장에 나오는 말이다. "하나라의 왕이 덕을 멸하고 위엄을 부려서 너희 만방의 백성들에게 포악을 떨치니, 너희 만방의 백성들이 그 흉하고 해로운 일을 당해 쓰라린 고통을 참지 못하여 모두 천지신명에게 허물없음을 하소연하였다. 하늘의 도는 선한 이에게 복을 주고 음란한 이에게 재앙을 내리시므로 하나라에 재앙을 내리시어 그 죄를 드러냈다〔夏王, 滅德作威, 以敷虐于爾萬方百姓, 爾萬方百姓, 罹其凶害, 弗忍荼毒, 並告無辜于上下神祇. 天道, 福善禍淫, 降災于夏, 以彰厥罪〕."

것이라고 말하겠는가. 또한 그 화복이라고 한 것은 덕 있는 자에게 명(命)을 주고 죄 있는 자에게 벌이 내리는 것[16]에서 드러나는 것에 불과할 뿐이니 역시 어찌 저들이 말하는 천당·지옥의 설[17]과 같겠는가.

설사 천당·지옥이 있다 해도 사람이 죽은 후에는 형체가 이미 썩어 없어지고 혼 또한 흩어지니 천당·지옥이 장차 어디에 펼쳐지겠는가. 설사 그들이 말하는 바와 같이 혼이 과연 불멸한다고 해도 선을 행해 이익을 구하여 이처럼 성실하지 못하다면 또한 어찌 참된 복의 이로움

---

16 "호씨가 말했다. 중니께서 『춘추』를 지으셔서 왕법에 붙이신 것은 전의 돈후함과 예의 떳떳함, 덕 있는 자에게 명(命)을 내리고 죄 있는 자를 벌하는 것이 그 대요이니 모두 천자의 일이다〔胡氏曰, 仲尼作春秋, 以寓王法, 厚典庸禮, 命德討罪, 其大要, 皆天子之事也〕."(『맹자집주』, 「등문공(滕文公)」하)

17 마테오 리치나 삼비아시에게 천당과 지옥은 영혼의 불멸성을 전하기 위해 필수적인 전제였다. 마테오 리치는 『천주실의』 제3편 '사람의 영혼은 불멸하여 동물과 크게 다름을 논함〔論人魂不滅, 大異禽獸〕'에서 천당과 지옥에 관해 설명한다. 중국 선비는 '만일 내세의 천당과 지옥을 말한다면, 이는 곧 불교〔如言後世天堂地獄, 便是佛教〕'이며 유가는 이를 믿지 않는다〔吾儒不信〕고 말한다. 이에 대해 서양 선비는 '천주교는 오래된 종교이고, 석가모니는 서방 사람이니 반드시 그(천주교)의 이론을 훔쳐서 들었을 것〔天主教, 古教也. 釋氏西民, 必竊聞其說矣〕'이라며 천당지옥설은 불교가 천주교의 이론을 빌려 온 것〔釋氏借大主天堂地獄之義〕에 지나지 않는다고 답한다. 천당과 지옥에 관한 천주교의 바른 이론은 '도리를 닦은 사람은 내세에 반드시 천당에 올라가면 무궁한 복락을 받고, 지옥에 떨어져서 끊임없는 재앙을 받는 일을 면하게 된다〔修道者, 後世必登天堂, 受無窮之樂, 免墮地獄受不息之殃〕.'는 것이다. 이어서 천당·지옥의 존재로 인해 사람의 순수한 영혼〔精靈〕이 언제나 살아 있고 소멸되지 않음을 알 수 있다〔故知人之精靈, 常生不滅〕고 말한다. 이 설명은 중국과 조선의 지식인들에게는 상당한 거부감을 불러일으켰다. 유학자들에게 현재 삶의 목표가 천당에 가고 지옥을 피하기 위한 것이라면 그것은 이익을 추구하는 것에 불과하기 때문이다. 삼비아시는 이러한 문제를 잘 알았던 것으로 보인다. 이 맥락에서 신후담은 천당지옥설을 비판하고 있지만 정작 신후담이 논하고 있는 『영언여작』에는 천당과 지옥에 관한 이론이 등장하지 않는다. 삼비아시는 영생〔常生〕에 대해서는 말하지만 천당과 지옥에 관한 직접적인 언급을 피하고 있다. 중국인 독자들로 하여금 불필요한 오해를 불러일으키지 않기 위한 전략적 선택이었을 것으로 보인다.

을 얻을 수 있겠는가.[18] 그 설은 또한 비천하고 많은 말로 분별하기에 부족하다.

대개 이단의 학은 그 근원이 모두 이익에서 나왔으니 예를 들어 양주의 '위아(爲我)'는 본래 이익을 위한 것이요, 묵적의 '겸애(兼愛)'는 비록 이익을 추구하는 것에 가깝지 않은 듯하나 검소함을 숭상하는 것이 지나쳐 그 부모에게 박하게 하는 것을 보면 그 또한 사사롭고 인색한 마음에서 나온 것이니 이익으로 돌아가는 것은 마찬가지다.[19] 그러나 양주와 묵적은 맹자가 말로 물리쳐 그 해악이 또한 오래갈 수 없었다. 장자와 열자에 이르러서는 사사로운 이익이 더욱 승해서 삶을 탐하고 죽음을 애석해하는 마음〔貪生惜死之心〕[20]을 이기지 못하였다. 심지어 도(道)를

---

18 신후담의 이런 인식은 마테오 리치와 교유하며 천주교를 받아들인 중국 입교자들의 인식과 대조된다. 대표적인 입교자 서광계는 같은 내용에 대해 이렇게 말한다. "그 설은 상제를 밝게 섬기는 것을 근본으로 삼고, 영혼을 지키고 구원하는 것을 요점으로 삼으며, 충효와 자애를 공부로 삼고, 개과천선을 입문으로 삼고, 뉘우쳐서 잘못을 씻는 것을 진덕 수양으로 삼고, 천당에 오르는 참된 복을 선을 행함에 대한 영광된 상으로 삼으며, 지옥에 떨어지는 영원한 재앙을 악을 행함에 대한 업보로 삼으니, 일체의 훈계와 규율 조리가 모두 천리(天理)와 인정(人情)의 극치입니다〔其說以昭事上帝爲宗本, 以保敎神靈爲切要, 以忠孝慈愛爲工夫, 以遷善改過爲入聞, 以懺悔滌除爲進修, 以升天眞福爲作善之榮賞, 以地獄永殃爲作惡之苦報, 一切戒訓規條, 悉皆大埋人情之至〕." (서광계(徐光啓), 『서광계집(徐光啓集)』, 「변학장소(辨學章疎)」)

19 맹자는 양주와 묵적의 사상을 이단으로 지목하고 신랄하게 비판한다. "성왕이 나오지 않고 제후가 방자하여 처사들이 멋대로 의논하므로 양주·묵적의 말이 천하에 가득하여 천하의 말이 양주에게 돌아가지 않으면 묵적에게 돌아간다. 양주는 자신만을 위하니 이는 군주가 없는 것이요, 묵적은 보편적으로 사랑하니 이는 부모가 없는 것이다. 부모가 없고 군주가 없으면 이는 금수이다〔聖王不作, 諸侯放恣, 處士橫議, 楊朱·墨翟之言盈天下. 天下之言不歸楊, 則歸墨. 楊氏爲我, 是無君也. 墨氏兼愛, 是無父也. 無父無君, 是禽獸也〕." (『맹자』, 「등문공」 하)

20 『열자』에는 "사람이 근심하는 것 중에 죽음보다 급한 것이 없고 자기가 소중히 여기는 바 중에서 삶보다 더한 것은 없다〔人所憂者莫急乎死, 己所重者莫過乎生〕." (『열자』, 「설

배워 죽음을 면하고자 하는 것이 전전하여 오래 살기 위한 수련술〔術〕[21]과 연나라·제나라(방사들)의 비뚤어지고 괴이한 설[22]이 천하에 행해지게 되었다. 그러나 진(秦)·한(漢) 이후 그 방술은 이미 효험이 없음이 증명되었는데도 뒤이어 불교가 나타나 사람이 죽어도 정신은 불멸하며 천당·지옥의 법이 있고 윤회·응보의 등급〔科〕이 있다고 여겼다. 그들이 말하는 이른바 정신이 불멸한다는 것은 이미 세상 사람들의 생을 탐하고 죽음을 애석해하는 마음을 충족시켰고, 천당·지옥·윤회·응보 등의 설 또한 세상 사람들의 마음을 붙들어 두렵게 하고 유혹할 수 있었다. 그러므로 온 세상이 쏠려 그들을 따랐던 것이다. 그러나 정자와 주자가 배척한 뒤부터는 그 설의 거짓이 남김없이 탄로〔綻露〕나 사람들이 역시 싫어하게 되었다.

부(說符)」는 문장도 보이지만 죽음에 관한 『열자』의 일반적인 입장은 "사람들은 모두 사는 것이 즐거운 것인 줄만 알고, 사는 것이 괴로운 것인줄 모른다. 늙는 것이 피로한 것인 줄만 알고, 늙는 것이 편안한 것인 줄 모른다. 죽는 것을 싫어할 줄만 알고, 죽는 것이 편안히 쉬는 것인 줄은 모른다〔人胥知生之樂, 未知生之苦, 知老之憊, 未知老之佚, 知死之惡, 未知死之息也〕."(『열자』, 「천서(天瑞)」)는 것으로, 삶과 죽음을 동등한 것으로 보려는 경향이 강하다.

21 양생술은 도교(道敎)의 방사(方士)들에 의하여 발전된 것으로 『황제내경(黃帝內經)』과 같은 도가 계열 의학서의 핵심 사상이다. 도교의 양생술은 장생불사(長生不死)를 추구하기 위해 내단(內丹)과 외단(外丹)의 방법을 사용한다. 내단은 체내의 정(精)·기(氣)·신(神)을 단련하여 인체 속에 기를 만드는 곳인 '단(丹)'을 형성시키기 위한 수련법이며, 외단은 수은이나 황금같이 영구불변하는 물질을 복용함으로써 영생(永生)을 도모하는 일종의 연금술(煉金術)이다.

22 기원전 3세기 무렵의 전국시대에 연(燕)나라와 제(齊)나라 지역에 신선이 되기 위해 도교적 수행과 술법을 실천하는 신선방술(神仙方術) 위주의 종교집단이 존재했다고 한다. 당시 귀족들에게 상당한 영향력이 있어 제나라나 연나라의 귀족들이 불생불사하기 위해 신선의 약을 구하기도 했고, 진나라의 시황제(始皇帝) 등이 불로불사의 신선약을 얻기 위하여 신선이 산다는 발해만 위의 삼신산(三神山), 즉 봉래(蓬萊)·방장(方丈)·영주(瀛州)에 사람을 보내기도 하였다.

명나라 말에 이르러 서양의 학문이 비로소 중국에 들어왔는데 또한 불교의 남은 이론을 인습하여 바꾸고 새롭게 하여 천주에 의탁하니 그 설이 더욱 이치에 가까운 듯하나 (핵심을) 요약하여 논하면 역시 그 생을 탐하고 죽음을 애석해하는 이기심[利心]을 스스로 가릴 수 없었다. 배우는 이들이 단지 그 본원이 이익에서 나왔음을 알고 이단의 학문임을 판단하여, 죽고 사는 것으로 내 마음을 동요시키지 않도록 삼간다면 그들의 설에 끌려가는 데 이르지 않을 것이다. 지금 이 책(『영언여작』) 4편에 대해 대략적으로 하나하나 논정하니, 보는 이들은 자세히 살피기 바란다.

제1편 아니마의 실체를 논함[23]

어찌하여 (아니마를) 자립하는 실체[自立之體]라고 하는가?[24] 무릇 사물을 탐구하려는[格物] 자는 한 사물의 명칭을 정하고자 하는 데 반드시 총체적인 것[總]과 고유한 것[專][25]을 법식으로 삼는다. 자립하는 실체

---

23 아니마에 관한 총론적인 해설에 해당한다.
24 『영언여작』 원문은 아니마의 개괄적인 특성을 설명한 뒤 하나하나 개념을 풀이하는 방식으로 진행된다. 따라서 이 문장 앞에 아니마가 자립하는 실체로서 본래 독자적인 존재이며 정신의 부류로서 천주가 창조한 죽지 않는 것으로서 나에게 실체적 형상(체모)이 되는 것이라는 총론 성격의 문장이 있다. 그 뒤를 이어 자립지체, 본자재, 정신의 부류에 대한 설명을 전개해 나간다. 신후담은 앞의 총론은 생략하고 바로 자립지체에 대한 개념적 설명부터 논박해 나가고 있다.
25 각각 총칭판단과 전칭판단을 말한다. 『영언여작』 원문에는 총칭과 전칭에 대한 설명이 부주로 달려 있다. "총칭(總稱)은 다수가 공유하는 것으로, 예를 들어 사람에게 생명이 있고 역시 초목과 금수에게도 생명이 있으므로 생명은 사람과 사물이 함께하는 바이다. 전칭(專稱)은 사람에게는 영(혼)이 있어서 논리를 추론할 수 있지만 초목과 금수는 영(혼)이 없으므로 영(혼)은 사람에게만 독자적인 것이다. 그러므로 사람이 생명이 있는 존재임

라는 것은 곧 아니마의 총칭이다. — 사물을 탐구하는 이론[格物之說]에는
자립하는 것(실체, substantia)도 있고 의뢰하는 것(우유, accidentia)도 있다.
자립자는 스스로 체가 되어 다른 사물이 의존하는 바가 되지만 의뢰자는 자립
할 수 없어 자립하는 실체에 의존해서 존재하게 된다.

생각건대, 이는 사람의 영혼(靈魂)이 스스로 체(體)가 되어 다른 사물
에 의뢰하지 않기 때문에 자립하는 실체가 된다는 말이다. 그러나 사람
이 태어남에 먼저 형체가 있고 그런 연후에 바야흐로 (이 형체에) 양기가
와서 붙어 혼(魂)이 된다. 그러므로 『춘추전』에 "만물[物]이 생겨나 처
음으로 태어나는 것을 백(魄)이라 하고, 이미 백이 생긴 후에 (움직이는)
양기를 혼(魂)이라고 한다."[26]고 하였고, 「태극도(太極圖)」에 "형체가 이
미 생겨나면 (정)신이 지(각)를 일으킨다."[27]고 하였다. 사람이 죽으면
형체가 이미 썩어 없어지고 혼 역시 흩어져 사라지니 스스로 존재할 수
없다. 그러므로 장자(張子, 장횡거)는 "'떠도는 혼이 변화한다[遊魂爲變]'

을 가리킬 때는 이를 일러 총칭이라 하고 사람이 추론할 수 있음을 가리킬 때는 이를
일러 전칭이라 한다[總稱者, 衆共之, 如人有生, 草木禽獸, 亦有生, 生者, 人與物所同也.
專稱者, 如人有靈, 能推論理, 草木禽獸無之, 靈者, 人所獨也. 故指人爲有生之物, 此謂總
稱, 指人爲能論理者, 此謂專稱]." 총과 전은 각각 아리스토텔레스의 범주론에 따른 류(類,
genus)와 종(種, species)으로 볼 수 있다.
26 『춘추좌전』의 원문은 "사람이 생겨나 처음으로 태어나는 것을 백이라 하고 이미 백이
생긴 뒤의 양기를 혼이라고 한다[人生始化爲魄, 旣生魄, 陽曰魂]."(『춘추좌전(春秋左傳)』,
「소공(昭公)」 7년)이다. 소(疏)에서 "혼백은 신령한 것의 이름이니 형체에 붙어 있는 영을
백이라 하고 기에 붙어 있는 신을 혼이라고 한다[魂魄, 神靈之名, 附形之靈爲魄, 附氣之神
爲魂也]."라고 설명한다.
27 주렴계의 「태극도설(太極圖說)」의 문장이다. "오직 사람만이 그 빼어난 것을 얻어 가장
영명하니 이미 형체가 생겨나면 신이 지를 일으킨다[惟人也得其秀而最靈, 形旣生矣, 神
發知矣]."

는 것은 무(無)로부터 유(有)가 된다는 것이다."[28]라고 말했고, 주자(朱子)는 "혼이 하늘로 돌아간다는 것은 다만 기(氣)가 흩어지는 것이다."[29]라고 하였다. 이것으로 미루어 보면 혼이라는 것은 형체에 의지하여 있는 것이고, 형체가 이미 없어지면 흩어져 무로 돌아가는 것이다. 어찌하여 혼이 자립하는 실체가 될 수 있겠는가?

어찌하여 (아니마를) 본래 그 자체로 존재하는 것[本自在者][30]이라고 하는가? 생혼(生魂)과 각혼(覺魂)으로부터 구별하기 위해서다. 생혼과 각

---

28 『횡거역설(橫渠易說)』, 「계사전(繫辭傳)」 상에 나오는 것으로 『주역』, 「계사전」의 '精氣爲物, 遊魂爲變'에 대한 장횡거의 풀이다. "'정(精)과 기(氣)가 사물이 되고 떠도는 혼[遊魂]은 변화한다'고 할 때, 정과 기는 무로부터 유가 되는 것이며 유혼은 유로부터 무가 되는 것이다. 무로부터 유가 되는 것은 신(神)의 실정이요, 유로부터 무가 된 것은 귀(鬼)의 실정이다. 무로부터 유가 되니 드러나서 사물이 되고, 유로부터 무가 되니 은미하여 변하게 된다. 드러나서 사물이 되는 것은 신의 형상이요, 은미해서 변하게 되는 것은 귀의 형상이다[精氣爲物, 遊魂爲變, 精氣者, 自無而有. 遊魂者, 自有而無. 自無而有, 神之情也. 自有而無, 鬼之情也. 自無而有, 故顯而爲物, 自有而無, 故隱而爲變. 顯而爲物者, 神之狀也, 隱而爲變者, 鬼之狀也]."(『횡거역설(橫渠易說)』, 「계사전(繫辭傳)」 상) 이 구절은 존재와 무를 귀(鬼)와 신(神)의 변화 양상으로 설명하는 성리학의 전통적 설명 방식을 잘 보여 주고 있다. 『주역』부터 『횡거역설』에 이르기까지 신후담이 제시하는 논거들은 예수회 회원들이 끌어낸 영혼 문제가 유학자들에게 어떤 전통적 범주로 포착되었는지를 잘 보여 준다.

29 '혼기는 하늘로 돌아가고 형백은 땅으로 돌아간다[魂氣歸於天, 形魄歸於地].'는 『예기(禮記)』, 「교특생(郊特牲)」의 구절에 대한 주희의 풀이다. "물었다. 혼기가 하늘로 올라간다고 하는 것은 아마도 다만 사라지고 흩어진다는 것일 뿐, 실제로는 하늘 위로 돌아가는 것은 없는 것이 아닙니까? 대답하셨다. 기가 흩어진다는 것이요, 단지 흩어지자마자 없어지는 것이다[問魂氣升於天, 莫只是消散, 其實無物歸於天上否. 曰也是氣散, 只是才散便無]."(『주자어류(朱子語類)』 권3, 36조목)

30 'ens per se' 즉 '그 자체로 존재하는 것'을 말한다. 스콜라 철학에서 인간의 영혼은 그 자체 '자립(subsistens)'하는 것이다. 자기 자신 이외에 다른 어떤 것에도 속하지 않고 개별적으로 존재한다는 것이다. 인간의 영혼은 완전한 실존(esse completum)을 가지고 있기 때문에 육체의 소멸에 영향받지 않는다.

혼은 형질에서 나오며 모두 그 형체에 의존하여 존재하는 것이다. 의존하는 바가 다하면 생혼과 각혼도 모두 사라진다. 사람에게 있는 영혼은 형질에서 나오는 것이 아니며 그 형체에 의존하여 존재하지 않는다. 비록 사람이 죽더라도 소멸하지 않기 때문에 본래 그 자체로 존재한다고 하는 것이다.

생각건대, 이 문단은 위 문단의 자립한다는 설로부터 이리저리 바꾸다가 오류에 빠진 것이다. 지금 이미 자립한다는 설이 그릇되었음을 안다면 본래 그 자체로 존재한다는 설은 공박하지 않아도 저절로 깨질 것이다. (그들은) 반드시 영혼은 생혼·각혼과 다르기 때문에 죽어도 소멸하지 않는다고 말하는데 이는 그렇지 않음이 있다. 한 사람의 몸에는 단지 하나의 혼이 있으니 생장하는 바도 이 혼이요, 지각하는 바도 이 혼이다.[31] 다만 만물 가운데 사람이 천지의 빼어난 기를 품부받았기 때문에 그 혼은 만물에 비해 영명(靈明)[32]하다. 이미 영혼이 있고 또한 생혼·각혼까지 세 가지가 있어서 각각 하나의 물이 되어 한 몸에서 함께 행하는 것이 아니다. 그러므로 그 아래 문장에 또한 '아니마는 하나이지 셋이 아니니 이 영혼이 또한 생장도 하고 또한 지각도 한다. (생혼과 각혼이) 모두 없어진 후에 어찌 영혼만이 홀로 존재하는 이치가 있겠는가?'

---

31 신후담은 혼이 하나라고 말하지만 전통적으로 동아시아인들은 인간의 혼을 혼(魂)과 백(魄)으로 구분해 왔다. 혼과 백이 조화 상태에 있을 때 육체에 생명이 깃들어 인간이 살아 있을 수 있고, 육체와 혼·백이 분리되면 인간은 생명을 잃어 죽는다. 혼은 보통 정신적인 경험과 지적인 활력에 해당하는 것으로 여겨지고 백은 몸통과 사지를 움직이게 하는 육체적 능력으로 구분된다. 그러나 결과적으로 혼과 백은 모두 기의 변화 양상에 불과하기 때문에 신후담처럼 하나의 혼이라고 말해도 전통적인 관념에서 벗어나는 것은 아니다.
32 「태극도설」, "오직 사람만이 그 빼어난 것을 얻어 가장 영명하다〔惟人也得其秀而最靈〕."

라고 말한 것이다.

어찌하여 (아니마는) (정)신의 부류라고 하는가? 신의 부류에 속하지 않는 다른 것, 예를 들어 생혼·각혼 등과 구별하기 위해서이다. 이전에 〔昔〕 또한 (그것으로써) 다른 여러 망령된 설을 바로잡았으니 예를 들어 혼을 기〔魂爲氣〕[33]라고 여기는 것 등이다.

생각건대, 이는 생혼과 각혼은 사람과 동물이 함께 가지지만 영혼은 사람이 홀로 가지고 있기 때문에, 영혼은 (정)신의 부류에 속하여 생혼이나 각혼과 구별된다는 것을 말하는 것이다. 그러나 사람의 혼이 사물의 혼과 구별된다고 하는 것은 괜찮지만 영혼이 생혼·각혼과 다르다고 말한 것은 삼혼(三魂)이 마치 각각 하나의 사물이 되는 혐의가 있으니 그 폐단은 위 단락의 '본래 그 자체로 존재한다〔本自在〕'는 설과 마찬가지다. 혼이 기〔魂爲氣〕라는 설을 배척하는 데 이르러서는 조금 의미가 있지만[34] 그 말이 또한 분명히 통하지 않는다. 혼(魂)과 기(氣)의 관계는

----

33 마테오 리치는 『천주실의』에서 기를 혼과 구별하고자 시도하였다. "기를 귀신이나 영혼이라고 여기는 것은 사물의 부류에 대한 올바른 명칭을 어지럽히는 것입니다〔以氣爲鬼神靈魂者, 紊物類之寔名者也〕."(『천주실의』 권4) 마테오 리치는 기(氣)를 4원소의 하나로 봄으로써 전통적 맥락에서 기에 포함되어 있던 생명성과 운동성을 제거하고자 하는 것이다. "기가 4원소의 하나임을 알지 못하기 때문에 귀신이나 영혼과 같다고 보는 것도 이상할 것이 없다〔未知氣爲四行之一, 而同之于鬼神及靈魂, 亦不足怪〕."(『천주실의』 권4)는 것이다. 마테오 리치는 기를 개별적 원소 정도의 의미로 약화시켜 그리스 철학의 전통적인 유물론적 개념 안으로 묶어 버린다. 그는 "기는 만물을 살아 있게 하는 생명력의 근본이 아니다〔氣非生活之本也〕."(『천주실의』 권4)라고 말한다. 혼이 기로 연결된다면 스콜라적 영혼 규정에서 반드시 제거되어야 할 물질성이 포함되기 때문에 마테오 리치의 이런 주장은 스콜라적 영혼을 납득시키기 위한 당연한 전략이라고 할 수 있다.

34 여기서 신후담은 '혼이 기〔魂爲氣〕'라는 설이 오류라는 삼비아시의 주장을 일부 받아들

백(魄)과 정(精)의 관계와 같다. 백(魄)은 정(精)의 신(神)이며, 혼(魂)은 기(氣)의 신(神)인 것이다. 이미 기(氣)의 신(神)이니 본래 그것을 곧 기(氣)라고 말할 수 없지만, 기(氣)가 아니라면 또한 혼(魂)이라 할 수 있는 것이 없다. 지금 다만 혼(魂)이 기(氣)가 아니라고만 말하고 그것이 기(氣)의 신(神)이라고 말하지 않는다면 장차 모르는 사람들로 하여금 기(氣)를 떠나서 혼(魂)을 찾게 할 것이다. 어찌 잘못이 아니겠는가?

어찌하여 (아니마는) 죽지 않는다고 하는가? 다른 생물의 생혼·각혼이 자립할 수 없어 몸과 함께 모두 사라지는 것과 구별하기 위해서다. 또한 사람이 죽으면 혼도 함께 사라진다는 망설을 바로잡기 위해서다. 또 사람에게는 세 가지 혼이 있어 죽으면 생혼과 각혼은 사라지고 영혼만이 홀로 존재한다는 잘못된 이론을 바로잡기 위해서이다. 아니마는 하나이지 셋이 아니다. 다만 이 영혼이 또한 생혼이고 또한 각혼이다. 사람이 죽은 후에는 육체가 없기 때문에 생혼과 각혼은 쓰이지 않는다. 만약 다시 살아난다면 영혼이 육신과 더불어 다시 결합하여 생혼과 각혼이 죽기 전과 같이 다시 사용된다.

생각건대, 이 문단의 생혼과 각혼은 자립할 수 없다는 것과 사람의 혼은 멸하지 않는다는 설에 대해서는 아울러 이미 앞에서 상세히 논변하였다. (『영언여작』에서) 생혼과 각혼이 이미 없어진 후에 영혼만이 홀

이는 것처럼 보이지만 실제로는 전혀 다른 맥락에 서 있다. 신후담은 혼이 자체로 기가 아니라 기가 변용된 양태라고 여긴다. 혼은 물질성의 근원인 기, 장횡거의 표현으로 하자면 태허로서의 기가 아니라 굴신(屈伸)이라는 기의 운동 과정 가운데 나타나는 하나의 양태로, 즉 기가 현상화된 상태라고 할 수 있다. 신후담은 '혼이 기[魂爲氣]'라는 설이 오류라는 삼비아시의 주장에 대해 삼비아시와는 다른 각도에서 논증하고 있는 것이다.

로 존재한다는 설이 오류라고 논하는 것은 옳다. 그러나 이로부터 생혼과 각혼이 영혼과 더불어 멸하지 않는다고 말한다면 가하겠는가?[35] 생혼과 각혼이 몸〔體〕에 의존하는 것은 사람과 만물이나 마찬가지다. 어찌 (사람의 그것만이) 홀로 존재하겠는가? 만물의 생혼과 각혼은 몸〔體〕과 함께 소멸하는데 사람에게 있는 생혼과 각혼만은 사람이 죽어도 불멸하겠는가? (그들은) 지금 영혼이 불멸함을 논증하고자 하였으나 삼혼(三魂)이 나뉠 수 없음을 어찌할 수 없어서 결국 생혼과 각혼이 함께 불멸한다고 말한 것이다. 생혼과 각혼이 불멸함을 논증하고자 하였으나 생혼과 각혼이 몸에 의존함을 어찌할 수 없어서 결국 사람의 생혼과 각혼이 사물의 생혼과 각혼과 다르다고 한 것이다. 이리저리 변명하고 있으나 깨닫지 못하는 사이에 틈이 벌어지고 새는 것을 스스로 드러내는 것이니 이 설 또한 논변하기에 부족하다. 또한 사람이 죽은 후에 생혼과 각혼이 쓰이지 않는다고 말한다면 생혼과 각혼은 어디에서 그것이 불멸함을 증험하겠는가? 또한 생혼과 각혼이 쓰이지 않는다면 영혼만이 홀로 쓰이는 것이다. 어째서 살아 있을 때는 하나이고 셋이 아니어서 나뉠 수 없다가, 죽으면 하나는 쓰이고 하나는 쓰이지 않아 나뉘어 두 사물이 되겠는가? 생혼과 각혼이 이미 쓰이지 않는다면 비록 불멸한다 해도 멸한 것과 다름이 없을 것이니 비록 천당의 즐거움이 있다 해도 반드시 그것이 즐거움임을 깨닫지 못할 것이요, 비록 지옥의 고통이 있다 해도 반드시 그것이 고통임을 깨닫지 못할 것이다. 만일 이와 같다면 반드시 하늘에 올라갈 일을 구하고자 하는 것이 무슨 의미가 있겠는가.

---

35 『하빈선생전집』의 원문에는 "멸하지 않는다고 말한다면 이는 그르다."로 되어 있으나 『벽위편』에 따라 고쳤다.

어찌하여 (아니마를) 나의 체모(體模, 실체적 형상)[36]라고 하는가? 무릇 물(物)에는 모두 두 가지 형상[模]이 있다. 하나는 체모(體模)이고 하나는 의모(依模, 우연적 형상)이다. 실체적 형상(체모)이라는 것은 내적인 형상으로 물(物)이 이로부터 말미암아 이루어지는 바다. 이 실체적 형상이 아니면 이 물이 이루어질 수 없다. 우연적 형상(의모)은 외적인 형상이니 눈으로 볼 수 있는 물(物)의 형태가 이것이다.

생각건대, 혼이라는 것은 몸에 의지하는 것이니 이 몸이 있은 후에 혼이 있는 것이지 먼저 혼이 있은 후에 이 혼의 형상[模像]에 의지하여 몸이 되는 것이 아니다. 이로써 실체적 형상[體模]이라는 설이 그릇됨을 알 수 있다.

어찌하여 결국에는 그라시아(額辣濟亞, Gratia, 聖寵)[37]에 의지하고 사람

---

36 삼비아시는 아리스토텔레스적 의미의 형상 즉 'eidos'를 '체모(體模)'로 번역하였다. 아리스토텔레스의 형상은 사물과 분리되어 있는 플라톤의 형상 즉 이데아와 달리, 질료와 분리될 수 없으며 오직 개체들 내에서만 발견될 수 있는 것이다. 스콜라 철학에서 말하는 'eidos'는 두 가지로, 실체적 형상(forma substantialis)과 우연적 형상(forma accidentalis)이 그것이다. 『영언여작』에서는 이를 각각 '체모(體模)'와 '의모(依模)'로 옮겨 놓았다. 스콜라 철학적 맥락에서 영혼은 육체의 형상으로, 육체가 소멸되면 육체의 형상인 영혼도 소멸한다. 한편 아담 샬은 『주제군징』에서 형상을 '모상(模像)'으로 번역한다.

37 은총이란 본래 신이 원죄를 지은 인간에게 영원한 생명을 약속하는 사랑의 선물을 의미한다. 은총은 인간을 향한 신의 인격적 사랑이며, 그 사랑에 대한 인간의 응답으로 여겨진다. 신의 은총은 인간 자신의 능력으로 채울 수 없으며 새롭게 부여하는 신의 사랑의 선물로 얻게 되는 것이다. 은총의 문제는 신의 계시와 관련된 구원의 문제, 그리고 인간의 자유 문제와 맞닿아 있다. 은총은 신의 약속이며 인간은 이에 대해 의리와 의무를 부여받기 때문이다. 예수회 내에서 자유의지의 문제는 몰리나(Luis de Molina, 1535~1600)의 은총 논쟁을 통해 부각되었다. 신이 인간에게 자유의지를 부여했다는 점과 인간의 모든 행위를 유효하게 하는 효력 은총(gratia efficax)을 부여했다는 점은 정통적인 신학자들이 승인하

의 선행에 의지해야 진정한 복을 누릴 수 있다고 말하는가?[38] 이는 아니
마의 '작용인〔爲者〕'을 말하는 것이다.[39] 사람에게 있는 아니마는 다른

고 있는 바이다. 이런 맥락에서 몰리나와 수아레즈(Suarez, 1548~1617) 같은 예수회 신학
자들은 자유의지와 은총의 관계를 깊이 논의한다. 반면 바네즈로 대표되는 도미니크회는
만물의 제1 원인으로서의 신의 절대적인 독립과 자유를 강조하였으며, 이에 따라 인간의
의지의 자유를 강조했던 몰리나 등의 이론을 펠라기우스 이단으로 몰았다. 도미니크회의
신학자들은 신성한 은총을 인간 행위의 원초적인 원인으로 간주함으로써 자연 세계에
있어서 작용인(efficient cause)으로서의 신의 은총의 역할을 강조하고자 하였다. 따라서
예수회 회원들이 수도원을 벗어나 이교도들의 영혼을 구원하기 위한 선교 사역을 행하기
위해서는 본성과 은총 간의 관계를 재정립하지 않으면 안 되었다. 몰리나와 바네즈의
논쟁은 교황 바울 5세에 의해 1607년 공식적으로 금지되었지만, 은총 · 자유의지 · 중간
지식(Middle Knowledge) 등의 개념은 예수회 사회에 뿌리내리게 되었다. 몰리나의 은총
논쟁에 대해서는 요셉 후우비, 강성위 역(1965), 『가톨릭사상사』, 대조사, 162~174쪽 참
조. 은총의 수용 여부를 인간의 자유에서 찾는 충족 은총을 강조한다는 점에서 예수회는
도미니크회보다 더 인간의 자유에 무게를 두었다고 볼 수 있다. 삼비아시도 이러한 입장에
서 '보편적 도움'을 전제로 '특수한 도움'을 강조하고 있다. 사실 은총의 문제는 신의 계시와
관련된 구원의 문제, 그리고 인간의 자유 문제와 맞닿아 있다. 은총은 신의 약속이며
인간은 이에 대해 의리와 의무를 부여받기 때문이다. 그러나 신의 자유와 인간의 자유는
충돌할 가능성이 있다. 신앙이 가능하려면 자유가 보장되어야 하지만, 이 자유는 동시에
신앙을 벗어나는 방향으로 흐를 수도 있기 때문이다. 더 나아가 신이 악을 행할 것을
포함하여 인간의 모든 것을 알고 있는가 아닌가의 문제는 '자유의지'가 성립될 수 있는가의
문제로 연결되기 때문에 근본적으로 신성의 전능을 의심하게 될 수도 있다. 그러나 삼비아
시는 은총과 자유의지의 충돌 가능성에 대해서는 언급하지 않으며 결론적으로 삼비아시는
본질적으로 관계론적 개념인 은총을 통해 신과 인간의 관계를 설명함으로써 적극적으로
계시신앙적 신을 전하고 있다고 볼 수 있다.

38 은총 문제를 특별히 강조해서 다루고 있는 것은 다른 서학서와는 다른 『영언여작』의
특징 중 하나다. 『천주실의』는 선과 악에 관한 인간의 자유의지를 강조하고 신의 은총에
대해서는 설명하지 않지만 『영언여작』에서는 이를 자세히 소개한다. 삼비아시는 마테오
리치가 강조한 신에 대한 이성적 이해와 후세에 있을 응보 관념만으로는 기독교의 본질
을 다 전할 수 없으리라는 판단에서 신의 계시로서의 '도움' 즉 은총을 강조했던 것으로
보인다.

39 작용인은 아리스토텔레스가 변화를 설명하기 위해 내세운 사원인 중 하나다. 변화는 네
가지 원인 즉 어떤 사물이 무엇인지 결정해 주는 '형상인', 사물을 구성하는 '질료인', 사물

종국의 지향[向, 목적][40]이 없으니, 오로지 성스러운 은총[聖寵]에 의지하여 힘을 다해 신을 향하고 섬겨 공적을 세움으로써 천상의 참된 복을 누릴 수 있다. 그라시아(額辣濟亞)라고 한 것은 하늘의 참된 복은 사람의 지력(志力)과 천주의 보편적 도움[公祐][41]으로 얻을 수 있는 바가 아니며 반드시 그라시아의 특별한 도움[特祐][42]이 있어야 하기 때문이다. 또한 (그라시아)에는 세 가지가 있는데 하나는 처음에 깨닫도록 하는 특별한 도움[提醒特祐]이고, 두 번째는 다음의 유지시켜 주는 특별한 도움[維持特祐],[43] 세 번째는 그 후의 영원하고 최종적인 특별한 도움

을 만들어 주는 '작용인', 사물이 만들어진 목적인 '목적인'으로 설명된다. 『영언여작』에 삼비아시의 주가 붙어 있다. "작용인[爲者]은 네 가지 원인 중 하나이다. 예를 들어 직각자를 만든 것은 네모를 그리기 위한 것이고 둥근 자를 만든 것은 원을 그리기 위해서다[爲者, 四所以然之一, 如造矩爲作方, 造規爲作圓也]." 이때 직각자와 둥근 자는 각각 네모와 원의 작용인이 된다.

40 여기서 말하는 향(向)은 목적 개념과 관련된다.
41 인간의 의지와 상관없이 모든 인간에게 주어지는 '충족 은총(gratia sufficiens)' 또는 '일반 은총(gratia communis)'을 가리키는 것으로 보인다.
42 인간의 동의를 필요로 하는 '작용 은총(gratia efficax)'을 가리키는 것으로 보인다.
43 여기서 '깨닫도록 하는 특별한 도움[提醒特祐]'과 '유지시켜 주는 특별한 도움[維持特祐]'은 조력 은총에 속하는 것으로 보인다. 조력 은총은 인간 주체를 움직이게 하는 신의 도움으로, 세례를 받지 않은 사람이나 죄인을 의롭게 하거나 선행을 하도록 영감을 주는 내적 작용처럼 구체적인 상황에서 주어지는 신의 일시적인 도움을 말한다. "아퀴나스는 은총에는 두 가지가 있다고 하였다. 첫째는 하나님의 독자적인 은총 또는 자력 은총(gratia operans)이다. 이것은 하나님이 영혼에 작용하지 않고서는 인간의 의지로 하나님 인식이나 선한 의지나 하나님에게 나아갈 수 없는 것이다. 이것은 하나님이 주도적으로 인간의 공로 없이 거저 먼저 주어진 은총으로(gratia gratis data), 하나님의 선행적 은총이라 말한다. 둘째는 인간이 이미 하나님의 선행적 은총으로 선으로 움직였다고 하더라도 하나님이 의지된 기능들을 지탱해 주지 않는다면 그 선을 이룰 수 없다. 이것은 하나님의 선행적 은총의 부르심에 응답하여 하나님께로 나아가는 자에게 주어지는 은총이다. 즉 하나님의 공동적 협력자에게 주는 은총이다(gratia cooperans)."(김기련(2009), 「로마 카톨릭 교회의 칭의 이해」, 『신학과 현장』 제19집, 39쪽) 『영언여작』에서 말하는 제성 은총은 자력 은총으로, 유지 은총은 협력 은총으로 볼 수 있다.

(恒終特祐, 성화 은총, gratia sanctificans)[44]이다.

처음에 깨닫도록 하는 특별한 도움〔提醒特祐〕은 나의 공력으로 이룰 수 있는 것이 아니라 천주께서 다만 사람들에게 주는 것이다. 다음의 유지시켜 주는 특별한 도움〔維持特祐〕은 사람이 이미 깨닫도록 하는 특별한 도움〔提醒特祐〕을 얻은 뒤에 또한 이 유지시켜 주는 특별한 도움 〔維持特祐〕에 의존하는 것으로, 나와 더불어 함께 행하여 날로 의(義)로 옮겨가서 의(義)를 더욱 열심히 행하면 도움을 얻는 것이 가중된다. 이러한 유지시켜 주는 특별한 도움은 줄 만하여 주는 것이다. 이 유지시켜 주는 특별한 도움에 의지하여 함께 선을 행하고 끊임없이 의(義)를 행하면 또한 천주가 나에게 주는 영원하고 최종적인 특별한 도움〔恒終特祐〕를 얻을 수 있게 된다. 시시각각 죽음에 이르기까지 의를 행하여 잠시도 끊김이 없어야 하니 이 영원하고 최종적인 특별한 도움도 역시 줄 만하여야 주는 것이다. 이와 같이 목숨이 다하여 참된 복을 받게 된다면 마땅히 줄 만하여 준 것이 된다.

생각건대, 아니마의 (실)체를 논한 것은 여기에 이르러서는 그 귀결이

---

44 상존(常存) 은총(gratia habitualis)이라고도 한다. 인간이 신으로부터 이 은총을 받으면 큰 죄를 지어 자신과 신을 분리시키지 않는 한 이 은총이 인간에게 머물러 있게 된다. 성화 은총을 보존한다는 것은 신과의 관계를 유지한다는 뜻이며 성화 은총을 잃어버린다는 것은 신과의 관계를 끊어 버린다는 것을 의미한다. "성화 은총은 사람이 하느님과 함께 살고, 하느님의 사랑으로 행동할 수 있도록 그 사랑을 완전하게 하는 상존 은총(常存 恩寵, gratia habitualis)이며, 지속적이고 초자연적인 성향이다. 이 성화 은총, 곧 하느님의 부르심에 따라 살고 행동하고자 하는 변함없는 마음가짐인 상존 은총은, 회개의 시작이나 성화 활동의 과정에서 하느님의 개입을 가리키는 조력 은총(助力恩寵, gratia actualis)과는 구별된다."(『가톨릭 교회 교리서』, 「제3편 그리스도인의 삶」, 〈제3장 하느님의 구원 : 법과 은총〉)

공적을 세워 복을 누리는 데 지나지 않는다. 그 학설 전체가 이기심에서 나온 것이 이와 같다. 지금은 우선 논하지 않겠다. 이른바 그라시아에 의존한다 하고 사람의 선행에 의존한다고 하는 것은 비록 두 가지 단서가 있더라도 모두 천주의 특별한 도움[特祐]에 의존하여 기다리는 것이고 모두 사람의 의지와 천주의 보편적 도움[公祐]으로 얻을 수 있는 것이 아니라는 것이다. 무릇 사람의 의지로 얻을 수 없고 반드시 천주의 특별한 도움에 의지하여 얻는다면 이는 사람된 자[爲人者]가 단지 마땅히 천주의 특별한 도움[特祐]을 기다려야 할 것이고 반드시 선을 행하려고 마음 쓸 필요가 없다는 것이다.[45] 이와 같다면 설사 선을 행할 수 있더라도 이는 천주의 도움이 아님이 없고, 의지가 관여할 바가 아니니 여기에 무슨 상줄 만한 공이 있어서 천당의 복을 누릴 수 있겠는가. 또한 천주의 보편적 도움으로 얻어지는 것이 아니고 반드시 천주의 특별한 도움[特祐]으로 얻어지는 것이라면 이는 천주가 천하의 모든 사람을 널리 사랑할 수 없고 그중에 사사롭게 사랑하는 자들이 있어서 그를 특별히 도와준다는 것이다. 똑같이 사람이고 똑같이 의지에서 말미암지 않았는데도 누군가는 돕고 누군가는 돕지 않는다면 천주가 또한 어찌 이처럼 심하게 편벽되고 공평하지 못할 수 있는가? 이 역시 변론하기에 부족하다.

---

45 은총이 자유의지 문제와 연결되는 과정에서 생기는 일종의 모순을 신후담이 간파한 것으로 보인다. 실제로 스콜라적 맥락에서는 신의 전능에 따른 선물로서의 은총과 인간의 의지와 노력에 따른 은총을 복잡하게 구조화하는 방식으로 문제를 해결하고자 하지만 『영언여작』의 내용만으로는 신후담처럼 생각하는 것이 자연스러울 것이다.

제2편 아니마의 능력을 논함[46]

각능(覺能)에는 두 가지가 있다.[47] 하나는 외각(外覺, 외적 감각, sensus exteriores)이고, 하나는 내각(內覺, 내적 감각, sensus interiores)[48]이다. 외각이 행해지는 것은 외능 때문으로, 외능에는 다섯 가지 기관[五司]이 있으니, 귀·눈·입·코·몸 등이다. 내각이 행해지는 것은 내능 때문으로, 내능에는 두 가지 기관[二司]과 네 가지 직능이 있다. 첫째는 공사(公司, 공통감각, sensus communis)[49]이니 다섯 가지 기관에서 거두어들

---

46 영혼의 구조와 기능을 설명하는 부분이다. 토마스 아퀴나스는 아리스토텔레스의 영혼론을 바탕으로 인간을 인간답게 하는 모든 규정을, 식물적·감각적·지적인 작용을 부여하는 '영혼'이라고 말한다. 인간은 1) 영양·성장·생식의 세 가지 차원을 포함하는 식물적 차원, 2) 다섯 개의 외적 감각과 네 개의 내적 감각, 운동 능력과 감각적 욕구로 이루어진 감각적 차원, 3) 능동이성·수동이성·의지로 이루어진 이성적 차원을 가진다. 영혼의 구조와 기능에 관한 종합적 논의를 통해 토마스 아퀴나스는 인간을 고도의 지성적 활동을 하는 하나의 인격으로 지상에 세우면서 동시에 물질계를 넘어서서 초월적인 세계를 지향할 수 있는 영적 존재로 규정한다. 삼비아시는 『영언여작』의 2편에서 이를 다루고 있다.

47 이는 주로 『신학대전』 78문에서 다루고 있는 내용이다. 78문은 '외적 감각들에 대하여' 그리고 '내적 감각들에 대하여' 등의 주제로 이루어져 있다. 여기서 말하는 감각은 수동적으로 변화를 겪는 능력을 가리킨다. "감각들은 그 신체적 기관들의 상이함에 따라서가 아니라 기능(functio)의 다양함에 따라 구분되어야 한다. 감각이란 하나의 수동적 능력이어서, 그것의 기능은 어떤 외부적 감각 대상이 행위를 통한 변화를 겪는 것이다. 내면적 변화의 외부적 원천이 감각 지각의 일차적 대상이다."(앤소니 케니, 이재룡 역(1999), 『아퀴나스의 심리철학』, 가톨릭대학교출판부, 45쪽)

48 『신학대전』 1부, q.78. a.4.에서 내적 감각의 문제를 다룬다. 『영언여작』에서는 내적 감각이 두 가지라고 말하지만 『신학대전』에서 내적 감각(sensus interiores)에는 공통감각(sensus communis), 구상력(imaginatio) 또는 표상력, 기억(memoria), 판단력(via aestimativa) 등이 제시된다. 구상력은 경험 대상이 현존하지 않을 때 재현하는 것이고 기억은 경험된 것을 과거의 것으로 저장하는 것이다. 판단력은 대상을 적대적이거나 호의적인 것으로 평가한다. 공통감각은 감각된 정보를 하나의 경험으로 통일한다(장욱(2003), 『토마스 아퀴나스의 철학』, 동과서, 108쪽 참조).

49 '공통감각(sensus communis)'을 말한다. 공통감각이란 아리스토텔레스로부터 연원한 개

인 소리·빛·냄새·맛 등을 받아서 분별하는 것을 주관한다. 둘째는 사사(思司, 구상력, phantasia, imaginatio)[50]로, 사사에는 세 가지 직능이 있다. 첫 번째는 오관이 거두어들인 것을 간직하는 것을 주관하는 것이다.[51] 두 번째는 그 사물이 자연히 통달한 뜻을 거두어들이는 것을,[52] 세 번째는 주로 받아들인 모든 사물의 뜻을 간직하는 것이다.

내능의 두 가지 기관 이외에 별도로 한 가지 능력이 있으니, 기사(嗜司, 감성적 능력, sensualitas)[53]라 한다. 외능의 다섯 가지 기관과 내능의 두 가지 기관이 거두어들인 것을 좋아할 수도 있고 버릴 수도 있으니 이것이 기사(嗜司)가 하는 일이다. 기사의 능력은 또한 두 가지로 구분된다. 하나는 욕능(欲能, 호의적 욕구)이요, 하나는 노능(怒能, 거부적 욕구)이다.[54] 대개 좋아하거나 버리는 데에 있어 자기에게 서로 합당하면

념이다. 공동감각·공통감 등으로 번역되기도 한다. 인식론적 차원에서는 외부 감각의 공통 뿌리로서 외부 감각들을 통합시키는 공통능력을 가리킨다. 감각 기관에 의해 주어진 자료를 구별하고 대조하는 것이다.

50 구상력은 감각상(phantasma)를 산출하는 능력을 말한다. 구상력은 감각들로부터 수용된 형상들을 저장하는 저장고와 같다.

51 『영언여작』에는 "모두 받아들여 창고와 같이 보관한다[皆受而藏之, 如倉庫然]."는 설명이 붙어 있다.

52 『영언여작』에서는 부주를 통해 "양이 이리가 원수임을 알아서 두려워할 줄 아는 것[如羊知狼是其讐, 卽知懼也]"으로 부연 설명한다.

53 『신학대전』 81문에서 이 문제를 다루고 있다. 『신학대전』 번역본은 감성적 능력으로 번역하였다. '관능'으로 번역한 경우도 있다. G. 달 사쏘, R. 꼬지, 이재룡 역(1995), 『신학대전 요약』, 가톨릭대학교출판부. 여기서는 『신학대전』을 따르기로 한다.

54 『신학대전』에서는 이를 다음과 같이 설명한다. '감각적 욕구는 유(類)에 있어서는 하나의 힘이며 감성적 능력이라고 불린다. 그렇지만 그것은 두 가지 능력으로 구분된다. 이런 능력들은 감각적 욕구의 종(種)들이다. 다시 말해 그것은 분노와 욕정의 두 능력으로 구분된다. 즉 가멸적인 자연물들에 있어서는 적합한 것을 따르기 위한 경향과, 유해한 것들을 피하기 위한 경향이 있을 뿐만 아니라 자신을 소멸시키고 자신에게 반대되는 것들에 저항하기 위한 경향, 즉 적합한 것들을 방해하고 해로운 것들을 가져오는 것들에 저항하

구하고자 하고, 합당하지 않으면 버리고자 하는 것이 욕능(欲能)이 하는 것이다. 좋아하거나 버리는 데 있어 자기에게 서로 합당하면 감히 구하고 서로 합당하지 않으면 감히 버리니 이것이 노능(怒能)이 하는 바이다. (기사는) 혹은 좋아하고 혹은 버리는데 각각 이 두 가지를 겸하고 있다. 그러나 욕능은 부드럽고 노능은 강하기 때문에 노능은 욕능의 적이다.[55] 이미 위에서 본 내능과 외능의 여러 기관은 사람이나 조수(鳥獸) 등에 차이가 없는데 이는 각혼이 가지고 있는 능력이다. 천주는 사람의 아니마에 있어 이를 온전히 갖추어 주셨다. 즉 사람의 아니마도 역시 각혼이라고 칭할 수 있다. — 아니마는 생혼·각혼·영혼의 세 가지 능력을 가지고 있는데, 여기서는 아니마의 각능을 논하였다.

생각건대 이 문단의 외각·내각의 설은 전혀 이치에 맞지 않는다. 사람의 지각은 단지 마음〔心〕이 하는 일이다. 예를 들어 귀나 눈 등 오관 같은 것은 바깥 사물과 서로 접촉할 뿐이요, 일찍이 지각이 있는 것은 아니다. 비록 귀나 눈의 접촉으로 인하여 그것이 어떤 사물인지를 지각한다고 하더라도, 그 지각하게 하는 것은 귀나 눈이 아니라 마음이다. 그러므로 사람의 지각은 단지 마음의 지각 한 길뿐이며 마음의 지각 이외에 다시 별도의 지각은 없다.

기 위한 경향이 있어야 한다(『신학대전』, 81문 2절).
55 『신학대전』에서는 이를 다음과 같이 설명한다. "분노에 속하는 정념들이 욕정에 속하는 정념들에 배치되는 것으로도 생각된다. 그것은 일반적으로 욕정이 타오르면 분노는 약해지고 분노가 타오르면 욕정이 약해지기 때문이다. 또한 여기에 근거하여 분노를 말하자면 욕정의 방어자이며 보호자라는 것도 자명해진다. 분노는 욕정이 욕구하는 적합한 것들을 방해하며 욕정이 기피하는 유해한 것들을 가져오는 것들에 대해서는 결연히 일어섬으로써 그런 것이다."(『신학대전』, 81문 2절)

지금 외각이 행해지는 것은 외능 때문이고 내각이 행해지는 것은 내능 때문이라고 하는데, 그렇다면 사람의 한 몸에는 마땅히 두 가지 지각이 있어 내외에 별도로 근거하여 각각 하나의 사물이 있게 된다. 외각이 행해질 때 곧바로 외능으로 지각하고 마음은 그 사이에 관여하지 않는다면 이것이 과연 말이 되겠는가?

내능에 두 가지 기관[司]과 욕능·노능이 있다는 설의 경우 역시 모두 억지로 명칭을 만들어 그 설을 기이하게 하였으나 그 귀착처를 살펴보면 특히 정확하지 않다. 공사(公司, 공통감각)의 분별은 곧 사유[思]인데 그것이 사사(思司, 구상력)와 구별되는 것은 어째서인가. 무릇 일을 구하고자 하거나 버리고자 하는 것과 감히 구하거나 감히 버리는 것은 모두 마음이 하는 바가 아님이 없으니[56] 기사(嗜司, 감성적 능력)의 두 가지 구분은 바로 내능에 속하는 것인데 그것을 두 가지 내사의 밖에 둔 것은 또한 어째서인가. 그런데 그 내능을 논하는 방법은 혼이라는 한 글자에 의탁하는 데 지나지 않는데도 어지러이 허황되게 말하여 애초에 이 마음이 안[內]에서 주가 된다는 것에 대해서는 언급하지 않았으니 이른바 (내능의) '내'라는 것은 우리가 말하는 '내'가 아니라 단지 가공의 헛된 것을 췌언한 것일 뿐이니 그 역시 반드시 논변할 필요가 없다.

어찌하여 사물의 상(像)을 저장하였다가 때에 따라 쓴다고 하는가? 이 것이 바로 기함(記函, 기억)의 직분으로, 다른 기관[司]과 구별되는 바이다.[57] 외능의 다섯 가지 기관에 의해 거두어들인 것들은 모두 형질을

---

56 여기서는 욕구보다는 판단 혹은 실천의 의미로 쓰인 것으로 보인다.
57 '기함(記函, 기억), 명오(明悟, 이성), 애욕(愛欲, 의지)' 등 영혼의 고유한 기능에 대한 설명은 『천주실의』 권7에 소개되었던 것이다. 삼비아시는 『영언여작』을 통해 『천주실의』 권7의 내용을 보다 심화함으로써 스콜라 철학의 영혼론을 본격적으로 소개한다.

가지고 있어서 내사에 들어갈 수 없으므로 그 상을 취하여 우선 공사(公司, 공통감각)에 수용하는데, 그때의 상은 매우 거칠다. 이윽고 사사(思司, 구상력)를 통해 분별하여 세밀한 것을 취한 뒤에 기함(記含, 기억)의 기관으로 들어가게 되는데 쓰이기를 기다렸다가 쓰고자 할 때, 때에 따라 취한다. 무형한 사물은 외사에 속하지 않고 내능의 두 가지 기관에 의해 수용되어 역시 공사(公司)에 들어가나, 본래 거친 상이 없으므로 세밀한 것을 취할 필요 없이 곧바로 사사(思司)를 통해 기함(記含)의 기관에 저장되었다가, 때에 따라 취한다. (기함이) 취한 것에서 저장된 사물은 여러 종류로 하나가 아니다. 만약 때에 따라 한 사물을 취하고자 한다면 기함의 기관은 저장되어 있던 사물을 모두 내놓고 얻고자 하는 바에 맡기게 된다. 마치 창고를 맡은 관리가 저장을 주관하다가 명령을 기다려 내어주는 것과 같다.

어찌하여 (기함의) 작용[功]에 두 가지가 있다고 하는가? 하나는 억기(憶記, 구상적 기억)요, 하나는 추기(推記, 추상적 기억)이다. 억기란 먼저 내가 알았던 것을 다시 되돌이켜 아는 것이다. 추기란 한 사물에 따라서 다른 사물을 기억하는 것이다.[58] 추기는 반드시 여러 사물로 인하여 한 사물을 알게 되는 것이며, 억기는 반드시 여러 사물을 필요로 하지 않으니 직접 그 사물을 기억하는 것이다. 이 두 가지 기함이 기억

---

58 억기와 추기는 각각 기억(memoria)과 회상(reminiscentia)을 가리킨다. 『신학대전』에서 기억(memoria)은 인간과 동물이 공통적으로 가진 능력으로, 단순히 과거를 돌이키는 작용이지만 추기로 번역된 회상(reminiscentia)은 인간에게 고유하며 일정한 의도 하에 추론적으로 과거를 되돌이키는 작용이다. 추기 즉 회상을 설명하기 위해 『영언여작』에서는 앵무새에 대한 기억을 통해 황금색을 기억하고, 이로 인해 다시 황금의 황금색을 기억하는 것을 예로 들고 있다.

하는 바는 총괄하면 모두 경험한 일들이다. 사물의 상이 아직 남아 있기 때문에 기억[憶]도 할 수 있고 미루어 생각[推]할 수도 있으므로 실제는 하나다. 만약에 본래 알지 못했던 것이나, 알았지만 모두 잊어버린 것은 이 사물의 상이 없는 것이니 기억할 수도 미루어 생각할 수도 없다.[59]

기함(記含, 기억)은 둘로 나뉜다. 하나는 사기함[司記含, 감각적 기억]이고, 다른 하나는 영기함[靈記含, 이성적 기억]이다. 사기함의 기능은 단지 유형(有形)의 사물만을 기억할 수 있으므로 이것은 짐승들도 모두 가지고 있다. 영기함의 기능은 형상(形象)이 없는 사물도 기억할 수 있으므로 이것은 오직 사람만이 가지고 있다.

영기함은 명오(明悟, 이성, intellectus)나 애욕(愛欲, 욕구, appetitus)과 마찬가지로 아니마의 실체[體, substantia]에 의존하므로 모두 분리될 수 없는 의뢰자[賴者, 우유(偶有), accidens][60]라고 말한다. 사기함이 있는 곳은 뇌낭(腦囊, 두뇌)으로, 정수리의 뒷쪽[顧顱之後][61]이다. 어째서

---

59 이 단락은 『영언여작』 원문에는 사기함과 영기함에 대한 설명인 다음 두 단락 이후에 나오는데 여기서는 순서가 바뀌어 사기함과 영기함에 대한 설명보다 앞서 나온 것이다.
60 『영언여작』에서는 이 부분에 대해 부주를 붙여 의뢰자에 대해 다음과 같이 설명한다. "격물의 이론에는 두 가지의 '의뢰'가 있다. 하나는 의뢰를 받는 실체로부터 분리될 수 있는 것이니, 색깔이나 맛과 같은 것이 그것이다. 색깔이 검은색으로 바뀌면 흰색을 상실하고 맛이 신맛으로 변하면 단맛을 상실한다. 또 하나는 의뢰를 받는 실체로부터 분리될 수 없는 것이니, 불의 열기와 얼음의 냉기가 바로 그것이다[格物之論, 有二種依賴. 一能離於承受之體, 如色如味, 色改黑則失白, 味變酸則失甘也. 一不能離於承受之體, 如熱於火, 冷於氷, 是也]."
61 '노식(顙息)'이라고도 하며 귀 뒤쪽의 경혈을 가리킨다. 여기서는 뇌 중에서도 정수리 뒤쪽을 가리키는 것으로 보인다. 토마스 아퀴나스는 구상력이나 기억 같은 인간의 내적

두 가지 기함이 두 곳⁶²에 머문다고 말하는가? 시험 삼아 생각해 보면, 천주께서 나에게 유형한 사물을 볼 수 있도록 하기 위해 이미 유형한 눈을 주셨다면, 무형한 것을 통찰하기[明] 위해 반드시 무형한 눈을 주셨을 것이다. 유형의 맛을 보게 하기 위해 이미 유형의 혀를 주셨다면, 무형의 맛을 볼 수 있도록 하기 위해 반드시 무형한 혀를 주셨을 것이다. 유형한 기관[司]은 유형한 사물을 거두어들이므로 그러한 기함이 있는 곳은 반드시 유형한 곳일 것이며, 무형한 기관[司]은 무형한 사물을 거두어들이므로 그러한 기함이 있는 곳은 반드시 무형한 곳일 것이다. 유형한 곳이란 뇌낭이요, 무형한 곳이란 아니마이다. ─ 아니마의 영능에는 기함·명오·애욕 등 세 가지 기관[司]이 있다고 하였는데 이상 네 개의 문단은 기함을 논한 것이다.

생각건대, 이것은 기함(기억)을 논한 것으로 대략 사람이 사물을 저장하여 때에 따라 쓰는 것과 억기(憶記)와 추기(推記)의 등속은 모두 기함에 달려 있는 것이며, 사기함(司記含)은 뇌낭으로 정골의 뒤에 있고, 영기함은 아니마로 무형한 곳에 있다고 하였다. 사기함이 두개골 정수리 뒤에 있다고 한 것은 우리 유교의 마음[心]에 관한 이론[心學]과 판연히 다르다. 무릇 사람의 몸은 안에는 장부(臟腑)가 있고 밖에는 백체(百體)

감각능력들은 뇌의 좋은 성품이 요구된다고 본다. "내적 감각능력들 ─ 예를 들어 구상력(imaginatio), 기억(memoria), 그리고 인식능력(cogitativa virtus) ─ 의 좋은 조건을 위해서는 뇌의 좋은 성품을 필요로 하기 때문에, 인간은 다른 모든 동물들보다 자신의 양적 크기(즉 몸집)에 비해 더 큰 뇌를 갖도록 만들어졌다. 왜냐하면 다른 동물들은 등이 굽은 채 다니는 데 반해, 오직 인간만이 직립동물이기 때문이다."(토마스 아퀴나스, 이재룡 외역(2013), 『영혼에 관한 토론 문제』, 나남, 171~172쪽)
62 아니마와 뇌낭(두뇌)을 말한다.

가 있으니 그 수를 어찌 한정하겠는가. 그럼에도 우리 유학에서 반드시 마음을 근본으로 삼는 것은 어째서인가. 마음이란 것은 광명하고 발동하여 신명이 오르내리면서 그것을 집으로 삼는 것이다. 그러므로 허령지각하여 한 몸의 주재가 되는 것이니, 기억을 저장하고 생각하고 응대하고 말하고 행동하는 것은 이 마음이 하는 바가 아님이 없다. 『시경(詩經)』에서 이른바 '마음속에 저장한다.'[63]라고 한 것, 맹자가 '마음의 직분〔官〕은 생각하는 것이다.'[64]라고 한 것, 주자가 이른바 '(마음은) 모든 이치가 갖추어져 만 가지 일에 응한다.'[65]라고 한 것이 이것이다. 만약 이 책에서 말한 것처럼 사람이 기억을 저장하고 생각하고 응대하고 말하고 행동하는 것이 모두 뇌낭이 하는 행위라면 마음은 하나의 군더더기가 되고 말 것이어서 허령지각이라고 말할 수 있는 바가 없게 된다. 이는 결코 있을 수 없는 이치이다. 영기함이라는 이론〔說〕의 경우, 또한 영기함은 무형한 곳에 있어서 무형한 사물을 기억한다고 하였으며, 이른바 사기함과는 각기 (다른) 하나의 것이라고 하였는데, 이는 대개 마음의 영명함이 헤아릴 수 없고, 생각이 만 가지 은미한 이치를 관통하는(思徹萬微)[66] 묘함을 살피지 못하고 억지로 영기함이 맡도록 한 것이다. 또한 도(道)와 기(氣)가 일치하고, 드러난 것과 은미한 것이 사이가 없으며 유형과 무형이 두 가지가 될 수 없음을 생각하지 않고 억지로 유형을 기억하는 것과 무형을 기억하는 것으로 나눈 것이다. 그 설이 지리하고 편벽되고 회피함이 또한 심하다.

그런데 뇌낭의 설은 또한 유래가 있다. 일찍이 의학책[67]에서 보았는

---

63 『시경(詩經)』, 「소아(小雅)」, 〈습상(隰桑)〉, "中心藏之, 何日忘之."
64 『맹자』, 「고자」 상, "心之官則思, 思則得之, 不思則不得也. 此天之所與我者."
65 『맹자집주』, 「진심」 상, "心者, 人之神明, 所以具衆理應萬事者也."
66 주희의 시 「재거감흥이십수(齋居感興二十首)」에 나오는 표현이다.

데 『(황제)내경』의 '천곡(天谷)은 원신(元神)[68]이 지키고 있으면 저절로 튼튼해진다.'는 문장을 인용하고 풀이하여 '천곡은 니환(泥丸)[69]인데 곧 원신(元神)의 집이며 영성(靈性)이 보존된 곳으로 이것이 신의 요체이다.'[70]라고 하고 또 '니환의 궁은 바로 혼백의 혈이다.'[71]라고 하였다. 니환(泥丸)이란 곧 원수(元首)로서 구궁의 하나이며 바로 뇌골의 가운데에

---

67 『동의보감(東醫寶鑑)』을 말한다. 『동의보감』은 선조의 내의원 허준(許浚, 1546~1615)이 선조의 명을 받아 종래의 의학 서적을 총괄하여 새롭게 저술한 것으로 광해군 3년(1611)에 완성되었고 광해군 5년(1613)에 간행되었다.

68 원신(元神)은 정신의 근본이라는 의미로 뇌 속에서 활동하는 정신을 말한다.

69 기공(氣功)에서 의념(意念)을 집중하는 부위로, 양미간을 의미하기도 하고, 정신활동이 발현되는 뇌를 말하기도 한다.

70 『동의보감』, 「외형편」, 〈頭〉에 다음과 같은 문장이 있다. "머리에는 9개의 궁(宮)이 있어서 9개의 천(天)과 상응하는데 그 가운데서 하나의 궁을 니환(泥丸)이라고 한다. 또한 황정(黃庭), 곤륜(崑崙), 천곡(天谷)이라고도 한다. 그 이름은 다양하나 곧 원신(元神)이 머무는 곳이다. 그 공간이 마치 골짜기와 같아서 신이 머물기 때문에 곡신(谷神)이라고도 한다. 사람은 원신이 있어야 살고 원신이 없어지면 죽는다. 원신은 낮에는 사물과 접촉하고 밤에는 꿈과 접촉하기 때문에 제자리에 편안히 거하지 못한다. 『황제내경(黃帝內經)』에 천곡이 원신(元神)을 지키면 자연히 튼튼해진다고 말한다. 사람의 몸 안에서 상초(上焦)에는 천곡인 니환이 있는데 원신을 간직하는 곳이다. 중초(中焦)에는 응곡(應谷)인 강궁(絳宮, 심장)이 있는데 기를 간직하는 곳이다. 하초(下焦)에는 허곡(虛谷)인 관원(關元)이 있는데 정(精)을 간직하고 있다. 천곡을 원궁(元宮)이라고 하는데 원신의 집이며 영성(靈性)이 보존된 곳으로 이것이 신의 요체이다〔是以頭有九宮, 上應九天, 中間一宮, 謂之泥丸. 曰黃庭, 又曰崑崙, 又謂之天谷. 其名頗多, 乃元神, 所住之宮. 其空如谷, 而神居之, 故謂之谷神. 神存則生, 神去則死. 日則接於物, 夜則接於夢, 神不能安其居也. 黃帝內經曰 天谷, 元神守之, 自眞言. 人身中, 上有天谷, 泥丸, 藏神之府也. 中有應谷, 絳宮, 藏氣之府也. 下有虛谷, 關元, 藏精之府也. 天谷, 元宮也, 元神之室, 靈性之所存, 是神之要也〕."

71 『동의보감』, 「외형편」, 〈頭〉 "물었다. 니환궁은 어디에 있는가. 대답하였다. 머리에는 9개의 궁이 있는데 가운데 것을 니환궁이라고 한다. 9개의 궁은 제각기 자리가 있는데 7규(七竅)와 응하여 통해 있으며, 니환궁은 혼백의 구멍〔穴〕이다〔問泥丸宮正在何處. 答曰頭有九宮, 中曰泥丸. 九宮羅列, 七竅應透, 泥丸之宮, 魂魄之穴也〕."

있다.[72] 지금 아니마의 학은 오로지 영성·영혼의 설을 주로 하고 있는데 뇌낭이라는 명칭은 또한 니환의 의미와 서로 부합한다. 지금 만약 이것으로 의학 이론을 논한다면 안될 것도 없다. 그러나 기억을 저장하는 것과 생각하고 응대하고 말하고 행동하는 것이 모두 뇌낭에 관계되고 마음은 그 사이에 관여하지 않는다고 말한다면 그것은 이치에 어긋나는 말이 되는 것이다.

'명오(明悟, 이성, intellectus, ratio)'는 둘로 나뉘지만, 합쳐서 하나가 된다. 두 가지로 나뉜 것에서 하나는 '작명오(作明悟, 능동이성, intellectus activus)'이고, 또 하나는 '수명오(受明悟, 수동이성, intellectus passivus)'이다.[73] 작명오는 수많은 형상(形像)을 지어내어 수명오의 일을 돕고,[74]

---

72 『황정경(黃庭經)』 등 도가서의 도교적 생명관으로부터 영향을 받은 『동의보감』에서는 인간의 머리에 9개의 궁이 있다고 본다. 인간의 뇌에는 그에 상응하는 9개의 구역이 있는데 이 9궁은 몸의 일곱 구멍과 통해 있어 감각·지각 작용을 주도한다. 그 가운데 니환궁(泥丸宮)은 가장 중심에 있는 것으로 하늘의 신과 교통하는 곳으로 여겨진다. 여기에 혼백(魂魄)이 드나드는 구멍이 있다는 것이다.

73 지성의 수동성과 능동성을 구분한 것은 아리스토텔레스다. 아리스토텔레스는 이성(지성)을 두 가지로 구분한다. 감각상(phantasmata)으로부터 현상들을 추상해 내는 것이 바로 능동이성이고 수동이성은 이를 받아들여 실제로 개념을 낳게 된다. 사물은 실체와 질료로부터 분리되어 감각 기관을 거쳐 인간의 내적 능력인 공통감각과 구상력을 통해 초상으로 받아들여지게 된다. 여기서 능동이성은 이 초상으로부터 이성적 원상을 추출하게 되고, 다시 수동지성은 이것을 통해 사물의 보편적인 원리와 속성을 획득하게 된다. 아리스토텔레스는 능동이성과 수동이성이 결합하여 이성이 제 역할을 완수한다는 통일적 관점을 제시하고 있다. 토마스 아퀴나스는 이 문제를 발전시켜 능동이성과 수동이성의 문제로 정식화하였다.

74 능동이성이란 인간만이 가진 능력으로, 감각 경험들로부터 추상적 정보를 취득하는 능력을 말한다. 외적 감각을 통해 포착된 정보는 공통감각에 의해 하나의 경험으로 통일되는데 이때 능동이성이 감각상을 '조명'하여 수동이성에 각인한다. "가능적으로 생각될 수 있는 대상을 현실적으로 생각될 수 있는 대상으로 만들기 위해서는 시각 세계에서의 빛과 비슷

수명오는 빛을 비추어 만물을 밝게 깨달음으로써 그 이치를 얻는다.[75] '일으킨다〔作〕'는 것은 능히 얻을 수 있게 하는 것이고, '받아들인다〔受〕'는 것은 그로써 그것을 얻는 것이다.

어찌하여 반드시 두 가지라고 말하는가? 대개 사물의 소연(所然, 원인, causa)에는 모두 두 가지의 '인과〔緣〕'가 있는데, 하나는 '작연(作緣, 능동적 인과)'이요, 다른 하나는 '수연(受緣, 수동적 인과)'이다. 먼저 '능동자〔作者〕'가 있고, 다음에 '수동자〔受者〕'가 있다. 시험 삼아 그릇을 가지고 말하자면, 그릇을 만드는 사람은 '능동자'가 되고, 사용하는 사람은 '수동자'가 된다. 또한 귀가 듣는 소리〔聲〕는 '능동자'가 되고, 귀로써 듣게 되는 것은 '수동자'가 되는 것과 같다. 만약 '능동'이 없다면, 어떻게 '수동'이 있을 수 있겠는가? 모든 소연이 다 이와 같은데, 어떻게 명오(明悟, 이성)만 그렇지 않을 수 있겠는가?

지금 여기에는 한 가지 이치가 있으니 이미 명오를 가지고 있다면, 이는 '원인'이 된다. 그 '인과'에 있어서, 먼저 밝힐 수 있는 '능동자〔作者〕'가 있고, 다음으로 밝히는 '수동자〔受者〕'가 있어야 마침내 밝혀지게 되는 것이다.[76] 시험 삼아 형체〔形〕를 가지고 있어 쉽게 볼 수 있는 것을 통해 풀이하자면, 대개 명오는 사물의 형체〔體〕와 사물의 재질

한 어떤 지성적 빛을 필요로 한다. 그리고 이 빛과 유사한 지성적 빛이 바로 능동이성이다."(앤소니 케니, 앞의 책, 65쪽) 그런데 아퀴나스는 능동이성 위에 하나의 상위의 지성을 상정한다. '사실 어떤 것을 분유하는 것, 가동적(可動的)인 것, 불완전한 것은 항상 그 자체에 앞서 그 본질에 의해 그런 것으로 있는 어떤 것, 부동적(不動的)이며 완전한 어떤 것을 선요청하는데 이는 다름 아닌 신(神)이다.'(『신학대전』 Ia, q.79, a.4)

75 수동이성은 관념들을 저장하는 역할을 한다.
76 "수동이성의 기능이 사고에 자리를 마련하기 위한 것이라면 능동이성의 기능은 그 방에 가구를 제공하는, 다시 말해 사고의 대상들을 창조하는 일이다."(앤소니 케니, 앞의 책, 59쪽)

〔質〕을 깨닫는 것〔明悟〕이 아니다. 반드시 그 형체와 재질은 버리고, 미묘〔微〕하고 현통〔通〕한 것을 정밀하게 인식한다.[77] '형체'와 '재질'은 '개별적〔專屬, individuatio〕'인 것이지만, '미묘'하고 '현통'한 것은 '보편 적〔公共, universale〕'인 것이다.

예를 들어 하나의 유형(有形)한 사물을 만날 경우 그 사물은 먼저 그 상(像)을 드러내고 (그것이) 나의 시각에 들어오게 된다. 이때 이 사물이 사라지면 그 상도 사라지는 것은 그 상이 사물의 '형체'와 '체질'에 전적 으로 매여 있기 때문이다. 이는 매우 조잡한 것으로 아직 명오의 (작용 을) 받을 수 있는 밝힐 수 있는 사물〔可明之物〕이 아니다. 그런 후에 그 상이 '공사(公司, 공통감각, sensus communis)'로 들어오게 되는데 공 사는 다섯 가지 감각기관〔司, organum〕의 공동 장소이다. 이 사물의 상은 이미 사물로부터 분리되어 있으나 (공사는) 사물의 개별적 상을 거두어들이지 않는 바가 없다. 상과 사물은 각각 얽히어 종속되어 있다. 이 상은 정밀한 상태와 조잡한 상태의 사이에 있으므로 아직 '밝힐 수 있는〔可明〕' 사물은 아니다.

이윽고 공사(公司, 공통감각)를 통해 사사(思司, 구상력, imaginatio)로 들어옴으로써 분별(分別)되면, 이 사물이 다른 사물과 구별되게 된다. 이미 피차(彼此)의 구분이 없을 수 없으나 상과 사물은 은밀하게 서로 종속되어 있기 때문에 크게 통용되는 것으로 변할 수 없으니 역시 아직 '밝힐 수 있는〔可明〕' 사물이 못 되는 것이다.

---

[77] 『신학대전』에서는 이를 다음과 같이 설명한다. "지성(이성)들이 물체들을 인식함에 있어 물체들을 통해 인식하는 것도 아니고 질료적이며 물체적인 유사를 통해 인식하는 것도 아니며 오히려 그 본질에 의해 영혼 안에 존재할 수 있는 비질료적이며 지성적인 형상(形 象)들에 의해 인식하기 때문이다."(『신학대전』, Ia, q.84, a.4, ad4)

그런 후에 작명오(作明悟, 능동이성)로 돌아옴으로써 사물의 형체와 재질로부터 완전히 벗어날 뿐만 아니라, 아울러 피차(彼此)의 구별도 모두 버리게 된다. (이때는) 단지 사물의 정미한 것만 남으므로 뭇 사물들의 보편적인 것은 깨달을 수〔明悟之〕 있게 된다.

비유하자면 여기에 한 자〔一尺〕 길이의 자가 있다고 하자. 나무가 형체와 재질을 이루는데 한 자〔尺〕는 그것의 전체가 되고, 한 마디〔寸〕는 그것의 부분이 될 것이다. 마땅히 깨달아야 하는 것은 전체의 길이가 부분의 길이보다 크다는 것이다. 시각〔目司〕 유형의 척도를 거두어들이는데 (자의 길이 단위인) 자와 마디는 형체와 재질에서 분리되지 않는다. 공사(公司)가 거두어들인 것은 나무의 형체를 벗어났지만 다만 형체의 모양〔形像〕은 남아 있으므로 자〔尺〕와 마디〔寸〕는 보편적으로 받아들여지고 보편적으로 저장되어 있는 다른 사물과 아직 분별될 수 없다. 사사(思司, 구상력)가 거두어들인 것은 이미 다른 사물로부터 구별되어 모양〔形像〕을 벗어났지만 유독 그 부분과 마디〔寸〕는 남아 있다. 작명오가 작동하면 자〔度〕에서 완전히 벗어나고 아울러 그 자〔尺〕와 마디〔寸〕는 단지 미묘하고 현통한 것으로 남겨지게 된다. 지극히 공변되고 가장 보편적인 것은 전체와 부분이다. 이것이 곧 밝혀질 수 있는 사물〔可明之物〕이 되어 작명오(作明悟, 능동이성)의 (작용을) 받기에 족한 것이 된다. 이미 밝혀질 수 있으면 수명오(受明悟, 수동이성)는 빛을 비추어 마침내 그에 따라 전체가 부분보다 크다는 것이 밝혀지게 된다.[78]

---

78 전체와 부분에 대한 설명을 통해 앞에서 말한 "명오(明悟, 이성)는 사물의 형체〔體〕와 사물의 재질〔質〕을 깨닫는 것〔明悟〕이 아니다. 반드시 그 형체와 재질은 버리고, 미묘〔微〕하고 현통〔通〕한 것을 정밀하게 인식한다."는 구절을 부연설명한 것이다.

또 예를 들어 흰 물건이 있다면 이는 볼 수 있는 흰색이지만 햇빛이 이르지 않았다면 다만 볼 수 있는 흰색일 뿐이고 이미 보이는 흰색이 될 수 없다. 햇빛이 이미 이르렀다면 마침내 그에 따라 볼 수 있다.[79] 작명오가 하는 일은 흰색이 보여질 수 있도록 하는 것이고 수명오는 빛을 비추어 흰색을 보는 것과 같다. 총괄하면 하나로 돌아간다는 것은 작명오와 수명오 두 가지 중 하나라도 없으면 명오(이성)의 역할을 완성할 수 없다는 것이다. 그러므로 이 두 가지를 총괄해서 아니마의 능력[80]이라고 한다. 시간을 재는 물시계를 예로 들어 비유하자면 상하에 각각 하나의 통〔斗〕이 있는데 하나는 물을 내리는 것을 주관하고 하나는 물을 받는 것을 주관한다. 두 가지에서 하나라도 빠지면 이미 하나의 도구가 될 수 없다. 이 두 가지를 합쳐야 비로소 하나의 물시계의 기능이 이루어지므로 총괄적으로 이름하여 시간을 측정하는 도구〔定時之器〕라고 한 것이다. ― 이 단락은 명오(이성)를 논한 것이다.

---

79 아리스토텔레스는 『영혼론』에서 다음과 같이 말한다. "기술(技術)이 질료에 영향을 미치듯이, 모든 것들을 산출하는 다른 어떤 원인과 영향을 주는 능력이 있기 때문에, 영혼 안에는 이러한 특징들이 반드시 있어야 한다. 이런 의미에서의 지성(이성)은 모든 것으로 되는 것이며, 또한 빛과 같은 어떤 성향을 통해 모든 것들을 만드는 것이다. 왜냐하면 어떤 의미에서 빛은 잠재적으로 존재하는 색깔들을 실질적인 색깔로 만들기 때문이다." (아리스토텔레스, 유원기 역(2001), 『영혼에 관하여』, 궁리, 223쪽)

80 토마스 아퀴나스는 『신학대전』 79문에서 영혼의 이성적 능력에 대해 검토하면서 '이성은 영혼의 능력인가 혹은 그것의 본질인가'에 대해 논한다. 여기서 토마스 아퀴나스는 영혼론 제5권에서 아리스토텔레스가 지성적인 것은 영혼의 능력이라고 한 것을 따라 이성이 영혼의 어떤 하나의 능력이지 영혼의 본질 자체가 아니라고 주장한다. 이성이 본질인 것은 오직 신뿐이다. 이성을 아니마의 '능력'이라고 보는 것은 아퀴나스의 중요한 입장 중 하나다. '작용 자체가 그것의 본질인 경우에만 작용하는 것의 본질 자체가 직접적 근원'이 되기 때문에 만일 이성이 아니마의 본질이라면 인간은 신과 마찬가지로 인식하는 것과 존재가 동일해진다. 이는 인간을 신과 같은 수준으로 높이는 것이 되므로 이는 신학자들에게 중요한 문제였다.

생각건대, 이는 명오(明悟, 이성)를 논한 것으로, 대략 명오라는 기관[司]에는 '작연(作緣, 능동적 인과)'과 '수연(受緣, 수동적 인과)' 두 가지가 있어서 작명오(능동이성)는 만상(萬像)을 만들어 수명오(수동이성)의 역할을 돕고, 드디어 수명오는 빛을 가하여 만상을 깨달아 그 이치를 얻도록 한다는 것이다. '작(作)'이라는 것은 능히 얻을 수 있게 하는 것이고,[81] '수(受)'라는 것은 그로써 그것을 얻는 것이다. 명오의 지극한 바를 논하여 '사물의 형체와 재질로부터 완전히 벗어날 뿐만 아니라, 피차의 구별도 모두 버리게 되어 단지 사물의 정미한 것만 남긴다.'고 말한다.

무릇 음과 양 두 기[二氣]가 교대로 운행하며 수ㆍ화ㆍ목ㆍ금ㆍ토의 오행이 순조롭게 베풀어져 삼라만상의 등속들이 그 가운데서 반드시 생명을 얻을 수 있는 것은 천리의 자연이 아님이 없으니 사람의 명오(이성)의 도움으로 그렇게 한 것이 아니다. 사람은 몸이 있으면 반드시 마음이 있어서 신명이 오르내리는 집이 되고 (이로부터) 지각이 나오게 된다. 그러므로 사람이 능히 사물의 이치를 깨달을[明悟] 수 있는 것은 마음의 영명함[心靈]이 하는 바가 아님이 없으니, 애초에 밖으로부터 와서 받아들이는 것이 아니다. 또한 이른바 사물의 이치를 깨닫는다[明悟]는 것은 역시 그 사물로 인하여 그 이치를 밝히는 것에 불과할 뿐이니 어찌 사람의 행위로써 빛을 가하는 것이겠는가.[82]

도(道)와 기(器)에는 비록 정밀함과 거침의 구분이 있지만 그 사물의 이치는 그 사물의 체(體)를 넘어서지 않는다. 만물의 이치는 비록 그 근원은 하나이나 나누어진 후에는 다양해서 모두 하나로 가지런히 할 수

---

81 『벽위편』에는 '能爲可得'이 아니라 '能爲可得受者'로 되어 있으므로 이에 따라 번역하였다.
82 『영언여작』의 비유적인 표현을 받아들이지 않는 것이다.

없으니 (이는) 그 형체 때문이다. 천성(天性)의 이론은 맹자에 드러나 있으며, 성인(聖人)[83]의 도는 반드시 일관됨을 귀하게 여긴다. 지금 아니마의 학설은 천지자연의 이치에 통달하지 못하여 망령되게 사적인 생각으로 (천지자연의) 조화를 엿보고 헤아려 만상이 일어나는 것이 명오의 작용의 도움에서 연유한다고 여긴다. 이는 우리 본심의 영명함을 살피지 못하고 한갓 그것이 바깥에 있는 사물의 본성[物性]을 밝힐 수 있음만을 보고 이로 인하여 억측하여 억지로 수명오(수동이성)의 설을 만든 것이요, 또한 사물의 이치의 본연이 사람의 지력으로 더하고 덜 수 있는 바를 넘어선다는 것을 알지 못하여 사람의 명오(이성)를 가지고 사물에 빛을 더한다고 말하는 것이다.

도(道)와 기(器)가 정밀함과 거칢으로 구분된다는 것과 근본은 하나이지만 만 가지로 달라지는 오묘함 같은 데에 이르러서는 더욱 그가 알 수 있는 바가 아니다. 그런즉 형체와 재질을 떠나고 피차의 구분을 버려 단지 그 정미한 것만 남는다고 말하는 데 이른 것이다. 천성(天性)을 형색(形色) 밖에서 구하면서 한 가지만을 말하고 관통하는 바가 없으니 이른바 '만물을 깨달아 그 이치를 얻도록 한다'고 하지만 허무하고 적적하며 텅 비어 아무것도 없는 지경에 빠져 실용에서 그것을 확인해 볼 수 없다. 이는 미봉책[牽補][84]으로 때우는 것이니 비록 교묘하다 해도 틈을 메운 것이 저절로 드러나는 것을 깨닫지 못하는 것이다.

애욕(愛欲, 욕구, appetitus)[85]은 나누면 셋이 되고 합치면 하나로 귀결

---

83 『벽위편』에는 '성인'이 아니라 '공씨의 도[孔氏之道]'로 되어 있다.
84 견보(牽補)란 담쟁이덩굴을 끌어다가 새는 지붕을 덮는다는 견라보옥(牽蘿補屋)을 줄인 말로, 근본적인 해결책은 강구하지 않고 임시로 미봉책을 쓴다는 뜻이다.
85 아리스토텔레스는 『영혼론』 2권을 통해 욕구의 문제를 다룬 바 있다. 토마스 아퀴나스는

된다. 세 가지란 첫째 '성욕(性欲, 본성적 욕구, appetitus naturalis)'이요, 둘째 '사욕(司欲, 감각적 욕구, appetitus sensitivus)'이요, 셋째 '영욕(靈欲, 이성적 욕구, appetitus intellectivus)'이다.[86] 성욕(본성적 욕구)이란 만물이 공유하고 있는 것으로 생혼·각혼·영혼이 모두 가지고 있는 것이다. 그것은 모두 각자의 실정이 (자기에게) 마땅한 데로 치우쳐 오로지 그 쪽으로 나아가려고 하는 것이지 인식하는 것을 기다리지 않는다. 예를 들어 돌은 아래로 향하고자 하여 땅의 중심으로 나아가고 불은 위를 향하고자 하여[87] 본래의 장소로 나아간다. (이는) 또한 바다의 물고기가 오로지 바다로 향하고자 하는 것과 같고 또한 사람이 오로지 영원한 삶과 참된 복으로 나아가고자 하는 것과 같다. 이러한 마땅한 바를 버리면 비록 백방으로 억지를 쓴다 하더라도 편안하지 않아서 반드시 그만두게 된다. 아우구스티누스(Augustinus, 亞吾斯丁)[88]는 "주(主)께서 사람의 마음을 자기를 향하도록 만드셨으니 (인간의) 만 가지 복으로도 채울 수 없다. 주(主)를 얻지 못한다면 평안할 수 없다."라고

『신학대전』 80문에서 욕구의 문제를 영혼의 특수한 능력으로 다룬다.

86 욕구를 세 가지로 구분한 것은 영혼을 세 가지로 구분한 것과 연결되어 있다. 식물혼은 본성적 욕구만을 가지고 동물혼과 이성혼은 감각적 욕구까지 가지며 이성혼만이 이성적 욕구를 가진다.

87 『신학대전』에 다음과 같은 문장이 있다. "어떠한 형상(形相)에도 어떤 경향이 따른다. 예컨대 그것은 불이 자기 형상에 따라 위의 장소로 (오르려는) 경향을 가지며 또 자기와 같은 것을 발생시키려는 경향을 갖는 것과 같은 경우이다."(『신학대전』 권11, 80문, 165쪽)

88 아우구스티누스(Aurelius Augustinus, 354~430)는 초기 기독교 교회의 대표적인 교부다. 신(新)플라톤학파의 철학을 도입하여 교의의 이론적인 기초를 다졌다. 자서전인 『고백록(Confessiones)』, 『신국론(神國論)』 등의 저서는 유럽 사회에 상당한 영향을 끼쳤다. 그는 세계가 신의 이데아에 따라 그 의지에 의해 창조된 것이고, 원죄를 짊어진 인간은 악을 행하는 자유를 가질 뿐이며, 구원은 오로지 신의 은총에 의해 가능하다고 주장한다. 이 구원의 대상이 누가 되는가는 신의 영원한 예정에 의한 것이라고 보는 예정설을 주장했고 교회가 이 은총을 매개한다고 주장함으로써 교회의 역할을 강조하였다.

말하였다.

사욕(司欲, 감각적 욕구)은 생혼만 가진 식물에게는 없고, 각혼과 영혼을 가진 동물과 인류에게 있는 것이다. 이것은 각각의 실정이 치우친 것으로, 육체적 즐거움의 선성〔美好〕[89]에 치우친 것이니 사람에게 있어서는 하급의 욕구〔下欲〕이다. 이 하급의 욕구는 사람을 아래로 낮추어 금수의 실정에 가깝게 하는 것이며, 사람으로 하여금 보편적이고 공적인 것〔大公〕을 잃게 하여 오로지 자신의 사사로움만 친하게 하는 것이다.

영욕(靈欲, 이성적 욕구)이란 생혼이나 각혼을 가진 사물에게는 없고 오직 영재(靈才)를 가지고 있는 천신(天神, 천사, angelus)과 사람만이 가지고 있는 것이다. 영욕의 실정이 지향하는 것은 의로움의 선성〔義美好〕으로 향하는 것이다. 사람에게 있어서는 아니마의 본체에 거하므로 상급의 욕구〔上欲〕이며 (이것만이 진정한) 애욕(愛欲, 욕구)이 된다.

사욕과 영욕은 몇 가지 점에서 다르다. 첫째, 영욕은 리(理)와 의(義)가 이끄는 바를 따르지만 사욕은 사사(思司, 구상력)가 이끄는 바를 따른다. 둘째로 영욕이 행하는 바는 모두 자제에 의한 것이지만 사욕이 행하는 바는 자제에 의한 것이 아니라, 오직 바깥 사물이 시키는 대로 본성을 따르고 의(義)를 따르지 않는다. 이 욕구가 금수에게 있으면 결코 자제하지 못하며, 한 번 욕구할 만한 것을 보면 그것을 따르지 않을 수 없게 된다. 그러므로 성 토마스(St. Thomas, 聖多瑪斯)[90]는 "금수가

---

89 이는 삼비아시가 라틴어의 '善(bonum)'을 '美好'로 옮긴 것이다.

90 토마스 아퀴나스(St. Thomas Aquinas, 1225~1274)는 가장 탁월한 중세 신학자로 평가받는다. 도미니크회의 수사가 된 뒤 파리대학에 입학하여 당시 최고 현자로 불리던 알베르투스 마그누스의 문하에서 공부한다. 그는 50세로 세상을 떠날 때까지 주저인 『신학대전』을 비롯해 수많은 저서를 남겼다. 토마스 아퀴나스는 종교를 위해 철학을 이용하는 당대 신학의 풍토와 달리 플라톤·아리스토텔레스 등의 그리스 철학을 스콜라 철학에 적용함으

행하는 바는 (진정으로) 행한다고 할 수 없고 행함을 입는 것이다."라고 하였는데, 이것은 자제할 수 없음을 말한 것이다. 이 욕구가 사람에게 있으면 한 번 욕구할 만한 것을 보면 혹 곧바로 따르기도 하고 혹 선택하기도 하며 혹 따를지 말지 사이에서 정하지 못한 채 결정을 미루기도 한다. 이와 같은 것은 약간 자제하는 것과 비슷하나 실은 영욕에 의해 명령을 받아 그렇게 된 것이지 본질로부터 말미암은 것이 아니므로 자제의 가상(假象)일 뿐이다.

세 가지를 총합하여 하나로 귀결된다는 것은 그 세 가지가 본래의 실정에 따라 비록 세 가지 지향이 있으나 예를 들어 성욕이 본래 지향하는 것은 이로움의 선성〔利美好〕이고, 사욕이 본래 지향하는 것은 즐거움의 선성〔樂美好〕이며, 영욕이 본래 지향하는 것은 의로움의 선성〔義美好〕이라고 해도 총체적으로는 선성〔美好〕 하나로 귀결된다는 것이다. 그래서 세 가지를 합하여 한 가지로 귀결된다고 하는 것이다. ―이 단락은 애욕(욕구)을 논한 것으로 아래 두 단도 모두 같다.

생각건대, 이는 세 가지 욕구를 분석한 것으로, 만일 기뻐할 만한 점이 있다고 해도 자세하게 평가해 보면 조금도 옳은 곳이 없다. 저들이 논한 성욕(본성적 욕구)의 이론과 우리 유학에서 성(性)을 논한 것은 얼음

로써 기독교 사상을 발전시켰다. 그의 학문적 목표는 철학과 신학의 조화였다고 말할 수 있다. 철학과 신학의 조화를 위해서 특별히 이성이 요구되었는데, 계시를 통해서만이 아니라 이성을 통해 신앙의 일부를 증명하는 것이 가능하다고 여겼던 것이다. 토마스 아퀴나스는 인간이 이성으로 인해 신의 모상(imago dei)이 될 수 있고 스스로 행동의 주인이 될 수 있다고 생각했다. 그는 모든 인간의 행위가 이성에 의해 규정된다는 점을 분명히 한다. 토마스 아퀴나스에 따르면 신은 자신을 인식하는 능력인 이성을 인간에게 부여했는데 인간은 이 이성을 통해 선과 악을 구별할 수 있다. 이성으로 인해 인간은 불완전하더라도 신을 향해 나아갈 수 있다고 보는 것이다.

과 석탄처럼 판연히 다르다. 진실로 우리 유학의 서적에서 돌이켜 구하여 본성과 이치의 실제를 볼 수 있다면 저들 이론의 진위는 장차 말할 수 있을 것이다. 『시경(詩經)』에 "하늘이 뭇 백성을 내심에 사물이 있으면 반드시 그에 따른 법칙도 있게 하셨네. 백성은 떳떳한 성품을 가졌으니 아름다운 덕행을 좋아하네."[91]라고 하였다. 대개 사람은 천지의 바른 이치를 받아 떳떳한 본성〔秉彝之性〕으로 삼았기 때문에 좋아하는 바가 오직 아름다운 덕행에 있다는 말이다. 그렇다면 덕행을 좋아하는 마음을 일러 성욕(性欲, 본성적 욕구)이라고 하는 것이 옳다. 만약 반드시 형기의 본성〔形氣之性〕을 함께 가리켜 그 설을 갖추고자 한다면 (맹자가 말한) "입이 맛을 보고 눈이 색을 보며 귀가 소리를 듣고 코가 냄새를 맡고 사지가 편안함을 추구하는 것 역시 성(性)이다."[92]라는 것과 같다. 그렇다면 맛·빛깔·소리·냄새 같은 부류를 성욕이라 하는 것 또한 괜찮다.

(저들이 말하는) 영원히 살고자 하는 욕구에 이르러서는 비단 떳떳한 성품이 덕을 좋아하는 본성에 준거한 것이 아닐 뿐더러 형기의 본성과 섞어 놓았으니, 역시 타당하지 않다. 그것은 다만 노장과 석가와 같이 후세에 사리사욕을 추구하는 무리들로부터 나온 것으로 지금 그 나머지 이론을 주워 모아 사람의 본성이 오로지 영원한 삶과 진정한 복을 욕구

---

91 『시경』, 「대아(大雅)」, 〈증민편(烝民篇)〉, "天生烝民, 有物有則, 民之秉彝, 好是懿德."
92 『맹자』, 「진심」 하, "맹자가 말씀하셨다. 입이 맛을 보고 눈이 색을 보며 귀가 소리를 듣고 코가 냄새를 맡고 사지가 편안함을 추구하는 것은 모두 본성적인 것이지만 (얻고 얻지 못하고는) 명에 달린 것이므로 군자는 (이를) 본성이라고 하지 않는다. 부자관계에서의 인, 군신관계에서의 의, 손님과 주인 관계에서의 예, 현자에 있어서의 지혜, 성인에 있어서의 천도는 모두 명이지만 본성적인 것이 있으므로 군자는 이를 명이라고 하지 않는다〔孟子曰, 口之於味也, 目之於色也, 耳之於聲也, 鼻之於臭也, 四肢之於安佚也, 性也, 有命焉, 君子不謂性也. 仁之於父子也, 義之於君臣也, 禮之於賓主也, 智之於賢者也, 聖人之於天道也, 命也, 有性焉, 君子不謂命也〕."

하는 데 있다고 구구절절 견강부회〔傳會〕한 것이다. 이것이 그들 이론의 구차함이니 진실로 천하를 속이기에 부족하다.

"이러한 마땅한 바를 버리면 비록 백방으로 억지를 쓴다 하더라도 편안하지 않아서 반드시 그만두게 된다."고 한 데 이르러서는 더욱 따질 만한 것이 못된다. 영원한 삶과 참된 복이 비록 인정이 치우치기에 마땅한 바라 할지라도 이미 몸이 쇠하고 기가 다하면 억지로 하는 것을 기다리지 않아도 죽을 것이니 죽더라도 명(命)에 통달한 군자는 일찍이 편안하지 못한 마음을 가진 일이 없다. 비록 편안하지 못한 마음이 있더라도 이미 죽은 이후에는 형체가 썩고 정신 역시 흩어지므로 본래 다시 사는 이치가 없으니 이른바 '억지를 쓴다 해도 편안하지 않으니 반드시 그만두게 된다.'는 이치가 또한 어디에 있겠는가.

저들이 논한 사욕과 영욕의 이론에서 사욕은 사사(司思)가 이끄는 바에 따라 육체적 즐거움의 선성〔形樂之美好〕에 치우치고, 영욕은 리(理)와 의(義)가 이끄는 바를 따라 의로움의 선성〔義美好〕으로 향한다고 말하는 것은 우리 유학의 인심(人心)과 도심(道心)의 설과 비슷하여 취할 만하지 않은가 생각해 볼 수 있지만 그 실상은 크게 같지 않음이 있다. 생각하는 것은 마음의 직분〔心之官〕으로, 그 생각이 리(理)에서 나오면 도심(道心)이 되고, 그 생각이 기(氣)에서 나오면 인심(人心)이 된다. 주자의 이른바 "어떤 것은 성명의 올바름에 근원하고 어떤 것은 형기의 사사로움에서 생기니 지각하는 바가 같지 않기 때문이다."[93]고 한 것이

---

93 『중용(中庸)』, 「중용장구서(中庸章句序)」, "마음의 허령지각은 하나일 뿐이지만 인심과 도심의 차이가 있게 되는 것은 어떤 것은 형기의 사사로움에서 생기고 어떤 것은 성명의 바름에 근원하여 지각하는 바가 같지 않기 때문이다〔心之虛靈知覺一而已矣, 而以爲有人心道心之異者, 則以其或生於形氣之私, 或原於性命之正, 而所以爲知覺者不同〕."

이것이다. 지금 만약 전적으로 육체의 즐거움에만 치우쳐 있는 것을 생각[思]이라 한다면 일찍이 이 마음은 신명해서 헤아릴 수 없는 것이라 하였는데 생각한 바가 형기의 사사로움에 그치겠는가? (그에 따르면) 무릇 사람이 선한 일을 하려고 생각하는 것도 역시 육체의 즐거움에 치우친 것이라고 할 수 있는데 『서경』, 「홍범」편에서 말한 "생각은 슬기로움[睿]을 말하는 것이요, 슬기로워야 성인이 된다[思曰睿, 睿作聖]."고 한 것에서 즐거움[樂]94은 무엇을 가리키는가?

또한 마음은 한 몸의 주재이면서 사려하는 것인데 마음의 생각함이 혹 외물에 의해 이끌려지는 때가 있어도 마음의 생각함 위에 다시 한 사물[理義]이 있어서 마음의 생각함을 이끄는 것이 아니다. 외물이 밖으로부터 들어와 마음을 이끌어 낸다면 그것을 일러 이끈다고 해도 괜찮다. 그러나 리(理)와 의(義)는 하늘로부터 부여받은 시초에 사람의 본성 속에 갖추어져 있으므로 군자는 오직 이것을 확충하고 그에 따라서 행할 뿐이다. 이 몸의 바깥에 리(理)와 의(義)가 스스로 한 사물이 되어서, 리(理)와 의(義)가 사람을 이끌고 사람이 그것을 따라가는 것이 마치 사람이 말을 끌고 말이 사람을 따르는 것과 같은 것이 아니다. 그가 말하는 리(理)와 의(義)가 이끄는 바에 따른다는 것은 또한 오류가 아니겠는가.

다음 글에 사욕(司欲, 감각적 욕구)의 실행을 논하면서 성(性)에 따른 것이요, 의(義)에 따르는 것이 아니라고 한 설에 이르러서는 잘못이 더욱 분명하게 드러난다. 그는 리(理)와 의(義)가 성(性) 가운데 갖추어져 있음을 알지 못하고 성(性)과 의(義)를 나누어 둘로 만든 것이다. 성을 따르는 것을 잘못되었다고 한 것에서 그가 대본(大本)을 알지 못한다는 것을 참으로 알 수 있다. 그리고 사람의 성욕이 이미 영원한 삶과 참된

---

94 『벽위편』에는 '즐거움[樂]'이라는 글자가 없다.

복에 있다고 하였으니 영원히 산다는 이론을 잘못되었다고 하지 않은 것인데 유독 본성을 따르는 것만 그르다고 하는 것은 또한 유독 어째서인가? 이리저리 변명해 가는 가운데 전후가 서로 (맞지 않음을) 가릴 수 없게 된 것이다.

'선성'에는 세 가지가 있다. 첫째는 '즐거움의 선성[樂美好]'이고 둘째는 '이로움의 선성[利美好]'이며 셋째는 '의로움의 선성[義美好]'이다. 세상에 있는 만물의 '선성'은 '최고의 선성[至美好, 최고선]'의 작은 부분일 뿐이지만 천주(天主)는 곧 완전한 선성[完全之美好][95]이어서, 즐겁고 이롭고 의로운 것이 갖추어지지 않은 바가 없고, 완전히 갖추지 않은 바도 없다. 그러므로 세상 만물의 선성[美好]은 애욕(愛欲, 욕구)의 부분적 대상이 되고, 천주는 애욕의 전체적인 대상이다. 세상 만물을 비록 모두 얻을 수 있다 해도 나는 만족할 수 없고 편안할 수 없으나 천주의 참된 복을 내가 얻으면 지극히 만족하고 지극히 편안하게 된다.

즐거움의 선성과 이로움의 선성은 모두 사물에 고착된 것으로, 사물의 선성을 쉽게 볼 수 있기 때문에 보통 사람이나 못난 사람들도 모두 바라며 나아간다. 그러나 의로움의 선성은 사물의 바깥에 있어, 평상시에 볼 수 있는 바가 아니고, 반드시 지혜와 생각으로 헤아릴 수 있어야 그 선성[美好]을 알아서 얻기를 바랄 수 있다. 그러므로 (애욕의) 대상 중에 어려운 것이어서 오직 군자(君子)만이 그렇게 할 수 있다.

이 세 가지 선성을 바라고 나아감에 어렵고 쉬운 등급이 나뉘어 다른 까닭은 사람의 영혼이 육체에 매어 있기 때문이다. 즐거움과 이로움은 최고로 육체가 매우 편하게 여기는 것이지만, 의로움의 선성은 영혼은

---

95 라틴어 '완전한 선(bonum perfectum)'을 의미한다. 아퀴나스에게 완전한 선은 행복이다.

편하게 여겨도 육체는 불편하게 여기기 때문이다.

천주의 경우라면 그 선성이 되는 바가 전혀 형상(形像)이 없으므로, 평범한 사람들이 볼 수 있는 바가 아니다. 반드시 원대한 생각과 탁월한 식견으로 사색이 (다른 이들을) 뛰어넘어야 천주의 선성을 알 수 있다. 가령 어떤 사람이 천주의 이 선성을 목적〔向〕으로 삼을 수 있다면 그의 행동은 반드시 즐거움과 이로움을 아득히 벗어나 차라리 세상의 만 가지 즐거움을 버리고 만 가지 고통을 받을지라도 또 차라리 세상의 만 가지 이로움을 버리고 만 가지 해로움을 취할지라도, 반드시 의로움을 얻은 뒤에야 그만두고자 할 것이다.

무릇 사람들이 고생을 달게 여기고 위험을 무릅쓰면서도 구하려고 하는 것은 즐거움과 이로움이 그 가운데에 있기 때문이다. 천주를 찾아 얻으려면 온갖 고통과 해로움을 받아야 하는데도 흔연히 하고자 하는 것은 지극한 즐거움과 큰 이로움이 그 가운데에 있기 때문이 아니겠는 가? 다만 일상적인 식견이나 생각으로는 여기에 이를 수 없는 것이다. 그래서 비록 지극한 즐거움과 큰 이로움이 완전히 갖추어져 만족스럽다 하더라도 도리어 세상의 잠깐의 즐거움과 미미한 이로움이 사람의 뜻을 움직이기에 족한 것이다. 평범한 사람들은 오로지 육체를 따라 오직 즐 거움과 이로움만을 구하지, 그것이 의(義)를 어기고 천주를 거스르는 일인 줄 알지 못한 채 온갖 죄악에 빠진다. 그래서 죄인을 어리석은 사람이라고 하는 것이다.

어째서 (욕구는) 오직 최고의 선성〔至美好, 최고선, bonum ultimum〕 에 대해서는 자유롭게 선택〔自專〕하지 못하면서도 '지극히 자유로운 선 택〔至自專〕'이 된다고 하는가?[96] 만약 최고의 선성을 분명히 알 수 있으

---

[96] 여기서 말하는 자유롭게 선택함〔自專〕은 스콜라 철학에서 말하는 자유 의지에 해당한

면, 곧 그것을 사랑하지 않을 수 없으니 이 형세는 자신에게 달려 있지

다. 『신학대전』에서는 '이성의 판단은 각기 다른 것들에 대해 열려 있어 하나에로 결정되어 있지 않다. 이렇게 인간은 이성적이라는 바로 그것 때문에 자유 의지를 가져야 한다(『신학대전』 1부, q.83, a.1).'고 말한다. 이에 기반하여 『영언여작』의 원문에서는 자유 의지를 다음과 같이 설명한다. "어떠한 것을 자유롭게 선택〔自專〕한다고 하는가? 자유롭게 선택할 수 있다는 것은 오직 이성적 욕구〔靈欲〕를 가리키는 것이다. 이성적 욕구가 사람에게 있으면 스스로 주재할 수 있다. 대개 이성〔明悟〕이 제시하는 일체의 대상 중에는 비록 좋아할 만한 것도 있고 싫어할 만한 것도 있지만 (중략) 좋아하고 싫어할 만한 것들은 허공에 매달린 채 (욕구가) 버릴지 취할지를 기다린다. (중략) 오직 인간 안의 이성적 욕구만이 먼저 그것이 이치에 맞는지를 안 이후에 행위하는 것이다. 그러므로 스스로 주체가 되는 행위〔自爲主之行〕이다〔何謂得自專. 得自專者, 亦獨指靈欲也. 靈欲在人, 自能主宰. 凡明悟所呈, 一切所向, 雖有可愛有可惡. (중략) 或可愛可惡, 虛懸以待其去取. (중략) 惟靈欲在人, 先知其合理與否而後行之. 故自爲主之行〕."(『영언여작』 권2) 『천주실의』에서 자유 의지는 '자주지의(自主之意)'로 표현된다. "(조수(鳥獸)들은) 상제의 명령에 따라 그렇게 하지 않을 수 없는 것이지 그 이유는 알지 못합니다. 그것들은 스스로 주재하는 의지〔自主之意〕가 없습니다. 우리 인간들은 스스로 주장을 세울 수 있으니 일을 행할 때 모두 본래 가지고 있는 이성적인 능력(靈志)을 사용합니다〔上帝之命, 出于不得不然. 而莫知其然, 非有自主之意. 吾人類則能自立主張, 而事爲之際, 皆用其所本有之靈志也〕."(『천주실의』 권4) 또 다른 다른 예수회 선교사 줄리오 알레니가 쓴 『성학추술』에서는 '자전지권(自專之權)'이라고 표현된다. "각 사람마다 각각 하나의 혼이 있는 것은 각각 조물주가 생명을 부여했기 때문이니 실제로는 조물주의 체가 아님을 알아야 합니다. 선한 자, 악한 자, 현명한 자, 어리석은 자의 구별은 각자가 스스로 쌓은 바에 따라 이루어집니다. 조물주는 분명히 자유롭게 선택할 권리〔自專之權〕를 부여하셨고 스스로 택한 바에 맡기셨습니다〔當知人人各有一魂, 各緣造物主化生賦畀, 而實非造物主之體, 至於善惡賢不肖之別, 乃緣各人自所習成. 造物主分明界人以自專之權, 而聽其所自擇〕."(『성학추술』 권1) 인간만이 이성적인 능력을 통해 스스로 주재하는 의지를 가진다. 이 스스로 주재하는 의지가 중요한 것은 그것이 선을 행할 것인지 악을 행할 것인지 결정하는 능력이기 때문이다. 신후담은 이 맥락에서 특별히 자전이라는 말에 주목하고 있지 않지만 정약용은 달랐다. 신후담과 마찬가지로 『천주실의』 등의 서학서를 접했던 정약용은 이를 자기 방식으로 해석하여 다음과 같이 말한다. "하늘은 사람에게 스스로 주관할 수 있는 권리〔自主之權〕를 주어 그로 하여금 선을 행하고자 하면 선을 행하고 악을 행하고자 하면 악을 행하도록 하여 (그 선택의 방향이) 유동적이어서 하나로 정해지지 않게 하였다〔故天之於人, 予之以自主之權, 使其欲善則爲善, 欲惡則爲惡, 游移不定〕."(『孟子要義』 권1)

않다는 것을 말하는 것이다.[97]

어째서인가? 분명하게 안 이후에는 여러 지극한 즐거움과 큰 이로움을 원할 수 있고 구할 수 있어서, 애욕(욕구)이 지향하는 것이 완비되어 만족스러워, 스스로 애욕을 전적으로 통섭(統攝)하면서 욕구하게 되는데, 이것이 아니마의 애욕의 '완전한 대상(목적)'[全向]이 되는 것이다.

그러므로 얻은 것이 지극한 만족을 얻게 되고, 지극한 편안을 얻게되고, 지극한 즐거움을 얻게 되며, 지극한 이로움을 얻게 되며, 지극한 의로움을 얻게 된다. 이것은 사랑하지 않을 수 없는 것이므로 자유롭게 선택[自專]할 수 없는 것이다. 그러나 이렇게 선택할 수 없는 것은 바로 (인간의) 본래 성품이 최고의 목적[向]으로 삼아 지극히 사랑하고 지극히 바라는 바이니 그러므로 또한 지극히 자유로운 선택[至自專]이 되는 것이다.

생각건대, (선성을 논한) 두 단락에서 누누이 되풀이한 것은 의로움의 선성[義美好]에 반드시 지극한 즐거움과 큰 이익이 있어서 세상 사람들을 유혹한다고 말한 것에 불과하다. 무릇 선을 행함에 복을 요구하는 것이 옳지 않음은 앞에서 이미 변론하였으니[98] 지금 거듭 말하지 않고 우

----

97 토마스 아퀴나스에 따르면 인간의 영혼은 인식과 욕구의 능력을 모두 가지고 있어서 어떤 것이 더 좋은 것인지 인식하여 판단한 후에 이를 욕구하고 선택할 수 있다. 특히 인간은 자유의지를 가지고 있기 때문에 선(善)을 욕구의 대상으로 지향하게 된다.
98 『하빈선생전집』에는 나중에 적은 것으로 보이는 문장이 행간에 적혀 있는데 작은 글씨로 되어 있어 판독이 어렵다. 한편 『벽위편』에는 『하빈선생전집』에 없는 긴 문장이 포함되어 있다. 확인 가능한 글자로 추정하였을 때 『벽위편』의 내용과 거의 일치하는 것으로 보인다. 『벽위편』의 문장을 옮기면 다음과 같다. "이미 '지극한 즐거움이 있다'고 하고, 또 '큰 이익이 있다.'고 하며, 또 '지극히 만족하다.'고 하고, 또 '지극히 편안하다.'고 하며, 또 '지극히 의롭다.'고 하여 과장하고 펼치며 어지럽게 말해서 세상 사람의 마음을 속여

선 그 문장을 기록하여 그들의 학문이 오로지 이익에서 나온 것이 이와 같음을 보이고자 한다.

제3편 아니마의 존엄이 천주와 비슷함을 논함

세상의 모든 사물들은 그것이 선성[美好]의 정수(精粹)라 하더라도 모두 한정된 도수(度數)를 가지고 있다. 그것들은 천주의 한이 없는 선(善)함과 한이 없는 오묘함과 서로 같을 수 없으며, 또한 헤아릴 수 없이 수많은 것들 중에서 한두 가지라도 조금도 천주와 비슷할 수 없다. 지금 아니마가 천주와 비슷하다고 말하는 것은 단지 임시로 빌려서 비유한 것일 따름이니 아니마는 천주의 그림자일 뿐이다. 형상과 그림자는 같은 것일 수 없으며, 크고 작음, 많고 적음을 비교할 수 없는 것이다. 만일 이 의미를 깨닫지 못하고 그 말에만 구애되어, '내가 진실로 (천주와) 비교하여 견줄 수 있다.'고 말한다면 어찌 천주를 꺾어 누르고 사람들에게 막대한 오만(傲慢)을 조장하는 것이 아니겠는가?

이후의 여러 비유들은 오로지 천주의 전능하시고 지혜로우시며 지극히 선한 본성을 현양(顯揚)하고 또 사람의 아니마에 무궁한 은혜를 널리 베푸셨음을 찬미하기 위해 말한 것이다. 서로 비슷하다고 말한 것은 여러 가지 단서가 있지만, 종합하면 세 가지로 귀결된다. 하나는 '본성[性]'

꾀어 내고 있음을 감출 수 없다. 군자가 선을 행하는 것은 복을 받기 위함이 아니라는 것은 앞에서 이미 논하였으니 지금 반드시 중첩하여 말할 필요가 없다[旣日有至樂也, 又日大利也, 又日至足也, 又日至安也, 又日至義也, 浮誇舖長紛然說去, 而其誑誘世人之心, 不可掩也. 君子爲善, 非爲要福, 前已論之矣. 今不必疊說].'' 『하빈선생전집』의 필사자가 후에 다른 판본을 참조하여 세필로 기록된 부분을 첨가한 것으로 보인다. 『벽위편』은 『하빈선생전집』의 원문을 수정 보완하였거나, 『하빈선생전집』의 최초 저본 외에 다른 판본을 통해 수정 보완했을 가능성이 있다.

이요, 또 하나는 '형상〔模〕'이요, 다른 하나는 '작용〔行〕'이다.

생각건대, 이 편에서 논한 것은 대개 앞 편을 많이 답습하고 있으므로 지금 모두 거론할 필요가 없다. 우선 그 편의 첫머리 한 단락을 수록하고 그것을 아래와 같이 변척한다. 저들은 천주가 마땅히 우리 유가가 말하는 상제에 해당한다고 하고 아니마가 우리 유가의 이른바 혼에 해당한다고 여긴다. 무릇 상제는 하늘의 주재이니 천주라는 칭호는 이치가 없는 것이 아니다.[99] 사람의 혼을 아니마라고 이르는 것도 이미 서양의 방언이므로 역시 뜻에 손상을 주지 않는다.

다만 아니마를 천주에 견주어 그 존엄이 비슷하다고 한 것은 크게 그렇지 않은 바가 있다. 우리 유학에서 혼을 논할 때에는 대개 반드시 백(魄)과 대대(待對)하여 거론한다. 혼이라는 것은 양기의 신령한 것으로서 펴지는〔伸〕 것을 주로 하며, 백이라는 것은 음기의 신령한 것으로서 굽히는〔屈〕 것을 주로 한다.

만약 상(象)으로 유추한다면 마치 하늘에 귀(鬼)와 신(神)이 있는 것과 같다. 신(神)은 펴지는 것이고 하늘의 양의 신령함이며, 귀(鬼)는 굽혀지는 것이고 하늘의 음의 신령함이다. 그러므로 음양의 굽혀지고 펴지는 것〔屈伸〕의 자취는 하늘에 있어서는 귀신이요, 사람에 있어서는

---

[99] 천주(天主)는 마테오 리치의 선임자였던 루지에리가 중국인 조력자의 도움을 받아 처음으로 만든 교리서 『천주실록』에서부터 사용된 예수회의 새로운 조어였다. 마테오 리치는 『천주실의』를 통해 자신들이 말하는 천주가 고대 중국의 경전에 등장하는 상제(上帝)였다는 과감한 주장을 펼쳤다. 이 구절은 이러한 마테오 리치의 접근이 어떻게 유학자의 입장에서 받아들여질 수 있는지를 보여 준다. 서학을 객관적으로 수용하고자 했던 성호 이익이나 안정복·신후담처럼 서학을 비판했던 이들도 '천주'라는 명칭에 이치가 없지 않다고 여겼던 것이다. 하늘〔天〕에 주(主)가 있다는 발상은 곧 하늘에 상제가 있다는 전통적 관념을 다르게 표현한 것으로 여겨졌을 것이다.

혼백이라고 이른다. 이와 같은 것은 서로 비슷하기 때문에 서로 유비할
수도 있는 것이다. 그러므로 『예기』에서는 "사람도 역시 귀와 신이 모인
것이다."[100]라고 하였고, 주자는 그 뜻을 펼쳐 "백(魄)이란 귀(鬼)가 왕
성한 것이요, 혼(魂)이란 신(神)이 왕성한 것이다."[101]라고 말하였으니
이것은 이치에 맞는 말이다.

그러나 상제의 경우에는 주재한다는 것 때문에 이름을 얻은 것이고
음양의 굽히고 펴는 자취와는 본래 분별이 있는 것이니 그것을 사람의
혼에 비교할 수 없음은 명백하다. 그러므로 경전 가운데에 상제에 관해
말한 것이 한둘이 아니며 혼백에 관해 말한 것도 한둘이 아니지만, 일찍
이 상제와 혼백을 유비하여 논한 것이 없으니 진실로 유비할 수 없음을
알 수 있다.

지금 이 책(『영언여작』)이 아니마를 논함에 비록 아니마를 혼이라고
하지만 그 논하는 바를 살펴보면 음양이 굽히고 펴지는 것의 자취에 대
해 일찍이 간략하게라도 언급하지 않으므로, 우리 유학에서 혼에 대해
논한 것과는 전혀 유사하지 않으니, 이것은 진실로 혼이 혼이 되는 까닭
을 모르는 것이다.

이미 아니마를 혼이라 하고서 곧 그것을 다시 상제가 천지를 주재하
는 것에 유비하였으니 이것은 또한 상제가 상제가 되는 까닭을 모르는
것이다. 이는 모두 이름이 걸맞지 않는 것이요, 끌어 비유한 것이 마땅
함을 잃은 것이다. 이제 우리 유학의 설로 논한다면 사람을 상제에 유비

---

100 『예기』, 「예운」.
101 『주자어류』 권3, 「귀신장」 6조목, "사람의 경우는 정이 백인데, 백이란 귀가 왕성한 것이
다. 기는 혼인데, 혼은 신이 왕성한 것이다〔在人則精是魄, 魄者鬼之盛也 ; 氣是魂, 魂者
神之盛也〕."

할 수 있는 것은 오직 이 마음이 있기 때문이다. 하늘을 주재하는 것은 상제요, 한 몸을 주재하는 것은 마음이다. 사람에게 이 마음이 있음은 하늘에 상제가 있음과 같다. 그러므로 마음은 천군(天君)이라고도 하는데, 군이라는 것은 주재(主宰)라는 뜻이다. 그러나 사람의 마음을 상제에 유비할 수 있는 것은 다만 그 주재함으로써 유비하는 것이 아니라 대개 주재하는 이치가 있기 때문이다.

『서경』에서도 "오직 황상제(皇上帝)께서 백성에게 선한 본성을 내려주셨으니 항상된 본성[恒性]이 있는 것과 같다."[102]고 하지 않았는가? 이는 백성이 상제가 내려준 성품[所降之衷]을 받아서 이 마음이 갖추고 있는 성(性)으로 삼았음을 말한 것이다. 그러므로 '성(性)'이라는 글자는 육서(六書)[103] 가운데 회의(會意)[104]의 방식을 따라 심(心) 자를 따르고 생(生) 자를 따른 것이니, 그것이 마음[心]과 더불어 함께 생겼음을 말하는 것이다. 오직 상제가 내려준 성품이 마음과 더불어 함께 생겨서 나의 성(性)이 된 것이다. 그러므로 우리 유가의 학문은 반드시 마음을 다스리는 것[治心]을 근본으로 삼으며 오직 그 공효의 지극함을 미루어 천지에 참여하고 화육(化育)을 돕는 데에 이를 수 있는 것이다. 이것이 곧 마음이 신령스러워서 상제와 유비될 수 있는 까닭이다. 그러므로 사람이 지극히 몸이 작고 그 마음의 크기도 사방 한 치에 불과하여 상식적으로 헤아리면 상제와 유비하여 논할 수 없음이 마땅한 듯하나, 그 갖추

---

102 『상서(尙書)』, 「상서(商書)」, 〈탕힐(湯詰)〉.

103 한자의 형성 방식을 여섯 가지로 분류한 것으로 상형(象形)·지사(指事)·회의(會意)·형성(形聲)·전주(轉注)·가차(假借)의 여섯 가지를 육서(六書)라 부른다.

104 회의란 두 개 이상의 글자를 조합하여, 각 글자에 없는 새로운 의미가 형성되는 조어 방식을 말한다. 두 개의 木으로 이루어진 林, 女와 子가 합쳐져 새로운 의미를 갖게 된 好 등이 대표적인 회의문자이다.

고 있는 성(性)이 하늘이 내려준 성품에 근원하기 때문에 그 주재가 되는 이치를 궁구하면 진실로 부절[符契]처럼 딱 들어맞으니 임시로 빌려와 억지로 견주는 것이 아니다.

지금 아니마의 학문은 일찍이 심성(心性)의 이치를 따라 궁구한 바가 없고 하늘과 사람이 서로 꼭 맞는 묘함을 살피지 못하며 다만 영혼의 설에 의탁하여 상제를 혼에 비교하려 하니 이 때문에 그것이 도리 밖의 일이 되는 것이다.

오직 저들의 견해가 정확하지 못하므로 실제에 의거하여 직접적으로 말할 수 없어서 빌린 것이라고 말하고 그림자라고 말하고 진실로 견줄 수 없다고 말하였으니, 우물쭈물하며[依違] 구차한 설을 꾸미고, 간교하게 술수를 부려 거짓말을 퍼뜨리는[閃奸打訛] 구습으로 희롱하며, 이를 미루어 어둡고 애매하며 몽롱하여 쫓아가 따질 수 없는 지경에 놓아 둔 것이다. 『역』에 이른바 "마음에 의심이 있는 자는 그 말에 지엽(枝葉)이 많다."[105]고 한 것이나 맹자가 이른바 "변명하는 말[遁辭]에서 그 궁벽함을 알 수 있다."[106]고 한 것이 바로 이것을 가리킨다.

제4편 최고의 선성을 논함[107]

이 최고의 선성[至美好, 최고선]은 현재는 눈으로 볼 수 없고, 귀로 들을 수 없다. 오직 믿어야 하고, 오직 소망하여야 하며, 오로지 사모해야 한다. 나의 이 믿음과 소망과 사모함이 곧 은혜로운 교훈이요, 내려주신

---

105 『주역』, 「계사전」 하.
106 『맹자』, 「공손추」 상.
107 『영언여작』 제4편의 원래 제목은 '論亞尼瑪所向至美好之情'이다.

도움이다. 훗날에 이르러 분명히 알게 되는 날이 오면 저절로 마땅히 아득하고 두려워지지만, 마치 내 마음을 붙잡은 듯, 내 몸을 잃어버린 듯, 내 눈이 아찔한 듯, 내 마음의 정(情)이 만족한 듯 즐거이 올바른 자리를 얻어 크게 편안해지고 나를 복 주고 나를 영원하게 하니 곧 영원한 삶이 된다.

생각건대, 군자의 도란 그 지극히 정미(精微)한 것을 말하는 것이므로 진실로 귀와 눈으로는 미치지 못하는 바가 있다. 예를 들어 『중용』에 이른바 "군자의 도는 광대하면서도 은미하다〔費而隱〕."[108]라고 말한 것이 바로 이것이다. 그러나 귀와 눈이 미치지 못하더라도 오직 마음은 능히 통할 수 있다. 맹자의 이른바 "그 마음을 다하는 자는 그 본성을 알고, 그 본성을 아는 자는 하늘을 안다."[109]는 것이 그것이다.

그러므로 우리 유가의 학문함은 그 마음에서 자득한 것을 미루어 실제의 이치를 분명히 하는 것이니 그러므로 독실하게 믿어 미혹되지 않을 수 있으며, 부지런히 사모하여 나태하지 않을 수 있다. 『대학』의 이른바 "멈출 바를 안 뒤에 안정된다."는 것과 『역』의 이른바 "이를 바를 알아 이른다."[110]는 것이 그것이다.

지금 이 단락에서 선성〔美好〕을 논한 것은 다만 눈으로 볼 수 없으며 귀로 들을 수 없음을 말한 것일 뿐이다. 일찍이 본심의 신령스러움을 돌이켜 그 알 수 있는 도를 제시하지 않았으니 이는 단지 눈과 귀가 보고

---

108 『중용』 12장.
109 『맹자』, 「진심」 상.
110 『주역』, 「문언(文言)」, "이를 데를 알아 이르고 끝마칠 데를 알아 끝마친다〔知至至之 知終終之〕."

듣지 못하는 바일 뿐 아니라 또한 이 마음이 알 수 없는 것이다. 이와 같은데도 오히려 '믿고(信之)', '소망하고(望之)', '사모한다(存想之)'고 말한다면 또한 마음이 알 수 없는 사물을 어떻게 그것이 믿을 수 있는 것임을 알아서 믿으며, 또한 어디를 소망하고 사모한다는 것인지 묻고 싶다. 이 설에 근거가 없음이 진실로 이미 심한 것이다.

훗날 명확히 알게 된다는 설에 이르러서는 사람이 살아가는 현세 이후를 가리키는 것이다. 그러나 사람이 죽으며 지각할 바가 없음은 앞에서 이미 상세히 설명하였으니 그 이치가 매우 분명하다. 어찌 분명히 알 수 있다고 논할 수 있겠으며 어찌 즐거이 올바른 자리를 얻어서 영원히 사는 일이 있을 수 있겠는가?

대개 저들이 말하는 최고의 선성은 공허하고 모호한 설에 의탁한 것에 불과한 것으로, 우리 유가 학문에 참으로 증험할 수 있는 실리가 있는 것과 같지 않으니 이 때문에 비록 그 마음의 수고를 지극히 한다 하더라도 반드시 터득한 이치가 없는 것이다.

이것이 그가 볼 수도 들을 수도 없는 경지로 유혹하고 억지로 믿고 바라게 하며, 알 수 있는 길이 있음을 곧바로 말하지 못하는 까닭이다. 무릇 사람으로 하여금 볼 수도 들을 수도 없는 것을 믿으라고 하면서 그 알 수 있는 길을 말하지 않으니, 사람이 비록 심히 어리석고 미혹되어 있다 하더라도 반드시 그 설이 의심할 만한 것임을 알게 되어 반드시 따르고 좇지 않을 것이다. 그러므로 죽은 후에 명확히 알게 된다는 설을 지어내어 영원한 삶의 복으로써 유혹하고, 스스로 사후의 일은 사람이 있고 없음을 따질 수 없다고 하면서도 또한 (사후의) 복과 이익으로 유혹한다. 이와 같이 하여 천하를 속일 수도 있겠지만 죽음과 삶, 끝과 시작의 설에 스스로 알 수 있는 이치가 있으며, 이치에 밝은 군자는 이치가 없는 것으로써 속일 수 없다는 것은 특히 알지 못하는 것이다. 그것 또한 매우 비루하여 많이 변론할 만한 것이 못 된다.

　사람에게는 두 가지의 빛이 있다. 하나는 자연적인 본래의 빛[本光][111]
이다. 이치로 미루어 아는 것으로 사람의 능력으로 미칠 수 있는 것이
다. 또 하나는 자연을 뛰어넘는 진정한 빛[眞光][112]이니 이치를 넘어서
서 오직 천주가 내려주시는 것으로 사람의 식견으로 미칠 수 있는 바가
아니다.
　이 최고의 선성[至美好, 최고선]은 나의 현재에 있어서 나의 본래의
빛에 의존하여 조금씩이라도 인식할 수 있지만, 미래에 있어서는 참된
빛에 의존해야 결국 볼 수 있다. 그러나 이렇게 인식하고 보는 것도
마치 바다의 물 한 방울을 마시는 것과 같고, 햇빛을 틈새로 보는 것과
같아서 모두 다 인식하고 보기 어렵다. 오로지 스스로 궁구할 수 있고,
스스로 완전히 깨달을 수 있으며, 스스로 완전히 욕구할 수 있는데, 이러
한 온전한 깨달음과 온전한 욕구를 끝없는 '참된 행복[眞福, beatitudo]'
이라고 이름한다.

　생각건대, 이 단락의 뜻은 대략 앞의 단락과 비슷하여 많이 논변할
필요가 없다. 본광과 진광의 설은 몇 마디 말로도 분석할 수 있다. 저
들은 이치로 미루어 알 수 있어서 사람의 힘이 미칠 수 있는 것을 자연
의 본광이라고 하고, 이치를 넘어서서 사람의 식견으로 미칠 수 없는
바를 자연을 뛰어넘는 진광이라고 하였다. 본광이란 말은 비록 우리 유
가의 책에서는 볼 수 없으나 이것은 이미 이치로 미루어 알 수 있는 일

111　이성을 말한다.
112　은총을 말한다. 『신학대전』 8문에서 이를 다루고 있다.

로 말한 것이니 진실로 역시 뜻에 손상될 것이 없다. 그러나 진광의 경우 이미 이치를 넘어선다고 하였으니 이것은 이치로 따질 수 있는 것이 아니다.

이치로 따질 수 없는 것은 어디에서 그것의 있고 없음을 증험할 수 있는지 알 수 없다. 저들은 또한 사람의 식견이 미칠 수 없다고 말하는데 서양 선비〔西士〕도 역시 사람이니, 알 수 없는 것은 반드시 우리와 다르지 않을 텐데 오히려 억지로 그것을 말하는 것은 어째서인가? 무릇 이치로 따질 수 없고 자기가 알 수 없는 것을 입으로 말하고 글로 써서 천하의 사람들로 하여금 그 설을 믿게 하고 그 도를 따르게 하고자 하니 그 역시 난감한 일이다.

최고의 선성〔至美好, 최고선〕을 찬탄하고자 해도 형용할 수 없고, 이루다 표현할 수 없다. 바닷물로 먹을 갈아도 오히려 그 부족함이 한스럽고, 넓은 하늘을 종이로 써도 오히려 그 협소함이 한스러우며 천신(天神, 천사)들의 총명한 지혜로도 오히려 그 둔함이 한스럽고, 억만년의 무궁한 세월도 오히려 그 짧음이 한스럽다. 먼 옛날로부터 세상이 끝날 때까지 무수한 성현들과 무수한 천신들이 자신들의 지혜와 생각을 함께 모아서 한이 없고 무량한 지혜와 생각을 극진히 사려하고 생각해 보아도 오히려 그 만분의 일도 모방할 수 없을 것이다.

생각건대, 이 단락에서는 최고의 선성〔至美好, 최고선〕의 실정을 극찬하였으나, 장황하고 황탄하여 군자는 그 요령을 얻을 수가 없다. 그러나 이치로 미루어 보면 그것이 황탄하고 근거가 없는 설로, 우리 유학이 도를 논한 것과 다른 것임을 알 수 있다. 무릇 군자의 도는 비록 광대하여 끝이 없으며 미묘하여 보기 어렵다고 하나, 그 이치는 지극히 진실하여 진실로 정밀하게 생각하고 깊이 탐구할 수 있으니 반드시 알 수 없는 이치가 없으며, 앎이 이미 분명해지면 반드시 형용할 수 없는 이치가 없는 것이다. 옛 성현들도 본래 이 도를 분명히 알아서 그에 따라 문자로 나타내어 후세에 남겼음은 육경(六經)에 실려 있는 바와 같으니 속일 수 없는 것이다. 어찌 무수한 성현들이 자신들의 지혜와 생각을 함께 모아도 그 만분의 일의 이치도 모방할 수 없는 이치가 있겠는가.

이 최고의 선성[至美好, 최고선]에 대해 만약 사유를 통해 헤아리고 따져서 자기가 능히 알 수 있는 것이라고 여긴다면 이는 틀림없이 지극히 식견이 없는 것이다. 만약 더욱 궁구(窮究)해 나가고 극진히 사려해도, 혼미하여 얻는 바가 없음에 이르면 스스로 지극히 어리석고 지극히 몽매하여 내가 생각한 것, 내가 공부한 것, 내가 아는 것이 마땅히 생각해야 할 것, 공부해야 할 것, 알아야 할 것에 전혀 한 터럭도 들어갈 바가 없다고 여기게 된다. 이것이야말로 아는 바도 있고 식견도 있는 것이다.

생각건대, 이 단락의 뜻은 앞의 문단과 비슷하나 (본색이) 탄로남이 더욱 심하다. 저들의 이른바 최고의 선성이라는 것은 이미 허구의 설이요, 본래 증험할 만한 실질이 없는 것이므로 아무리 사려를 지극히 하여 궁구하더라도 반드시 혼미하여 얻는 바가 없으며, 어리석고 몽매함을 스스로 벗어날 수 없음이 마땅하다. 우리 유가의 학문함은 그렇지 않으니 실제로 그러한 마음[實然之心]으로 실제로 그러한 이치[實然之理]를 궁구하여 그것을 알면 반드시 정밀하기를 기대하고, 그것을 보면 반드시 명확하기를 기대한다. 이것이 『대학』에 격물치지(格物致知)의 가르침이 있는 까닭이고, 『중용』에 명(命)과 성(誠)의 설[113]이 있는 까닭이다.

이와 같으니 어찌 일찍이 혼미하여 얻는 바가 없는 것을 귀하게 여겼 겠는가? 앎이 이미 정밀하고 본 것이 이미 명확하다면 반드시 그로써 그 나아간 영역을 스스로 증험할 수 있다. 이것이 곧 이윤(伊尹)[114]이 선 각임을 자처한 까닭이며 공자가 명을 안다〔知命〕[115]고 스스로 말한 까닭 이다. 이와 같으니 어찌 스스로 지극히 어리석고 지극히 몽매하다고 여 길 이치가 있겠는가? 이것으로 미루어 본다면 우리 유학과 저들 학문의 허와 실, 진실과 거짓이 같지 않음을 단연코 알 수 있을 것이다.

2) 『천주실의(天主實義)』[116]

『천주실의』는 서양의 이마두(Matteo Ricci) 및 그의 향회(鄕會)[117] 친우가 중국인과 문답한 글이다. 이 책은 여덟 편으로 되어 있는데 그 대략은 천주를 존숭하여 받드는 일을 말한 것이나, 그 귀결처를 살피면 천당 지 옥의 설로써 세상 사람들을 위협하고 유혹하는 것에 불과하며 사람은

---

113 『중용』 21장, "성실함으로 말미암아 밝아지는 것을 성(性)이라 하고, 밝음으로 인하여 성실해짐을 교(敎)라 한다. 성실하면 밝아지고, 밝으면 성실해진다〔自誠明, 謂之性, 自明 誠, 謂之敎. 誠則明矣, 明則誠矣〕."
114 탕(湯)임금을 도와 하(夏)나라의 마지막 왕 걸왕(桀王)을 토벌한 상(商)나라의 재상이다.
115 『논어』, 「요왈(堯曰)」, "孔子曰, 不知命, 無以爲君子也."
116 『벽위편』에는 『천주실의』라는 제목 아래 '甲辰作'이라는 표시가 되어 있다. 갑진년은 1724년으로, 신후담이 23세 때이다.
117 여기서 향회(鄕會)란 예수회를 가리키는 것으로 보인다. 다만 『천주실의』는 마테오 리치 와 중국인 선비의 대화 형태로 구성되어 있으며 마테오 리치 외에 다른 예수회 회원들은 등장하지 않는다.

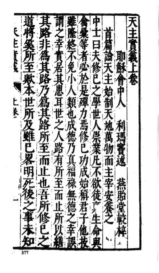

『천주실의』

죽어도 그 정령은 불멸하므로 천주가 사람이 죽기를 기다렸다가 상벌을 준다고 여기는 것이다. 이 설은 『영언여작』과 같은 근원에서 나왔는데 이는 잠시 논변하지 않는다.

『천주실의』의 첫머리에 있는 이마두의 서문〔題引〕에서 이 책은 불교를 배척하고자 하며, 요·순·주공·공자의 도에 어긋나지 않는다고 스스로 말한다. 또한 명나라 사람 이지조(李之藻)·풍응경(馮應京)[118] 등이 (『천주실의』의) 서문을 쓰고 (이마두의) 말을 구술하였으며, 그 학문이 우리 유학과 다르지 않으나 불교와는 같지 않다고 여겨 찬탄하였으니 사

---

[118] 풍응경(馮應京, 1555~1606)은 명 말의 관료로 천주교 신자는 아니었지만 마테오 리치와 교유하며 『천주실의』의 서문을 쓰는 등 마테오 리치의 활동에 우호적인 인물이었다.

람을 속임이 이보다 심한 것이 없다. 저들의 천당·지옥·영혼[精靈]
불멸의 설은 분명히 불교의 찌꺼기 이론으로, 일찍이 대략 우리 유가의
말에 보이지 않는 것이다. 나는 (저들의 학설이) 불교와 다른 점이 무엇
이고 우리 유가와 같은 점이 무엇인지 모르겠다. 구구절절 불교의 찌꺼
기 이론을 주워 모았음에도 도리어 불교의 배척을 명목으로 삼고 있으
니 이마두와 그 동료들은 단지 우리 유가의 죄인일 뿐 아니라 오히려
또한 불교의 적대자이기도 하다.

지금 이 책으로 나아가 각 편에 따라 비평하여 그들의 학문이 본래
불교에서 나왔고 우리 유학에 억지로 합할 수 없음을 밝힘으로써 보는
이들로 하여금 그들과 우리의 같고 다름의 구별에 의혹이 없게 하고자
한다. 이미 『영언여작』에서 비판한 것은 재론하지 않는다.

제1편 천주께서 천지와 만물을 창조하시고 이들을 주재하시며 편안히 기르심을 논함

생각건대, 이 편의 문답은 첫머리에 죽음과 삶의 설[死生之說]에 관해
언급하고 있다. (중국 선비의) 질문은 "이 세상[本世]의 일은 비록 나도
대략 알지만 죽은 후의 일은 어떠한지 아직 모른다."[119]라고 하고, 그 (서
양 선비의) 대답은 "현세[今世]의 고통과 수고로움을 마다하지 않고, 정
신을 전념하여 도를 닦아, 몸이 죽은 후의 영원한 안락을 도모한다."[120]
는 것이다. 이 한 구절에서 그 학문의 연원이 전적으로 이익을 바라는
마음에서 나왔으며, 불교의 왕생설[121]과 더불어 탄망(誕妄)한 데로 귀착

---

119 『천주실의』 권1.
120 『천주실의』 권1.
121 이 세상에서 생명이 끝난 뒤에 다른 세상에서 다시 삶을 얻는 것을 말한다.

하고 있음을 알 수 있다.

제1편의 말미에 기록되어 있는 천주가 (천)신에게 명하여 아우구스티누스를 경계시켰다는 일[122]은 더욱 꾸며 내어 속이는 것으로, 대개 불교에서 천녀가 하강[123]하였다는 따위의 설명을 맹목적으로 흉내낸〔效嚬〕[124] 것이므로, 이는 역시 변론하기에 부족하다.

이른바 천주가 천지와 만물을 만들고〔制作, 창조〕[125] 주재(主宰)하며

---

[122] 『천주실의』에 소개된 일화는 다음과 같다. "(아우구스티누스가) 어느 날 바닷가를 거닐면서 막 생각의 실마리를 찾고 있는데 흘연히 한 어린아이가 땅을 파서 작은 웅덩이를 만들고는 굴 껍데기를 손에 들고서 바닷물을 떠서 그곳에 물을 붓는 광경을 보게 되었습니다. 성인은 물었습니다. '너, 무엇을 하고 있느냐?' 아이는 대답했습니다. '저는 이 껍질로 바닷물을 다 떠내어 웅덩이에 부으려고 합니다.' 성인은 웃으며 말했습니다. '너, 참 어리석구나! 어떻게 조그만 그릇으로 큰 바다의 물을 다 퍼내어 작은 웅덩이에 부을 수 있기를 바라느냐?' 아이는 말하였습니다. '당신이 이미 큰 바다의 물은 작은 그릇으로 다 퍼낼 수 없고 작은 웅덩이는 그것을 다 수용할 수 없다는 것을 알고 계신다면, 왜 또 마음과 생각을 그리 들볶아 대면서, 사람의 힘으로 (할 수 없는) 천주의 큰 뜻〔大義〕을 미미한 책자에 (다) 담아내려고 하십니까?' (그 아이는) 말을 마치자 모습이 보이지 않았습니다. 성인 또한 깜짝 놀라며 깨닫고는, 천주가 천신〔天神〕을 보내어 자신을 경각시키셨음을 알게 되었습니다〔一日浪遊海濱, 心正尋思, 忽見一童子, 掘地作小窩, 手執蠔殼, 汲海水灌之. 聖人曰, 子將何爲? 童子曰, 吾欲以此殼盡汲海水, 傾入窩中也. 聖人笑曰, 若何甚愚! 欲以小器竭大海入小窩. 童子曰, 爾旣知大海之水小器不可汲, 小窩不盡容, 又何爲勞心焦思, 欲以人力竟天主之大義, 而入之微冊耶? 語畢不見. 聖人亦驚悟, 知爲天主命神以警戒之也〕."(『천주실의』 권1)
[123] 불교에는 죄를 지은 천녀가 불교의 33번째 하늘인 제석천에서 쫓겨났다는 이야기가 전해진다.
[124] 찡그림〔嚬〕을 흉내〔效〕낸다는 말로 『장자(莊子)』, 「천운편(天運篇)」에서 유래한 말이다. 당대 최고의 미녀였던 서시가 가슴이 아파 얼굴을 찡그리자 건넛마을의 여인이 이를 따라 얼굴을 찡그리자 사람들의 비웃음을 샀다는 이야기에서 나온 말이다. 생각없이 남을 흉내내거나 모방하는 것을 폄하해서 쓰는 말이다.
[125] 기독교적 의미의 신에 의한 유일회적 '창조(Creation)'를 이해시키기 위해 '제작(制作)'이라는 표현을 처음 사용한 것은 마테오 리치보다 먼저 중국에 들어와 중국인의 도움을 받아 최초의 서학서 『천주실록』을 저술한 루지에리였다. 『천주실록』의 제1장의 제목이

편안히 길러 낸다[安養]는 것이 이 편의 가장 중요한 강령이다. 그러나 그 말과 뜻을 살펴보면 자못 우리 유학의 상제의 설에 근거하여 참된 것에 의탁하여 거짓된 것으로 현혹시키는 계책을 삼았으니 끝내는 스스로 가릴 수 없는 바가 있다. 정자는 "(천은) 주재(主宰)로 말하면 제(帝)라 한다."[126]고 하였으니, 저들이 천주가 천지를 주재한다고 한 것은 이론이 또한 옳다. 주자도 "만물이 제(帝)를 따라서 출입한다."[127]고 말하였으니, 저들이 천주가 만물을 편히 기른다고 말한 것과 그 뜻이 또한 가깝다. 그러나 천지가 천주의 제작(창조)으로 말미암아 만들어졌다고 말하는 데 이르러서는 이는 이치상으로도 징험할 것이 없고 경전에서도 상고할 바가 없으니, 다만 억측에서 튀어나온 이론이다. 저들은 비록 목수가 집을 만드는 일을 끌어다 증명하고 있지만,[128] 그러나 나는 천지의

「천주제작천지인물장(天主制作天地人物章)」이다. 마테오 리치는 창조 개념을 설명하기 위해 제작 외에도 화생(化生)·시제(始制)·원제(原制)·조화(造化)·조물(造物) 등 다양한 표현을 사용한다. 그만큼 납득시키기 어려웠다는 의미일 것이다. 사실 동아시아인들에게도 세계의 '창조'에 해당하는 개념이 있었다. 본문에도 나오는 '개벽'이라는 표현이다. 그러나 개벽은 유일회적인 열림이 아니라 열림과 닫힘[闔闢]의 주기적 과정이었다. 유대-기독교적 의미의 '창조'와 동아시아적 '개벽'의 차이는 이것이 유일한 사건인가 아니면 주기적으로 반복되는 사건인가 하는 점에 있었다. 주희와 그의 계승자들에게 우주는 주기적으로 반복되는 것이었으며 한 주기가 끝나면 새로운 주기가 시작되는 주기적 연속으로 표현되는 것이었다.

126 『역전(易傳)』, 「건(乾)」, "천은 전체로 말하면 도(道)다. (…) 나누어서 말하면 형체의 측면에서는 천이라 하고, 주재의 측면에서는 제라 한다[夫天專言之則道也. (…) 分而言之則, 以形體謂之天, 以主宰謂之帝]."

127 『주역본의』, 「설괘전」.

128 자연 이성에 의한 신 존재 증명의 가능성을 믿었던 토마스 아퀴나스는 '다섯 가지 길(quinquae viae)'을 통해 신을 증명하고자 한다. 그 가운데 두 번째 증명이 능동인의 계열로부터, 즉 능동인의 근거로부터(ex ratione causae efficientis) 증명하는 것으로, 마테오 리치는 집과 목수의 비유를 통해 이 두 번째 논증을 설명한다. "무릇 모든 개체는 스스로 이루어질 수 없으며 반드시 외부로부터의 행위가 있어서 이루어지는 것입니다.

개벽이 사람의 행위로부터 집이 만들어지는 것과는 같지 않다고 생각한다. 저 위대한 상제는 또한 목수에 비교될 수 없다. 개벽에 관한 일은 진실로 말하기 어렵다.

또한 경전에 실려 있는 것으로 증험하자면 『역』에 "태극이 양의(兩儀)를 낳는다."[129]고 하였다. 양의는 음과 양의 두 가지 기(氣)로서 형이하의 기(器)이며, 태극은 음(陰)하게 하고 양(陽)하게 하는 소이(所以)로서 형이상의 도(道)이다. 하늘[天]이란 양(陽)의 가볍고 맑은 것으로 위에 있는 것이며, 땅[地]이란 음(陰)의 무겁고 탁한 것으로 아래에 있는 것이다. 이것으로 말한다면 하늘과 땅은 태극의 진(眞)에 근원하여 음양의 실(實)에서 이루어지는 것에 지나지 않는다. 이른바 상제는 또한 천지가 형성된 후에 그 사이에서 주재한다는 것으로, 도(道)와 기(器)를 합해서 이름한 것이다.[130] 마치 사람이 생명을 부여받은 후에 바야흐로 이 마음이 있어서 사람의 몸을 주재하지만 본래 사람의 몸을 만들 수는 없는 것과 같다. 그러니 상제가 비록 천지를 주재한다 해도 어찌 천지

누대나 가옥들은 저절로 세워질 수 없으며, 항상 장인들의 손에 의해 이루어집니다. 이 점을 안다면 천지는 스스로 이루어질 수 없으며 반드시 창조한 존재가 있음을 알 수 있습니다. 이것이 바로 제가 말하는 천주입니다. (중략) 만물은 스스로 이루어질 수 없습니다〔凡物不能自成, 必須外爲者, 以成之. 樓臺房室不能自起, 恒成於工匠之手. 知此卽識 天地不能自成, 定有所爲制作者, 卽吾所謂天主也. (중략) 故物不能自成也〕.(『천주실의』 권1) 집과 목수의 관계처럼 만물은 스스로 완성될 수 없고 반드시 외재하는 원인(cause)이 존재한다는 것이다. 스콜라 철학의 관점에서 존재하는 모든 것들은 결코 자기 스스로 자신의 원인이 될 수 없으며 따라서 원인의 선재는 필연적이다. 따라서 원인들의 계열에는 반드시 원인을 가지지 않는 어떤 제일 원인이 존재해야 한다. 신은 그 자체로 자립하는 존재 자체(ipsum esse per se subsistens)이다.

129 『역경』, 「계사전」 상.
130 신후담에게 세계의 형성은 인격적 신의 창조라는 사건의 결과가 아니라 '기(器)'이자 '기(氣)'인 질료적 차원에 연원하는 것이었다. 만물이 생겨난 것은 음기와 양기의 응축과 확산의 결과일 뿐이다.

를 만들어 내는 이치가 있겠는가?[131] 이것이 저들의 설을 믿을 수 없는 까닭이다.

---

131 『천주실의』에서 중국 선비는 마테오 리치의 입장에 수긍해 주재자의 존재를 인정한다. 그러나 그 주재자가 만물을 '창조'했다는 사실은 쉽게 납득하지 못한다. 이로써 마테오 리치는 신을 세계의 '창조자'로 설명해야 하는 부담을 안는다. 창조의 문제는 마테오 리치에게 상당한 노력을 필요로 하는 논증과 설득의 과정이었다. 중국인들도 『시경』, 『서경』에 나타난 우주 만물의 주재자[上帝]에 대해 친숙했지만 그 상제가 곧 창조자는 아니었던 것이다. 어느 경전에도 상제가 만물을 특별한 계기에 따라 특별한 상황에 단 한 번의 사건으로 우주 만물을 '창조'했다는 설명은 없는 것이다. 이 맥락에서 알 수 있듯 신후담은 '상제'에 의한 천지의 주재(主宰)와 안양(安養)에 대해서는 긍정하지만 천주가 세계를 창조했다는 주장에 대해서는 부정한다. 신후담이 집과 목수의 비유를 받아들이지 않는 근본적인 이유는 천주에 의한 '창조'를 인정하지 않았기 때문이다. 질료적 세계는 신, 즉 천주에 의한 계획에 의해서가 아니라 태극과 음양의 자발적 활동성을 통해 만들어지는 것이다. 따라서 신후담은 도와 기의 결합 관계에 의한 만물의 현실화는 인정하지만, 상제가 만물을 창조했다는 입장은 받아들이지 않는다. 중국과 조선의 유학자들에게 세계가 조화로운 질서를 유지하고 있고 그 조화로운 질서에 그것을 가능하게 한 근원적 실재가 있다는 사실과, 그 실재가 우주 전체를 창조한 '창조주'라는 사실은 단번에 연결될 수 없었다. 이 점은 다산도 마찬가지다. 다산은 상제의 조화·주재·안양을 승인한다. "상제란 무엇인가. 상제는 천지와 귀신과 인간 밖의 존재로 천지와 귀신과 인간과 만물을 창조[造化]했고 주재[宰制]하며 안양(安養)하는 존재이다. 천에 있어서 제(帝)라 하는 것은 나라에 있어서 왕(王)이라 하는 것과 같으니 저 푸르고 푸른 형체 있는 하늘을 가리켜 상제라고 해서는 안 된다[上帝者何, 是於天地神人之外, 造化天地神人萬物之類, 而宰制安養之者也. 謂帝爲天, 猶謂王爲國, 非以彼蒼蒼有形之天指之爲上帝也]."(『여유당전서(與猶堂全書)』 2집, 「춘추고징(春秋考徵)」 권4, 34a) 이 구절은 『천주실의』 1편의 제목인 「論天主始制天地萬物而主宰安養之」를 그대로 옮겨 놓은 듯하다. 물론 이 표현의 유사성이 다산이 천주를 마테오 리치의 관점에서 받아들였다는 근거가 되기는 어려울 것이다. 중요한 것은 신후담도 지적했듯 상제의 '창조'를 수용하는가의 문제다. 그런데 다산이 말하는 '조화'는 마테오 리치가 생각하는 유일회적 창조로 이해하기는 어렵다. 다산에게 '만물이 상천(上天)의 조화(造化) 가운데 있는 것은 마치 물고기가 물 속에서 헤엄치고 호흡하며 물을 떠나지 못하는 것과 같다[萬物在上天造化之中, 如魚在水中遊泳呼吸, 不能離水].'(『여유당전서』 2집, 「중용자잠(中庸自箴)」) 상제의 '조화'를 인정했던 다산도 그 조화를 유일회적인 창조로 받아들이지 않았던 것이다.

제2편 세상 사람이 천주를 잘못 알고 있음에 대한 해석

생각건대, 이 편에서는 첫머리에 유·불·도 삼교의 옳고 그름을 논하였다. 처음에는 우리 유학을 돕고 불교와 도교를 배척하는 듯하나, 중간에 이르러서는 주렴계(周濂溪)의 태극설을 들어 입이 닳도록 헐뜯고 배척하여 그것으로 불교와 도교를 공박하니 (이는) 연나라로 연나라를 치는 것〔以燕伐燕〕[132]과 다를 것이 없는 것이다.[133] 이는 곧 우리 도(道)

---

132 '연나라로 연나라를 친다〔以燕伐燕〕'는 말은 『맹자』, 「공손추」 하에 나오는 것으로, 같은 처지에 있는 사람이 상대방을 나무라는 경우를 가리키는 말이다.

133 태극은 거대한 중심〔宗〕 또는 축이라는 의미로 '역에 태극이 있고 이것이 음양을 낳는다〔易有太極, 是生兩儀〕'는 『주역』의 전통으로부터 만물의 생성·변화의 근원으로 여겨지던 유학의 핵심 개념 중 하나다. 세계를 리(理)의 차원에서 토대짓고자 했던 주희는 리의 절대성·근원성을 부각시키기 위해 '태극(太極)'을 주렴계의 『태극도설』로부터 끌어온다. 태극은 천지만물의 리의 총체적인 명칭이며, 각 개체 속에는 각각의 태극이 내재해 있다. 사물은 태극을 자기의 본성〔性〕으로 부여받게 되는데, 이때 성은 형기(形氣) 속에 내재하는 구조가 된다. 이러한 태극과 만물의 관계는 기독교 체계에서의 신과 인간의 관계를 연상시킨다. 예를 들어 마테오 리치의 후임자였던 롱고바르디(Niccolo Longobardi, 1556~1654)는 당대의 중국인들이 의인화된 존재인 상제가 아니라 리―태극으로 세계를 이해한다는 사실을 다음과 같이 전한다. "(신유학에서는) 다른 모든 사물보다 앞서 타자의 원리가 되는 기원인 하나의 원리가 존재할 필요가 있다고 확신해 왔다. 중국인은 그 원리를 리(理) 즉 '도리 또는 자연 전체의 근거'라고 이름 붙였다. 그들은 그 원리가 무한하고 불변하며 시작도 끝도 없는 하나의 실체라고 이해해 왔다." (Nicolo Longobardi "Traité surquelques points de la Religion des Chinois," 福島仁 譯(1988),「『中國人の宗敎の諸問題』訳注」(上),『名古屋大學文學部硏究論集』CII, 哲學 34, 19쪽) 태극에 대한 롱고바르디의 설명은 '인격성'을 제외하고는 기독교 신의 본질과 거의 일치하는 것이었다. 따라서 마테오 리치를 비롯한 예수회 회원들은 세계의 창조자로서의 인격적 신을 납득시키기 위해 일종의 창조자 역할을 하면서도 비인격적 원리인 태극을 공격하지 않을 수 없었을 것이다. 마테오 리치의 전략은 태극을 스콜라적 의미의 제1 질료로 한정하는 것이었다. "태극은 우리 철학자들이 제1 질료(prime matter)라고 부르는 것에 지나지 않습니다. 이것은 결코 실재(entity)가 아니기 때문입니다. 중국인들은 더욱이 그것이 하나가 아니며 동시에 모든 것의 일부로서 존재한다고 말합니다.

에 대해서는 겉으로는 돕는 척하면서 속으로는 배척한 것이며, 불교와 도교에 대해서는 거짓으로 배척하고 실제로는 돕는 것이다. 그러나 태극을 헐뜯고 배척한 근거는 논변하지 않을 수 없다.

저들의 이론에서는 "옛날의 선군자(先君子)들이 천지의 상제에 대하여 공경하였지만 태극을 공경한 일이 있다는 말은 들어 보지 못했다. 만일 태극이 상제요 만물의 근원이라면 왜 옛 성인들이 그 설을 감추었겠는가?"라고 말한다. 또한 "'무극이태극(無極而太極)'[134]을 나타내는 그

그것은 영혼이 아니며 오성을 갖추고 있지 않다고 말합니다. 또한 어떤 이는 사물의 도리라고 말합니다만, 그 도리라는 것은 실체적이거나 지적인 것이 아닙니다."(Douglas Lancashire & Hu Kuochen S.J.(1985), *The True Meaning of the Lord of Heaven*, Taipei : The Ricci Institute, pp.462~463) 『천주실의』에서 마테오 리치는 '태극'을 효과적으로 무력화시키기 위해 공(空)과 무(無) 등 불교 · 도교적 관념을 먼저 비판한다. 이는 비존재 · 비실재로서의 허(虛) 또는 무(無)와, 형체는 없으나 실재하는 신을 구분하는 방법을 통해 태극을 불교와 도교의 무와 같은 부류로 묶고 이를 절대적인 무라고 공박한다. 마테오 리치는 아리스토텔레스의 실체 속성 개념을 바탕으로, 모든 사물이 기본적으로 자립하는 실체[自立者, substantia]와 그것에 의존하는 속성[依賴者, accidens]으로 나뉜다고 본다. 스콜라 철학적 관점에서 질료와 형상의 결합 결과로 나타나는 실체는 그 자체로 자립할 수 있지만, 속성은 그 자체로 자립할 수 없을 뿐더러 실체에 비해 천한 것이다[立者先也貴也, 依賴者後也賤也](『천주실의』 권2). 이런 관점에서 마테오 리치는 태극이 실체에 의존적인 속성에 불과하다고 주장한다. 리치에게 태극은 허상일 뿐이다[虛象無實]. 또한 태극의 이론 자체가 홀수와 짝수의 상을 취한 것에 불과하므로[不過取奇遇之象言] 결과적으로 천지를 창조할 수 없다[太極非生天地之實]는 것이다. 이러한 주장은 존재를 귀한 것으로, 비존재를 천한 것으로 여기는, 전형적인 서양의 철학적 유산을 성리학적 사유에 투영한 결과로 볼 수 있다. 마테오 리치는 중국 경전을 이용해서 태극을 논박하기도 한다. 리치는 중국 경전에 근거해서 태극(太極)은 인격적 존재인 상제와 다르며 따라서 옛 성현들도 존숭하지 않았다고 주장한다.

134 '무극이태극(無極而太極)'은 주렴계가 쓴 「태극도설」의 첫 구절이다. 주희는 무극이태극을 '무극이면서 태극'으로 해석한다. 무극은 태극보다 앞서는 별도의 근원이 아니라 감각 · 지각할 수 없는 태극의 속성을 표현한 말이라고 보는 것이다. 『주자어류』에는 다음과 같은 문장이 여러 번 나온다. "'무극이면서 태극'이라는 것은 단지 형상이 없으면서 이치가 있음을 말했을 뿐이다. 이른바 태극이라는 것은 다만 두 기(氣)와 오행의 이치일

림[135]은 홀수와 짝수의 상[136]을 취하여 말한 것에 불과하니, 그 상은 어디에 있는 것인가? (이로써) 태극이 천지를 낳지 않았다는 실상을 알 수 있다."고 말한다.

또한 말한다. "만약 태극이 다만 이른바 이치로써 풀이되는 것이라면 천지 만물의 근원이 될 수는 없다.[137] 중국 학자들이 이 리(理)를 강론한 것은 단지 두 가지 단서가 있으니 (리가) 혹 사물에 있거나 혹 인심에 있다고 한다. 이에 의거하면 리(理)는 사물이 있은 후에 존재하는 것이니 후의 것이 어떻게 앞선 것의 근원이 되겠는가? 또한 하나의 사물도 없던 원초에 어떻게 반드시 리(理)가 존재한다고 말할 수 있는가? 리(理)는 어디에 존재하며 어떤 사물에 기대어 속하는가? 만일 공허(空虛)에 의뢰할 뿐이라고 말한다면 아마도 공허는 의뢰하기에 부족하니 리(理)는 장차 (사물에서) 떨어져 버림을 면할 수 없을 것이다. 시험 삼아 묻고자 하니 반고(盤古)[138] 이전에 이미 리(理)가 존재했다면 무엇 때문에 조

뿐이니, 따로 사물이 있어 태극이 되는 것은 아니다〔'無極而太極', 只是說無形而有理. 所謂太極者, 只二氣五行之理, 非別有物爲太極也〕.", "주자(周子)가 말한 '무극이태극'이라는 것은 태극 위에 따로 무극이 있다고 말한 것이 아니다. 다만 태극은 사물이 아니라고 말했을 뿐이다〔子所謂無極而太極, 非謂太極之上別有無極也. 但言太極非有物耳〕."(『주자어류』 권94)

135 태극도를 말한다. 주렴계의 「태극도설」은 태극도에 설명을 붙인 글이다.

136 양은 ─로 표기하고 음은 --로 표기한다.

137 『천주실의』에서는 그 이유를 다음과 같이 설명한다. "이치 역시 의뢰자(속성)의 부류이기 때문에 스스로 존립할 수 없는데 어떻게 다른 사물을 존립시킬 수 있는가〔蓋理亦依賴之類, 自不能立, 曷立他物哉〕."(『천주실의』 권2)

138 중국 고대 신화 속에 등장하는 일종의 개천(開天)신이다. 세계는 원래 달걀 모양으로 하늘과 땅이 구분되지 않는 미분화의 혼돈 상태였는데, 반고가 알에서 깨어나면서 하늘과 땅이 분리되기 시작했다. 반고는 하늘과 땅이 다시 붙을까 염려해서 손바닥으로 하늘을 받치고 다리로 땅을 지탱하면서 조금씩 성장해 갔는데, 그 결과 반고의 키만큼 하늘과 땅의 거리가 점점 벌어지게 되었다. 결국 1만 8천 년 후에 하늘과 땅의 거리가 현재와

용히 텅 비어 움직이지 않다가 만물을 생성했겠는가? 그 후에 누가 그것을 좇아 격동하여 움직이게 하였는가? 하물며 리(理)는 본래 움직임도 고요함도 없다[無動靜]고 하는데 하물며 스스로 움직였겠는가?"

또한 말하기를, "(주희의)「태극도」의 주(註)에서 '리(理)는 물(物)이 아니다.'139라고 하였다. 사물의 종류는 많으나 모두 사물이라 한다. 어떤 것은 형체가 있고 어떤 것은 형체가 없다.140 리(理)가 이미 형체가 있는 사물의 부류[物類]가 아니라면 어찌하여 형체가 없는 사물의 종류[物品]가 되지 않겠는가? 또 묻기를 리(理)는 영명하고 지각[靈覺]하는가? 깨달을 수 있고 의로운가[明義]? 만약에 영명하고 지각하며 깨달을 수 있고 의롭다면 곧 귀신의 부류에 속하는 것일 텐데 어찌하여 태극이라 말하며 리(理)라고 말하는가?141 만약 그렇지 않다면 상제와 귀신, 사람의 영명함과 지각[靈覺]은 누구로부터 얻은 것인가? 저 리(理)라는 것은 자기가 갖지 못한 것을 사물에게 베풀어서 그것이 있도록 할 수 없는 것이다."142

같은 상태가 되었다고 전한다.

139 『주자어류』권94, "태극은 별도의 한 가지 사물이 아니다[太極非是別爲一物]."
140 『천주실의』에는 "혹 자립자(실체)도 있고 혹 의뢰자(속성)도 있다[或爲自立者, 或爲依賴者]."는 구절이 앞에 있으나 여기서는 생략되어 있다.
141 마테오 리치는 "만물을 변화·생성시키는 것은 곧 천주이니 어찌 유독 리라고 말하고 태극이라고 말하는가[化生萬物, 此乃天主也. 何獨謂之理, 謂之太極哉]."(『천주실의』권2)라며 만물의 화생을 태극이나 리가 아니라 천주의 일로 돌리고자 한다.
142 이 부분에서 마테오 리치가 강조하고자 하는 것은 이성적 존재만이 이성적 존재를 생성할 수 있다는 것이다. "리(理)에 영명함도 지각도 없다면, 영명한 것을 낳을 수도, 지각할 수 있는 것을 낳을 수도 없다. (…) 오직 영명한 존재만이 영명한 존재를 만들 수 있고, 지각할 수 있는 존재만이 지각할 수 있는 존재를 만들어 낸다[理無靈無覺, 則不能生靈生覺 (…) 惟是靈者生靈, 覺者生覺耳]."(『천주실의』권2) 그러나 이성적인 존재만이 이성적인 존재를 만들 수 있다는 발상은 '비슷한 것은 비슷한 것에서 나온다.'는 그리스 철학적 관념에 따른 것으로, 동아시아의 사고 구조와는 다르다. 따라서 이 구절

그 아래에서는 공자가 태극을 말한 취지[143]에 대해 논하여 말하기를 "이것은 천주가 세운 바이다. 무릇 태극의 이치는 본래 정밀한 이론이 있어서 내가 비록 일찍이 살펴보았으나 감히 그 변론을 번잡하게 늘어놓을 수가 없다."[144]고 하였다. 또 중국 선비가 굴복하는 말을 기록하여 "우리나라의 군신은 예로부터 오늘날에 이르기까지 오직 천지를 마치 부모처럼 공경할 줄 알았기 때문에 교(郊)와 사(社)[145]의 예〔郊社之禮〕[146]로써 (하늘과 땅에) 제사를 지냈다. 만약에 태극에서 천지가 나왔다면 이 세상의 으뜸가는 조상이 된다. 옛날 제왕의 (제사의 제도를 기록한) 『사전(祀典)』에 마땅히 먼저 이를 언급했을 것이나 지금 전하는 것은 그렇지 않다. 이것으로 보아 반드시 태극의 해석이 틀림없이 그릇된 것임을 알

은 마테오 리치의 기대만큼 중국인들에게 있어 자명한 논거가 될 수 없었다.

143 유학자들에게 공자가 『주역』의 「계사전」을 지었다는 것은 정설로서, 이런 인식에 따르면 공자가 태극을 논했다는 인식은 타당하다. 그러나 현재 「계사전」은 공자 이후에 만들어진 문헌임이 밝혀졌기 때문에 공자가 태극을 말했다는 주장은 성립하기 어렵다.

144 『천주실의』에서 마테오 리치는 도(道)나 리(理)가 사람보다 낮은 것임을 강조하기 위해 공자의 말을 끌어온다. "리(理)는 사람보다도 비천하다. 리가 사물을 위한 것이지, 사물이 리를 위한 것이 아니다. 그러므로 공자는 '사람이 도(道)를 넓힐 수 있는 것이지 도가 사람을 넓히는 것은 아니다.'라고 하였다〔理卑於人. 理爲物, 而非物爲理也. 故仲尼曰: '人能弘道, 非道弘人也'(『논어』, 「위령공」)〕."(『천주실의』 권2) 이에 대해 중국 선비는 "우리 공자가 태극을 말한 뜻은 무엇인가〔吾孔子言太極, 何意?〕?"라고 질문한다. 여기에 대해 마테오 리치는 "만물을 창조하는 공력(功力)은 성대하고 그 속에 참으로 기틀이 있는 것이니 그것은 천주께서 세우신 것이다. 만물들의 원인없는 원인에, '리(理)'나 '태극'은 해당될 수 없다〔西士曰, 造物之功盛也. 其中固有樞紐矣. 然此爲天主所立者. 物之無原之原者, 不可以理以太極當之〕."고 대답하면서 태극에 관한 책을 읽었지만 변론하기 어렵다며 심도 깊은 토론을 피한다.

145 천자가 하늘에 지내는 제사를 교(郊)라 하고 땅에 드리는 제사를 사(社)라 한다. 교(郊)는 본래 도성의 근교라는 의미로 주나라의 천자는 동지에 남교(南郊)에 나아가 천제(天祭)를 지냈고 하지에는 북교(北郊)에 나아가 지신제(地神祭)를 거행했다.

146 『공자가어』, "공자가 말씀하셨다. 교와 사 제사의 예는 귀신을 어질게 여기는 까닭이다〔子曰, 郊社之禮, 所以仁鬼神也〕."

수 있다. 선생이 논변한 것이 가장 상세하니 옛 성현에게도 다른 뜻은 없었을 것이다."라고 하였다.

내가 서양 선비가 태극을 논한 것을 보니, 구절마다 그릇되고 어그러져 크게 논변하기 어렵지 않았다. 그러나 중국 선비가 마음으로 굴복하여 끝내 한마디의 반박도 없었던 것은 어째서인가? 무릇 태극이란 그 이치는 실재[實]하지만 그 자리[位]는 비어 있어[虛], 상제가 하늘을 주재하면서 고정된 자리를 가지고 있는 것과는 같지 않으니 공경의 예는 본래 베풀 곳이 없으며 태극의 있고 없음은 애초에 (태극을 공경한 적이 있는가 하는) 것으로써 정할 수 없는 것이다.

지금 사람들이 요(堯)·순(舜)·공(孔)·맹(孟)을 존숭하는 것은 (이들의) 도덕이 높고 두텁기 때문이다. 도덕 (그 자체를) 존숭하여 받드는 사람이 있다는 말을 듣지 못했던 것은 도덕이 없다는 말이 아니라 도덕이 허위(虛位)이기 때문이다. 이것으로 미루어 본다면 옛사람들이 상제를 공경했지만 일찍이 태극을 존숭하여 받들었음을 듣지 못한 것은 역시 도리어 이와 같다.

홀수와 짝수의 상은 곧 음양이다. 이른바 태극이라는 것은 일찍이 음양을 떠난 일이 없으니 다만 음양에 입각하나[卽] 음양에 섞이지도 않는다고 한 것이 그것이다. 저들은 "태극도는 홀수와 짝수의 상을 말한 것에 불과하니 그 상(象)은 어디에 있는 것인가?"라고 하였는데, 그 말이 미혹되고 몽매함이 심하다고 할 수 있다. 음양은 스스로 음(陰)하고 양(陽)할 수 없으니 음하게 하고 양하게 하는 까닭이 태극인 것이다. 그러므로 『역(易)』에, "태극이 양의(兩儀)를 낳는다."고 말했으니 하늘은 양이 위에 자리잡은 것이요, 땅은 음이 아래에 자리잡은 것이다. 그러므로 『역』에서는 여섯 개의 양효(陽爻)로 건괘(乾卦)를 삼고, 여섯 개의 음효(陰爻)로 곤괘(坤卦)를 삼은 것이다. 그런즉, 태극이 천지를 낳은 실상을 또한 어찌 소상하게 증험할 수 없겠는가?

또한 저들은 "중국 학자들이 리(理)를 강론하는 바는 본래 인심과 사물의 두 가지 단서를 벗어나지 않는다."고 말한다. 그러나 이른바 인심과 사물의 리(理)라는 것이 과연 마치 매달린 사마귀와 붙어 있는 혹이 본래는 없던 것이지만 갑자기 존재하게 된 것처럼, 인심이 이미 있은 후에 돌고 돌다가 수합하여 인심에 들어오고, 사물이 이미 있은 후에 돌고 돌다가 수합하여 사물에 부착된 것이어서, 곧 리는 사물의 후에 존재하는 것이니 사물의 근원이 되기에 부족하다고 하겠는가? 이는 진실로 변론할 만한 것이 못된다. 그러므로 비로소 이 리(理)가 있자마자 곧 이 사물이 있으며, 비로소 이 사물이 있자마자 곧 이 리(理)가 있는 것이니, 리(理)와 사물은 처음부터 판연하게 떨어지고 끊겨 있는 두 가지 일이 아니었다.

지금 만약 이로 인하여 리(理)가 물(物) 밖에 있지 않다고 말한다면 안 될 것이 없으나 만약 물(物)이 있기 전에 이 사물의 리(理)가 있지 않았다고 한다면 이른바 사물은 어디로부터 나온 것이겠는가? 만약 공허는 의뢰하기에 부족하다고 해서 리(理)가 (사물에서) 떨어져 버리는 것을 면치 못할 것이라고 의심한다면 이는 또한 리(理)를 알지 못하는 말이다. 나무나 돌 같은 유형의 사물은 공허 속에 자립할 수 없으므로 떨어져 버릴 염려가 있다. 그러나 리는 무형의 사물이므로 이것을 걱정으로 삼을 필요가 없다. 그러나 공허의 설은 무형에 앞선다는 것으로 논할 필요가 없다. 비록 천지가 형성된 후에도 하늘 아래와 땅 위에 공허가 아닌 곳이 없는데, 리(理)가 일찍이 그 사이에 떨어져 버리지 않은 것은 어째서인가?

만약에 리(理)가 단지 하나의 일과 하나의 사물에만 있고, 공허 속에는 리(理)가 존재하지 않는다면 리가 결여되어 도달하지 않는 곳이 또한 많을 것이다. 그러나 『중용』에서 군자의 도는 '천하가 능히 실을 수 없다'[147]고 한 것은 과연 무엇을 말하는 것인가? 이 리(理)라는 것은 (만물을) 충만하게 발육시킴에 일찍이 멈추거나 쉰 적이 없다. 그러므로 이 천지에 앞서서 또 하나의 천지가 있었고, 이 천지의 뒤에 또 하나의 천지가 있을 것이다.[148] 위로 미루어 나가도 그 시초를 볼 수 없고 아래로 미루어 나가도 그 끝을 볼 수 없다. 사람과 사물이 변화 생장하는 것과 추위와 더위가 운행하는 것이 반드시 이 천지(의 변화와) 다름이 없으니 반고(盤古)의 앞이나 뒤를 논하지 않는 것이다. 그런데 어찌 조용히 텅 비어 사물을 생성하지 않는 때가 있었겠는가?

또한 리(理)의 움직임과 고요함은 다른 곳에서 증험할 수 없으니, 양의 움직임과 음의 고요함이 곧 리(理)의 움직임과 고요함인 것이다. 그러므로 『역(易)』에, "한 번 음하고, 한 번 양하는 것을 도라고 한다."고 하였으니 저들이 이른바 리(理)에는 움직임과 고요함이 없다고 한 것은 도대체 무엇을 근거로 한 말인가? 또한 우리 유학에서 사물의 이치를

---

147 『중용』 12장, "군자의 도는 광범위하면서도 은미하다. 그래서 필부필부(匹夫匹婦)의 어리석음으로도 참여하여 알 수가 있지만, 그 지극함에 이르러서는 비록 성인이라도 알지 못하는 바가 있으며, 필부필부의 무능함으로도 행할 수가 있지만, 그 지극함에 이르러서는 비록 성인이라도 행할 수 없는 바가 있다. (…) 그러므로 군자(의 도는) 큰 것으로 말한다면 천하가 실을 수 없고, 작은 것으로 말한다면 천하가 다 깨뜨릴 수 없다〔君子之道, 費而隱. 夫婦之愚, 可以與知焉, 及其至也. 雖聖人亦有所不知焉, 夫婦之不肖, 可以能行焉. 故君子語大, 天下莫能載焉, 語小, 天下莫能破焉〕."

148 소옹(邵雍, 1011~1077), 즉 소강절에 따르면 우주는 거대한 주기로 반복되고 있다. 우주 변화의 가장 큰 주기인 1원(元)은 129,600년이다. 주희는 소옹의 우주 주기설을 받아들인다. "강절의 원회운세의 이론에 의거하면 129,600년이 1원이 되며 1원은 12회로 이루어진다. 10,800년이 1회가 되며 1회는 30운으로 이루어진다. 360년이 1운이 되며 1운은 12세로 이루어져 있다〔因擧康節元會運世之說. 十二萬九千六百年爲一元, 一元有十二會. 一萬八百年爲一會. 一會有三十運. 三百六十年爲一運. 一運有十二世〕."(『주자어류』 권24, 135조목)

논함에 형상(形象)이 있는 것을 물[物]이라 하고, 형상(形象)이 없는 것을 리(理)라고 했다. '물(物)' 자와 '리(理)' 자는 본래 분별이 있으니 (주희가) 「태극도」의 주(註)에서 '리(理)는 물이 아니다.'라고 한 설은 본래 의심할 것이 없다. 그러나 (리마두가) 리(理)는 영명함과 지각이 없는 것이요, 나에게 없는 것을 사물에 베풀 수는 없다고 한 것은 곧 리(理)가 리(理)인 까닭을 모르는 것이며, 물(物)이 물(物)인 까닭을 모르는 것이다. 무릇 사물이 영명[靈]할 수 있고, 지각[覺]할 수 있는 것은 기(氣)가 (그렇게) 만드는 것이다. 그 영명하고 지각하는 까닭의 근원을 미루어 나가면 리(理)인 것이다. 다만 물(物)은 형상(形象)이 있어서 볼 수 있으나 리(理)는 형상(形象)이 없어서 볼 수 없다. 그러므로 도를 아는 사람은 형상이 있어서 볼 수 있는 사물에 나아가 형상이 없어 볼 수 없는 리(理)를 증험하는 것이다. 만약 리(理)는 형상이 없고 물(物)은 형상이 있다 해서 마침내 리(理)가 물(物)에 관여하지 않는다고 말한다면 리(理)를 논함에 있어 (이치로부터) 또한 먼 것이 아니겠는가?

이미 (이마두가) 태극은 천주가 세운 것[149]이라 하고, 리(理)에 본래 정밀한 이론이 있다고 여긴다면 어찌하여 천하의 사람들로 하여금 밝게 그 깨달을 수 있음[明]과 의로움[義]을 알 수 있도록 그 까닭[所以然]을 밝히지 않고 도리어 중도에서 그치고 설명하지 않은 것인가. 저들이 이미 중도에서 그치고 설명하지 않았으니 이것은 또한 답안[公案]을 완료하지 못한 것인데도 중국 선비라는 자는 성급하게 먼저 굴복하고 부화뇌동하여 찬탄하니 실로 미혹됨이 심하다고 할 만하다. 그가 굴복해

---

[149] 신후담은 이 대목에서 마테오 리치가 '태극은 천주가 세운 것'이라고 말했다고 여기지만 이는 『천주실의』의 내용을 오해한 것이다. 마테오 리치는 이 세계의 존재와 변화가 천주에게서 비롯된 것이라는 의미로 말한 것이지, 천주가 태극을 세웠다는 의미는 아니다.

서 한 말은 위에서 "옛 성인이 태극을 존숭하여 받들었다는 것을 아직 듣지 못했다."고 한 것과 식견이 같다. 진실로 태극은 허위(虛位)여서 공경을 베풀 곳이 없다는 것을 안다면 『사전(祀典)』에서 그것을 언급하지 않는 것도 또한 괴이할 것이 없을 것이다.

대체로 이 편의 주요한 뜻은 전적으로 태극을 배척하는 데 있으므로, 그 해석이 육자정(陸子靜)[150]과 왕수인(王守仁)[151] 무리의 말과 의연히 일치한다. 육왕(陸王)의 학문은 명대에 성행하였는데, 저 9만 리 바다 건너에서 온 사람의 소견과 이처럼 암암리에 합치하는 것은 진실로 기이하다고 할 만하다. 또한 이 편의 첫머리에 이른바 "유학에서 '유(有)'라고 하고 '성(誠)'이라고 하는 것에 대해 아직 그 해석을 다 듣지 못했다."고 한 것을 보면, 처음에는 우리 유가의 학문을 알지 못한 것 같은데, 그 아래에 "내가 일찍이 유가의 서적을 널리 보았다."고 했으니, 그 말이 모순됨을 면치 못함이 이와 같다. 이 편 말미의 상제의 설을 논하는 데에 이르러서는 경전을 넘나들며 꿰뚫지 않은 바가 없으니 유가의

---

150 주희와 비슷한 시기에 활동했던 남송 시기 사상가인 육구연(陸九淵, 1139~1192)을 말한다.

151 왕양명(王陽明, 1472~1529)는 명대에 활동한 유학자로, 이른바 심학으로 불리는 양명학을 창시한 인물이다. '인을 지킨다'는 의미의 수인(守仁)은 그의 이름이다. 왕양명이 활동하던 명나라 중기는 사회적으로 불안정한 시기였다. 환관이 장악한 조정은 권위를 잃고 있었고 전 시대에 혁신적 학풍이었던 주자학은 교조화되어 있었다. 이런 상황에서 왕양명은 학문의 전환을 시도하는데, 마음을 철학적 핵심으로 놓았다고 해서 그의 학문을 '심학(心學)'이라고 부른다. 왕양명은 '성인의 도가 나의 본성에 완전하게 갖추어져 있는데, 나의 밖에 있는 사물에서 이치를 구하려 한 것이 잘못이다.'라고 봄으로써 리(理)가 이미 자신의 내면에 갖추어져 있음을 자각하게 된다. 왕양명의 핵심 주장은 본성(性)과 마음(心)을 나누어서는 안 된다는 것으로, 내 마음이 곧 올바른 이치지 그 밖에 별도의 리가 존재하는 것은 아니라는 것이다.

서적을 이와 같이 익혔으면서도 어찌하여 '유(有)' 자, '성(誠)' 자의 해석을 모른다고 했는지 그 또한 크게 의심할 만한 것이다.

제3편 사람의 혼은 불멸하여 금수와 크게 다름을 논함

생각건대, 이 편의 사람의 혼이 불멸한다는 설은 내가 이미 『영언여작』에서 논변하였다. 그러나 지금 중국 선비가 그(마테오 리치)에게 물은 말을 보면 우리가 사는 이 세상이 고통스럽고 수고로우며 죽음에 이르러 흙에 묻히는 것이 큰 근심이 된다는 것을 극단적으로 말하고 있다. (이는) 애초부터 우리 유학의 가르침[名敎]에 자연히 즐거운 경지가 있어서 군자는 때에 따라 편안하며 순조로운 데 처하는 마음이 있어서 일찍이 살고 죽는 일에 근심하지 않음을 알지 못한 것이다.

또한 공자를 석가·노자와 뒤섞어 이단이라고 배척하여 함께 천하의 법을 어그러뜨리고 어지럽히는 등급으로 귀결시켰다. 인륜을 없애고 이치를 능멸하는 것이 이보다 심할 수 없으니 (중국 선비가) 나라 밖의 탄망한 설을 한 번 듣고는 흔연히 따라가는 것도 괴이할 것이 없다.

대개 이 편의 사생(死生)에 관한 설은 이미 첫편의, '죽은 후에는 어떻게 되는가.'라는 물음에서 조짐이 있었다. 이전에 그들이 공자를 배척한 근거는 또한 제2편에서 태극을 배척한 설로부터 이미 시초[權輿]가 있었다. 비록 그 설(說)이 매번 서양 선비의 말을 빌려 위세를 더하였으나, 그 단서는 먼저 중국 선비로부터 발단한 것이어서 서양 선비의 대답을 기다릴 필요 없이 중국 선비의 뜻을 이미 알 수 있다. 그렇다면 이것은 바로 서양 사람이 아직 중국에 오기 전에 진실로 한 서양 사람이 중국에 있었던 것이니 또한 어떻게 서양 사람을 탓할 수 있겠는가?

제4편 귀신과 사람의 영혼이 다르다는 논리를 따져서 해석하고, 만물일체라고 할 수 없음을 해명함

생각건대, 이 편의 귀신과 사람의 혼에 관한 설은 진실로 앞 편의 뜻을 늘어서 말한 것에 불과하니 본래 변론할 만한 것이 못된다. 그러나 그는 옛 임금이 제사드리는 예(禮)와 『시경(詩經)』, 『서경(書經)』에서 말한 사람의 혼이 하늘에 있다는 설을 끌어다 구실을 댈 거리로 삼았으니, 혹 세상을 미혹시키는 하나의 빌미가 될까 두렵다. 일찍이 『주자어류(朱子語類)』에서 이 일을 올바르게 논한 한 조목[152]이 있음을 보았는데, 이제 아래에 붙여 인용하여 변별하여 바로잡는 입지로 삼고자 한다.

(『주자어류』에 이르기를) (심한[153]이) 물었다. "사람이 죽으면 혼과 백이 곧 흩어집니까?"[154] 대답하셨다. "진실로 흩어진다." 또 물었다. "자손들이 제사를 지내면 (조상의 기운이) 감응하여 이르는 것은 어째서입니까?" 대답하셨다. "필경 자손은 조상의 기이다. 조상의 기는 비록 흩어졌다 해도 그 뿌리는 여전히 여기에 있으니 정성과 공경을 다하면 또한 조상의 기를 여기에 불러 모을 수 있다. 마치 파도가 치는 것과 같이 뒤의 물결은 앞 물결이 아니며 앞의 물결은 뒤의 물결이 아니지만 그러나 다만 하나의 물결로 통한다. 자손의 기와 조상의 기 또한 이와 같다. 조상의 기는 즉시 저절로 흩어지지만 그 뿌리는 도리어 여기(자손)에 있다. 뿌리가 이미 여기에 있으니 또한 오히려 그들의 그 기를 여기에 끌어 모을 수 있다. 이러한 일은 설명하기 어려우니 다만 사람들이 스스로

---

152 『주자어류』 권3 전체가 귀신에 관한 내용이다. 여기서 인용한 것은 3권의 57조목이다.
153 주희의 문인이었던 심한(沈僩)을 말한다.
154 『주자어류』 원문은 '不知魂魄便散否'로 되어 있다.

살펴보아야 한다."

또 물었다. "(『시경(詩經)』, 「대아(大雅)」) 「하무(下武)」편의 '세 임금[155] 께서 하늘에 계신다.'[156]라는 구절에 대해 선생님께서는 '하늘에 있다는 것은 그 기가 이미 없어져서 정신이 위로 하늘에서 합쳐진 것이다.'라고 풀이하셨는데, 이는 어째서입니까?" 대답하셨다. "곧 또한 이러한 이치 가 있다." 유용지[157]가 말했다. "아마도 다만 그 리(理)가 위로 하늘과 합쳐지는 것 같습니다." 대답하셨다. "이미 그 리(理)가 있으면 그 기 (氣)가 있는 것이다." (어떤 사람이) 물었다. "생각건대 성인은 청명하고 순수한 기를 품부받았기 때문에 죽어서 그 기가 위로 하늘과 합치되는 것 같습니다." 대답하셨다. "물론 그와 같다. 이 일 또한 미묘하여 말하 기 어려우니 다만 사람들이 스스로 살펴보아야 한다."[158]

(유용지가) 물었다. "선생님께서 요자회(廖子晦)[159]에게 보낸 답장[160] 에서 '기 가운데 이미 흩어진 것은 이미 변화해서 존재하지 않지만 리 (理)에 뿌리를 두고 나날이 생겨나는 것은 진실로 호연하고 무궁하다. 그러므로 상채(上蔡)[161]가, 나의 정신은 곧 조상의 정신[162]이라고 이른

---

155 은나라를 정벌하고 천자가 된 주나라 무왕의 조상인 태왕(太王)·왕계(王季)·문왕(文 王)을 말한다.

156 『시경』의 「대아(大雅)」, 〈문왕(文王)〉 중 '하무(下武)'편에 나오는 구절이다. "문왕과 무왕의 주나라에 대대로 현명하신 왕이 계셨도다. 세 임금이 하늘에 계시거늘 왕이 주나 라의 서울에 응하시도다〔下武維周, 世有哲王, 三后在天, 王配于京〕."

157 주희의 문인이었던 유려(劉礪)를 말한다.

158 다음 구절까지 중간의 내용은 생략되어 있다.

159 주희의 제자였던 요덕명(廖德明)을 말한다. 복건성 사람으로 젊어서 불교에 심취했다가 이정(二程) 형제의 제자였던 양시(楊時)의 글을 읽고 주희에게 나아가 배웠다고 한다.

160 『주자대전』, 『주문공집』 권45에 실려 있는 「答廖子晦」를 가리킨다.

161 정이천(程伊川)의 제자였던 사량좌(謝良佐, 1050~1103)로, 상채는 그의 호다. 양구산 (楊龜山) 등과 함께 정문(程門)의 사선생(四先生)이라 불린 인물이다. 『논어설』, 『상채

것은 대개 이것을 말한 것이다.'라고 하셨습니다. 그런데 '리(理)에 뿌리를 두고 나날이 생겨나는 것은 진실로 호연하고 무궁하다.'는 것은 '천지의 기가 변화한다〔天地氣化〕'고 할 때의 기(氣)입니까?" 대답하셨다. "이 기(氣)는 다 같을 뿐이다. 『주례』의 이른바 '하늘의 신〔天神〕, 땅의 시(示)〔地祇〕,**163** 사람의 귀〔人鬼〕'**164**는 모양은 세 가지이지만 실제로는 한 가지일 뿐이다. 만일 자손이 있어서 조상의 기를 불러올 수 있다고 한다면 자손이 없는 사람의 기는 완전히 없어지게 된다는 말인가! 그의 혈기는 비록 흘러 전해지지 않으나 그의 기는 또한 저절로 호연하게 날로 생겨나서 끝이 없다.**165** 요컨대 하늘·땅·사람을 관통하는 것은 다만 이 하나의 기(氣)일 뿐이다. 그래서 '넓디넓어 위에 있는 것 같기도 하고 좌우에 있는 것 같기도 하다.'**166**고 한 것이다. 허공을 가득 찬 것이 이 리(理)가 아닌 것이 없으니 사람들이 스스로 생생하게 알도록 해야지 말로 깨우쳐 주기는 어렵다."

어록』 등의 저술이 있다.

162 『상채어록(上蔡語錄)』의 원문은 다음과 같다. "조상의 정신은 곧 나의 정신이다〔祖考精神, 便是自家精神〕."(『상채어록(上蔡語錄)』 권1, 16a)

163 『주자어류』 권3, 20조목에는 '天神·地祇·人鬼'로 표현되어 있는데 이에 대해 제자가 땅에 대해서는 어째서 지(祇) 자를 쓰는지〔地何以曰祇〕 묻는 질문에 주희는 지(祇) 자가 곧 시(示) 자라고〔祇字只是示字〕 말한다.

164 "태종백의 직책은 나라의 천신과 인귀, 지신을 세우는 예를 담당하는 것이다〔大宗伯之職, 掌建邦之天神人鬼地祇之禮〕."(『주례주소(周禮注疏)』, 「춘관(春官)」, 〈대종백지직(大宗伯之職)〉 권18, 1a)

165 다음 구절까지 중간의 내용은 생략되어 있다.

166 『중용』 제16장, "귀신의 덕은 성대하도다. 보아도 보이지 않고 들으려 해도 들리지 않으나 만물을 체화하여 남기지 않는다. 천하 사람들로 하여금 재계하여 마음을 깨끗이 하고 예복을 입고 제사를 받들게 하니 넓디넓어 위에 있는 것 같기도 하고 좌우에 있는 것 같기도 하다〔子曰, 鬼神之爲德, 其盛矣乎. 視之而弗見, 聽之而弗聞, 體物而不可遺. 使天下之人, 齊明盛服, 以承祭祀, 洋洋乎如在其上, 如在其左右〕."

제5편 윤회(輪廻)의 여섯 가지 방법[六道]과 살생을 경계하는 잘못된 설을 논박하고, 재계(齋戒)와 소식(素食)을 현양하는 바른 뜻을 논함

생각건대, 이 편에서 불교의 윤회설을 배척한 것은 옳다. 그러나 불교가 전세(前世)에서 선악을 미루어 오는 것과 이들이 후세(後世)에서 화복을 지정하는 것은 현세[本世]를 떠나서 가공의 설을 만들었다는 점에서는 같다. 또한 이른바 후세의 화복이라는 것은 실제로는 불교의 천당지옥설의 찌꺼기 이론을 사용한 것이니 이것으로써 윤회설을 배척한다면 아마도 불교의 웃음거리가 되지 않는 바가 거의 드물 것이다.

제6편 죽은 후에는 반드시 천당 · 지옥이 있어서, 선과 악으로 응보된다는 것을 논함

생각건대, 이 편의 천당지옥설은 이미 앞에서 변론하였으니, 여기에서는 거듭하여 말하지 않는다.

제7편 인성이 본래 선함을 논하고, 천주교도 선비의 올바른 학문에 대해 서술함

생각건대, 이 편에서 인성을 논한 것은 대략 생장하고 지각하며 이치를 추론할 수 있는 것이 이른바 인성이고 인 · 의 · 예 · 지는 이치를 추론한 후에 있는 것이므로 인성이 될 수 없다는 것이다.[167] 또한 성(性)에

---

167 모든 인간이 인의예지의 실마리로서 사단(四端)을 가지고 태어난다고 선언한 맹자 이래, 전통적으로 신유학에서는 인간의 도덕적 실천의 근거를 본성에 내면화된 인의예지에서 찾았다. 인간의 본성이 선하다는 말은 인의예지가 본성 안에 뿌리박혀 있다는 의미이다. 인간이 태극 · 리로서의 본성을 가지고 있다는 신유학의 관점을 논박해야 했던 마테오 리치는 본성에서 인의예지를 제외하고자 했다. 마테오 리치는 리가 실체에 부수적인

는 일찍이 덕이 존재하지 않으니 덕은 의로운 생각과 의로운 행위를 오

의뢰자에 불과하므로 인성이 될 수 없으며〔理也乃依賴之品, 不得爲人性也〕인성은 인의예지와 같은 천명의 도덕성이 아니라 '이치를 추론할 수 있는 능력'이라고 선언한다. 따라서 인의예지는 이치를 추론한 후에 생기는 결과적인 것에 불과하다. "이치를 추론할 수 있음이 사람을 자기 본류로 만들어 주고 다른 존재들과 그 본체를 구별하게 해주기 때문에 이를 일러 인성(人性)이라고 합니다. 인의예지는 이치를 추론한 후에나 있는 것입니다〔能推論理者, 立人於本類, 而別其體於他物, 乃所謂人性也. 仁義禮智, 在推理之後也〕."(『천주실의』 권7) 마테오 리치에 따르면 인의예지는 내면의 본성이 아니라 외적 실천의 대상이 된다. 이는 신유학의 이기론과 인성론에 대한 중요한 논박이 된다. 신후담은 이 점을 지적하고 있지만 집중적으로 논박하지는 않는다. 신유학의 관점에서 보았을 때 전복적인 이 주장은 이후 정약용의 철학 안에서 재구성된다. 정약용도 『천주실의』와 유사한 전략으로 인의예지를 본성 밖의 사건으로 제쳐 버린다. "인의예지라는 이름은 일을 행한〔行事〕 뒤에 이루어지는 것이다. 그러므로 다른 사람을 사랑한 후에야 인이라 할 수 있으니, 다른 사람을 사랑하기 이전에는 인이 성립할 수 없다. (…) 인이란 사람의 노력에서 이루어지는 것이지, 태어날 때부터 하늘이 한 덩어리의 인을 만들어 사람의 마음속에 끼워 넣은 것이 아닌 것이다〔仁義禮智之名, 成於行事之後, 故愛人而後謂之仁, 愛人之先, 仁之名未立也. 仁之爲物, 成於人功, 非賦生之初, 天造一顆仁塊, 揷於人心也〕."(『여유당전서』 2집, 『맹자요의(孟子要義)』 권1, 22a) 정약용이 인의예지를 본성 밖으로 내보내는 것은 인간이 본래 선하게 태어난다는 명제를 거부하기 위해서가 아니다. 잘 알려져 있듯 성이 선하다는 맹자의 관점은 정약용에게도 유지된다. 다만 정약용은 인간의 도덕적 실천의 근거를 태어날 때 부여받은 인의예지라는 가치가 아니라 인식하고 추론하며 도덕적 판단과 실천을 할 수 있는 마음의 영명성에서 찾는다. "인의예지라는 이름은 본래 사람들이 일을 행한 후에 일어나는 것으로, 결코 사람 마음의 현묘한 리가 아니다. 사람이 하늘에게서 받은 것은 단지 영명뿐이다. (영명 때문에 사람은) 인을 행할 수도, 의나 예나 지를 행할 수도 있는 것이다. 만약 하늘이 인의예지를 인성 가운데 부여해 주었다면 이는 실상이 아니다〔仁義禮智之名, 本起於吾人行事, 竝非在心之玄理. 人之受天, 只此靈明. 可仁可義可禮可智則有之矣. 若云上天以仁義禮智四顆, 賦之於人性之中, 則非其實矣〕."(『여유당전서』 2집, 『중용강의(中庸講義)』 권1, 2b) 인간이 선을 실천하게 할 규제적 원리인 리나 인의예지가 알맹이처럼 실체화되어 있지 않아도 도덕적 실천을 할 수 있는 것은 하늘로부터 이러한 영명성을 부여받았기 때문이다. 마테오 리치가 인간의 조건을 '이치를 추론할 수 있는 능력〔能推論理者〕'에서 찾았듯 정약용도 영명성을 인격의 중심으로 세운다. 정약용에게 영명성은 본성에 내면화된 선함이 아니라 본성이 지향하는 선을 파악하고 구체적 결단을 내리는 의지의 능동성, 즉 일상생활에서 선에 대해 사고하고 판단하고 실천하는 인격의 중심이다.

랫동안 익힘으로써 생겨나는 것이라고 하였다. 그러므로 우리 유가의 복성설(復性說)[168]이 잘못된 것이라고 말한다.

저들은 일찍이 지각이 일어나는 것과 이치를 추론하는 것이 혼(魂)에 속한다고 했는데, 혼은 곧 기(氣)이니[169] 어찌 그것으로 인성의 본연을 논할 수 있겠는가? 이는 진실로 논변하기 부족하다.

인의예지가 인성이라는 것은 맹자 이래로 이미 확정된 설이 있었다. 사덕(四德)에 준거하고 오행(五行)에 짝지워 그러하지 않음이 없이 서로 부합하였으니 진실로 갑자기 이론을 세워 깨뜨릴 수 있는 바가 아니다.

또한 만약 인의예지가 진실로 추론 이후에 있는 것이고 본연의 성〔本然之性〕에 갖추어지지 않았다면 이른바 측은(惻隱) 등 네 가지 마음[170]이 과연 어디에 깃들어 있다가 (아이가) 갑작스럽게 우물에 빠지려

---

168 사람의 본성이 선하다는 전제에서, 살면서 생긴 퇴락을 거경궁리(居敬窮理)라는 수양의 과정을 통해 타고난 본성으로 되돌이켜야 한다는 성리학의 핵심 이론이다. 인간의 본성은 본래 고요하여 선한 상태로 태어나는데 외부와 접촉하는 과정에서 정이 발생하고 이에 따라 악으로 흐르게 된다. 복성설은 타고난 본성으로 돌아가기 위해 노력해야 한다는 점에서 수양론을 동반하는 일종의 윤리설이다.

169 예수회 회원들이 스콜라 철학의 아니마를 이해시키기 위해 중국어로 번역한 영혼(靈魂)이 동아시아인들에게 어떻게 받아들여졌는지를 단적으로 보여 주는 예다. 마테오 리치는 살아 있을 때 한 사람을 유지시키고 죽어서도 사라지지 않는 아니마의 특징을 이해시키기 위해 혼(魂)이라고 번역했지만 이러한 전략은 처음부터 일정한 한계를 안고 있었다. 동아시아인들에게 혼은 언제나 기 차원에 속한 것이었기 때문이다. 혼이 기를 연상시키는 치명적인 문제를 해결하기 위해 알레니는 『성학추술』에서 영혼이라는 말을 대신해서 '영성(靈性)'이라는 단어를 사용하기도 한다.

170 측은지심 · 수오지심 · 사양지심 · 시비지심을 말한다. 맹자는 이 네 가지 마음이 인의예지를 실천할 수 있는 실마리며 사람이라면 누구나 이를 가지고 있다고 선언한다. "측은지심이 없으면 사람이 아니고, 수오지심이 없으면 사람이 아니며, 사양지심이 없으면 사람이 아니고, 시비지심이 없으면 사람이 아니다. 측은지심은 인의 단서요, 수오지심은 의의 단서이며, 사양지심은 예의 단서요, 시비지심은 지의 단서다〔無惻隱之心, 非人也;

고 할 때[171]에 별안간 나오는 것인지 모르겠다. 반드시 이치를 추론하기를 기다린 이후에 있게 되는 것이 아니다. 또한 (인의예지가) 이치를 추론한 뒤에 있는 것이므로 성(性)이 아니라고 한다면 이른바 리(理)라는 것은 과연 성(性)의 밖에 있어서 리(理)와 성(性)이 판연히 다른 두 가지가 된다는 것인가? 이것은 참으로 리(理)라는 말의 의미를 모르는 것이다.

덕은 의로운 생각과 의로운 행동에서 생겨나는 것이고 성에 갖추어진 것이 아니라고 말한다면 사람에게 이 덕이 있는 것이 결국 밖에 있는 물(物)을 잡아당겨서 억지로 몸 안에 들여놓는 것이 된다. 그렇다면 『대학』에서 이른바 '명덕(明德)'[172]이라 하고 『중용』에서 이른바 '덕성(德性)'[173]이라고 한 것은 도대체 무엇을 가리킨 것인가? 이 또한 덕이

無羞惡之心, 非人也; 無辭讓之心, 非人也; 無是非之心, 非仁也. 惻隱之心, 仁之端也; 羞惡之心, 義之端也; 辭讓之心, 禮之端也. 是非之心, 智之端也〕."(『맹자』, 「공손추」 상, 6장) 이 선언 이후 인간의 마음에 인의예지의 실마리인 사단이 갖추어져 있다는 점과, 그리하여 인간의 본성이 선하다는 것은 유학의 정론이 되었다.

171 맹자는 모든 인간에게 차마 타인의 고통을 외면하거나 남에게 모질게 하지 못하는 마음이 있다고 선언한다. 이 마음이 누구에게나 있다는 근거로 맹자는 우물에 막 빠지려는 어린아이의 예를 든다. "사람에게는 모두 이 차마 하지 못하는 마음이 있다. (…) 지금 어떤 사람이 우물에 빠지려는 어린아이를 얼핏 본다면 모두 깜짝 놀라 안타까워하는 마음을 가질 것이니 이는 어린아이의 부모와 교제가 있어서도 아니요, 동네의 붕우들에게 칭찬을 듣고자 함도 아니요, (원망하는) 소리가 싫어서도 아니다. 이로부터 본다면 측은지심이 없다면 사람이 아니다〔人皆有不忍人之心. (…) 今人乍見孺子將入於井, 皆有怵惕惻隱之心 非所以内交於孺子之父母也, 非所以要譽於鄉黨朋友也, 非惡其聲而然也. 由是觀之, 無惻隱之心, 非人也〕."(『맹자』, 「공손추」 상, 6장)

172 『대학』 1장에 나오는 말이다. "대학(大學)의 도(道)는, 밝은 덕〔明德〕을 밝히는 데 있으며, 백성을 친히 하는 데 있으며, 지극한 선(善)에 머무는 데 있다〔大學之道, 在明明德, 在親民, 在止於至善〕."

173 『중용』 27장에 나오는 말이다. "그러므로 군자는 덕성(德性)을 존중하며 묻고 배우는 것으로 말미암아 넓고 크게 이루면서도 정밀하고 은미한 것까지 다하며, 높고 밝음을

라는 말의 의미를 모르는 것이다. 그러나 육경(六經)과 정주(程朱)의
책에 보이는 성리의 설은 다 밝혀져 있으니 이제 다시 논하기를 기다
리지 않아도 충분하다. 배우려는 자가 반드시 그 뜻을 자세히 알고자
한다면, 거기에서 구해야 옳다.

제8편 전도사가 결혼하지 않는 까닭을 논하고, 아울러 천주가 강생하신 유래를 풀이함

생각건대, 이 편의 혼인을 하지 않는 한 가지 일은 본래 불교가 우리
유학에 죄를 지은 바인데, 선유들이 변척한 바가 이미 상세하므로 지금
번잡하게 논하지 않는다. 천주가 강생했다는 설〔降生說〕에 이르러서는
더욱 심하게 광탄(誑誕)하고 이치가 없으니 본래 논변하기 부족하다. 잠
시 이 책이 천주를 논한 설로 따져 보면 또한 판연히 달라서 얼음과 석
탄처럼 서로 용납하지 않는다.

저들은 일찍이 "하늘이 (운행하는) 도수(度數)는 각기 그 법칙에 의거
하며 하늘이 머무는 바〔次舍〕도 각각 그 위치에 편안하여 조금의 어긋
남도 없는 것은 천주가 하늘을 주재하기 때문이다."라고 하였다. 그렇
다면 천주가 하루라도 하늘을 떠날 수 없음은 명백하다. 그런데 지금은
곧 인간 세상에 강생한 지 33년이나 되었다고 하니, 이 33년 동안 하늘
은 주재자가 없는 한가로운 물건이 되어 버린 것이다. 하늘이 머무는
바〔次舍〕와 (운행)의 도수(度數)에 조금도 어긋날 염려가 없을 수 있겠

지극히 하면서도 중용으로 말미암고, 옛것을 익혀 새로운 것을 알며 두터움을 돈독히
하여 예(禮)를 높인다〔故君子尊德性而道問學, 致廣大而盡精微, 極高明而道中庸, 溫故
而知新, 敦厚以崇禮〕."

는가?[174]

　또한 저들은 천주가 고금의 위대한 아버지[大父][175]이고 우주의 공평한 임금[公君]이라 하였는데, 그렇다면 이 천주는 반드시 사해를 두루 덮어야 할 것이므로, 사사로운 은혜와 작은 혜택으로써 한 지역의 사람들에게만 치우쳐 베푼다는 것은 부당한 것임에 분명하다. 지금 서양 이외의 천하의 나라는 만 가지 구역에 그치지 않는데 천주 상제가 자녀 삼지 않는 곳이 없다고 했으나 천주가 각국에 강생했다는 말을 듣지 못했다. 유독 서양의 나라에만 강생했다면 천주가 은혜를 베푸는 도리의 치우침과 사사로움이 심하다고 할 수 있을 것이니 어디에 (천주가) 위대한 아버지와 공평한 임금이 됨이 있겠는가? 단지 이 두 문단만으로 이미 그 허위가 다 탄로났음을 볼 수 있으니 그 설이 신빙하기 부족함은 대개 많은 말을 기다리지 않고도 분명한 것이다.

---

174 『천주실의』 권1에 나오는 말로, '저들은 (…) 있겠는가'까지 「기문편」의 〈丙午冬見李星湖紀聞〉에서 다룬 내용이다.
175 『직방외기』의 원문은 다음과 같다. "하늘과 땅 사이에 지극히 높고 지극히 위대하여 사람과 사물의 진실한 주재자이며, 위대한 아버지가 되는 (…) 한 분은 바로 하느님인 상제일 뿐이다[至尊至大, 爲人物之眞主, 大父者, (…) 一者, 卽天主上帝而已]."(『직방외기』 권1, 「여덕아(如德亞)」)

3) 『직방외기(職方外記)』[176]

생각건대, 이 책은 아시아(亞世亞) · 유럽(歐邏巴) · 아프리카(利未亞)[177] ·

---

176 이 책은 예수회 선교사 줄리오 알레니(Giulio Aleni, 1582~1649)가 판토하 · 우르시스 등이 작성한 필사본을 바탕으로, 테렌즈가 제공한 서양의 지리 지식과 자신의 경험을 활용해 증보하여 만든 책이다. 줄리오 알레니는 이탈리아 출신의 예수회 선교사로 중국 이름은 애유략(艾儒略)이다. 중국인들은 알레니를 '서양에서 온 공자[西來孔子]'로 칭송했다. 알레니는 마테오 리치의 뒤를 이은 중국 전교의 2세대로, 1613년부터 사망한 1649년까지 약 25년 간 복건성에 거주하면서 활발한 전교 활동을 펼쳤다. 마테오 리치의 정책을 계승해서 가정에서 제사와 위패를 허용하는 등 개방적인 전교 활동을 펼쳤고 서광계 · 이지조 · 양정균 등 중요 인물들과 교류하면서 『직방외기(職方外紀)』 외에 유럽의 교육 체계를 해설한 『서학범』, 영혼론인 『성학추술』, 중국인들과 나눈 대화를 기록한 전교 일기 『구탁일초(口鐸日抄)』, 『만물진원(萬物眞原)』, 『삼산론학기(三山論學記)』, 『천주강생언행기략(天主降生言行紀略)』 등 30여 종의 저술을 남겼다. 직방이란 땅(方)을 담당하는 관직(職) 즉 천하의 지도와 중국 밖에서 들어오는 조공을 관장하는 직책이면서 동시에 이 직방이 관할하던 지역을 의미한다. 『주례』, 「하관(夏官)」, 「직방씨(職方氏)」에, "직방씨가 천하의 지도와 사방의 공물을 맡아 보았다[有職方氏, 掌天下之地圖, 主四方之職貢]."는 기록이 있다. 따라서 『직방외기』란 중국이 영향력을 행사하던 직방 외의 세계에 대한 각종 정보를 모은 책이라는 의미가 된다. 총론격인 「오대주총도계도해(五大州總圖界度解)」를 비롯하여 총 5권에 걸쳐 아시아 총설[亞細亞總說], 유럽 총설[歐邏巴總說], 아프리카 총설[利未亞總說], 아메리카 총설[亞墨利加總說], 사해 총설(四海總說)이 수록되어 있다. 16세기 말에 루기에리, 마테오 리치 등 서양 선교사가 중국에 들어왔을 때 유럽에서는 이미 콜럼부스(Christopher Columbus, 1451~1506)가 대서양을 횡단해 아메리카 대륙을 발견(1492년)한 뒤였고, 인류 최초로 지구 일주 항해를 하며 마젤란 해협, 태평양 등을 명명한 마젤란(Ferdinand Magellan, 1480~1521)의 탐험 결과가 유럽 사회의 상식으로 통용되던 때였다. 이러한 서양의 지리 지식을 바탕으로 마테오 리치, 알레니 등의 서양 선교사들은 세계 지도와 지리서를 통해 세계를 오대주로 선언하고 아프리카 · 아메리카 등의 정보를 중국인들에게 제공했던 것이다. 이 책은 중화권 외에 다른 나라에 대한 정보가 없었던 중국과 조선에 상당한 영향을 미쳤다.

177 '리미아(利未亞)'란 라틴어 리비아(Libya)를 음차한 것이다. 당시 유럽인들은 아프리카 대륙을 리비아라고 불렀다.

아메리카(亞墨利加)·마젤라니카(墨瓦蠟尼加)[178]를 오대주라 하였다.[179] 아시아는 곧 중국이다. 조공(朝貢)이 통하는 곳과 본래 직방(職方)에 속하는 나라 외에, 별도로 타타르(韃而靼, Tatar)[180] 등의 여러 나라가 여기에 속한다. 유럽은 서쪽 바다에 있는데, 중국과

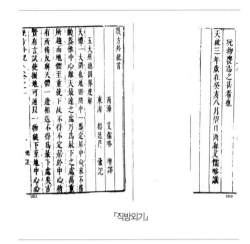

『직방외기』

의 거리가 9만 리이고, 에스파냐(以西把尼亞) 등 여러 나라가 속하여 있다.

---

178 마젤란의 땅(the land of Magellan)이라는 의미로, Magallanica 또는 Magellanica라고 불리던 지도상의 상상의 대륙이다. 15세기부터 18세기까지 여러 유럽 지도에는 테라 오스트랄리스 마젤라니카(Terra Australis Magellanica)라는 대륙이 등장한다. 당시 유럽 인들의 상식을 따라 알레니도 마젤라니카가 탐험가 마젤란이 아메리카 지역의 서쪽 바다 즉 태평양에서 발견한 대륙이라고 생각했지만 이는 실제로 존재하는 대륙이 아니다. '묵와랍니가(墨瓦蠟尼加)'라는 명칭은 1602년 마테오 리치가 곤여만국전도에서 처음으로 사용한 것이며, 이 지도에서 묵와랍니가(墨瓦蠟尼加)는 남쪽의 큰 대륙으로 묘사되어 있다.

179 당시 유럽에서도 세계가 오대주로 이루어졌다는 사실은 최신 정보라고 할 수 있다. 전통적으로 중국에서도 화이(華夷)·이하(夷夏)처럼 중국과 중국 밖의 지역을 구분하는 용어와 개념이 통용되어 왔지만, 이는 중화의 입장에서 이적을 공간적으로 구분하고 분류하는 심상의 경계에 가까웠다. 이들에게 '천하'는 육합(六合) 전체였고 중국의 영향이 미치는 모든 주변 영역이었다. 명대에 이루어진 정화의 원정 이후 아프리카의 존재와 그에 대한 인식이 생겨났지만 원정이 끝나면서 자연히 외부에 대한 관심은 약해질 수밖에 없었다. 따라서 세계에 중국만큼이나 큰 다른 대륙들이 네 개나 더 있다는 사실은 중국과 조선인 들에게 상당한 충격과 호기심을 일으킬 수밖에 없었다.

180 타타르라는 명칭은 다양하게 사용되었다. 일반적으로는 만주 북방 및 중앙아시아에 살던 유목 민족인 몽고족과 투르크계 민족을 통틀어 타타르족이라고 한다.

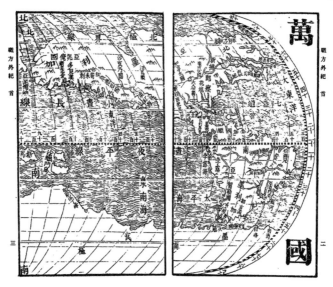

『직방외기』에 수록된 만국전도 상

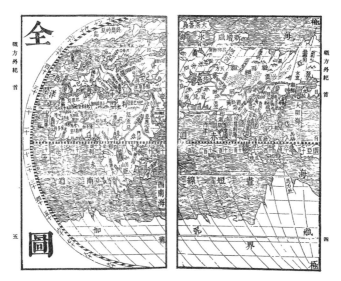

『직방외기』에 수록된 만국전도 하

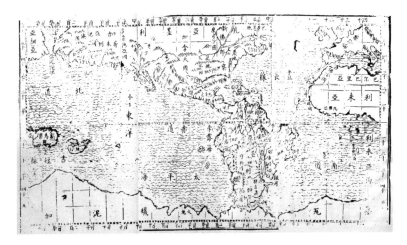

『직방외기』에 함께 판각된 지도. 왼쪽부터 아시아(亞細亞), 아메리카(亞墨利加), 아프리카(利未亞)와
적도(赤道) 등의 명칭이 보이고 아래에는 '마젤라니카(墨瓦蠟尼加)'라는 상상의 대륙이 등장한다.

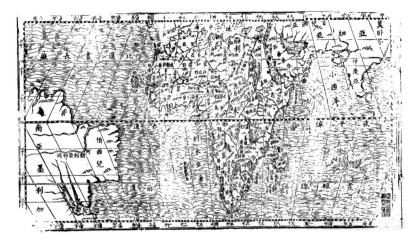

아프리카(利未亞)의 오른쪽에 아시아(亞細亞)가, 왼쪽에 남아메리카(南亞墨利加)가 표시되어 있는 지도.

아프리카는 동쪽으로 홍해(紅海)의 서쪽과 접하고 서쪽으로 복도(福島)[181]
에 접해 있고, 이집트(阨入多, Egypt) 등 여러 나라가 여기에 속한다.

아메리카는 유럽의 대신(大臣)인 콜럼부스(閣龍, Columbus) 등이 항해
하다 발견한 것이며, 그 땅은 남북의 두 경계로 나누어져 있다. 남쪽에는
페루(孛露, Peru) 등 여러 나라가 있고, 북쪽에는 멕시코(墨是可, Mexico)
등 여러 나라가 있다. 마젤라니카는 에스파냐의 신하인 마젤란(墨瓦蘭,
F. Magellan)이 발견한 것이다. 대략 아메리카의 동쪽에 치우쳐 있는데
산천과 도로, 거리와 인물이나 풍속 및 새와 짐승, 벌레, 물고기들에 대하
여 전혀 전하는 말이 없으니 아무렇게나 기록할 수가 없다고 운운한다.

나는 오직 중국이 천하의 중심에 있으면서 풍속과 기후의 올바름을
얻었고, 예로부터 성현이 번갈아 흥기하여 명교(名敎)가 높았으며 그 풍
속의 아름다움과 인물의 번성함이 진실로 다른 나라가 미칠 바가 못 된
다고 여긴다. 그러나 저 유럽의 여러 나라들은 모두 바다 끝의 외딴 지
역에 있어서 명교(名敎)에 대해 들을 수 없었으니 스스로 중국〔華夏〕에
진출할 수 없었다.

이제 한갓 그 토지의 크고 작음에 있어서는 대략 서로 비슷하다 할지
라도 문득 감히 중국과 같은 반열에 두고 뒤섞어 일컫는 것은 진실로
심히 도리를 모르는 것이다. 또 천하의 수많은 지역 가운데『직방외기』
에 기록된 것 외에 천하 안〔寰瀛〕의 광막한 경계에 있는 나라들은 길이
멀고 끊겨 있어 교통이 통하지 않으므로 비록 기이한 낯선 형상의 나라
가 그 가운데 산포되어 있을지라도 직접 겪어 그 실제를 징험하지 못했

다면, 군자는 담아 둘 뿐 논하지 않는 것이다.

지금 서양 선비〔西士〕들이 비록 멀리 여행하기를 잘한다고 하나, 반
드시 천지의 사방 끝까지는 이르지 못했을 것이다. 한갓 그 귀와 눈으로
경험한 것만 가지고 구구절절 모아 기록하여 다섯 대륙〔五洲〕이라고 지
정하고는 오만하게 스스로 천하를 다 보았다고 말하니 어찌 소견이 그
리 작은가? 마젤라니카(墨瓦蠟尼加) 한 대륙〔州〕의 경우 이미 모두 전하
는 바가 없다고 말하였는데, 무엇으로 고증할지는 모르면서 그것이 큰
(대륙이어서) 네 대륙〔四洲〕과 더불어 나란히 배열할 수 있음은 알았다
는 말인가.[182]

유럽의 학설이 자못 중국에 성행하여 우리나라 사람들 가운데도 즐기
고 사모하는 자가 많다.[183] 지금 이 책에 기록한 것으로 살펴보면, 그

---

182 이후부터 2쪽 가량 이어지는 한 단락의 순서가 『벽위편』과 다르다. ㉠'유럽〔歐羅巴〕의
학설이 자못 중국에 성행하여'부터 '심히 가소로울 따름이다'까지의 단락 전체가 『벽위
편』에서는 ㉡'이 책이 기록한 것은 유럽의 학문이 천주 상제를'부터 '돌이킬 줄 모르게
될 것이다'의 단락 뒤에 나온다. ㉡단락은 『벽위편』에 먼저 나오고 『하빈선생전집』에는
뒤에 나오는데 『벽위편』의 경우 『하빈선생전집』에 비해 내용이 생략되어 있고 문장도
다르다. 중요한 것은 내용인데, ㉠은 주로 미사와 첨례 등 천주교의 전례를 불교와 비교
한 것이고 ㉡은 천주에게 화복을 구하는 것에 대한 비판이다.

183 성호 이익의 제자 안정복(安鼎福, 1712~1791)은 서학서가 일반화된 당시의 상황을 다음
과 같이 기술한다. "서학서가 선조(宣祖) 말년 이래로 이미 우리나라에 들어왔는데 이름
난 재상과 뛰어난 선비 가운데 보지 않은 사람이 없었다. 그러나 제자(諸子)나 도가
또는 불가에 속하는 정도로 여겨 서실(書室)의 구색으로 갖추어 놓은 것으로, 택하는
바는 단지 상위(象緯)와 구고(句股)의 기술에 관한 것뿐이었다. 연래에 어떤 사인(士人)
이 사행을 따라 연경에 갔다가 그에 관한 책을 얻어 가지고 왔는데, 계묘년과 갑진년에
재기 있는 젊은이들이 천학(天學)의 이론을 제창하였다〔西洋書, 自宣廟末年, 已來于東,
名卿碩儒, 無人不見. 視之如諸子道佛之屬, 以備書室之玩, 而所取者, 只象緯句股之術而
已. 年來有士人隨使行赴燕京, 得其書而來, 自癸卯甲辰年間. 少輩之有才氣者, 倡爲天學
之說〕."(『순암선생문집(順菴先生文集)』 권17, 「천학고(天學考)」)

설의 요체는 모두 불교를 전술(傳述)한 것이지만, 그 식견의 비루함은 불교의 아래에서 나온 것이다. 예를 들어 이른바 천당·지옥의 설과 동정을 지키는 것과 세속의 인연을 끊는 것, 형체는 없어지나 영혼은 불멸한다는 등의 설은 모두 불교의 남은 이론을 답습한 것이다.

예를 들어 이른바 세상 사람을 교화시키고 유도하여 끊이지 않고 (자신들의 학설을) 전파하는 것은 곧 불교의 선(善)을 권하는 뜻과 같고, 이른바 공동으로 첨례(瞻禮)하는 것을 미사(彌撒)라 이름하는 것은 곧 불교의 정례(頂禮)[184]의 일과 같다. 또 이른바 세상의 복과 즐거움을 버리고 산속으로 피해 살면서 죽을 때까지 수양[修持]하는 것은 곧 불교의 출가와 같으며, 이른바 처음에 죄를 처음 씻는 세례〔拔地斯摩之禮, Sacramentum Baptismatis〕가 있고, 죄를 거듭 풀어 주는 고해성사〔恭斐桑之禮, Sacramentum Confessionis〕가 있는 것은 곧 불교에서 죄를 참회하는 것과 같다. 윤회설을 배척하는 것은 비록 불교와 다른 것 같으나, 이른바 사람의 명이 다할 때 천주가 심판하여 상과 벌을 준다는 것은 곧 불교에서 (지옥에 가면) (칼로) 자르고, (불로) 태우고, (방아로) 찧고, (맷돌로) 간다[185]는 찌꺼기 이론과 같다. 앞날의 일을 알아 예언하는 일의 경우 불교에서도 식견이 있는 자는 오히려 기꺼이 그것을 하려 하지 않고 사악한 마귀의〔邪魔〕 이단설〔外道〕이라며 배척한다.

그러나 이 책에서는 특히 아직 오지 않은 일을 미리 아는 것을 신성(神聖)의 지극한 공이라 하여 많은 서양의 성인들이 천주로부터 명을 받

---

184 오체투지(五體投地)를 말한다. 절을 할 때 신체의 다섯 부위(五體) 즉 양 팔꿈치, 양 무릎, 이마가 땅에 닿도록〔投地〕 하는 큰 절이다. 정례란 정수리(頂) 곧 머리로써 예배한다는 뜻으로 자신의 가장 높은 머리로 상대의 가장 낮은 발에 예배함으로써 공경의 지극함을 나타내기 위한 것이다.
185 지옥의 고통이 극심함을 표현하는 말이다.

았다고 여긴다. 무릇 의심나는 일이 있으면 반드시 묵시를 받아 미리 알
게 되는데 모두 경전에 실려 있으며 훗날에 맞지 않는 것이 없다고 했
다. 예를 들면 천주가 강생하여 사람의 죄를 구원하는 일이 경전 가운데
에 매우 상세하게 예언되었는데 후에 과연 유대(如德亞)의 베들레헴(白
德稜) 땅에 강생하였다고 운운하는 것 등이다. 이런 말들은 불교에 비해
더욱 얕팍함을 드러낸 것으로 다만 스스로 그 황탄(荒誕)함을 드러내니
심히 가소로울 따름이다.

이 책은 유럽의 학문이 천주 상제를 존숭하고 받드는 것을 가장 중요
한 의의〔第一義〕로 삼았으며, 그 존숭하고 받드는 뜻을 지극히 말하였음
을 기록하여, "무릇 사람의 화복(禍福)과 요수(夭壽)는 모두 천주가 주재
하는 것이다. 그러므로 사람은 마땅히 두려워하고 공경하며 아끼고 사
모해야 한다. 천주의 참된 가르침을 따르면 반드시 천당에 올라가서 천
신(天神)[186]과 여러 성현에게 참배하게 되고, 그렇지 않으면 반드시 지옥
에 떨어져서 영구히 고난을 받을 것이다."고 말하였다.

나는 오직 화복과 요수가 하늘에 달려 있는 것은 그 이치가 진실로
그러하다고 여긴다. 그러나 군자가 하늘을 공경하는 것은 이를 두려워
해서 그런 것이 아니다. 하늘이 사람을 내실 때 인의예지의 본성을 부여
해 주셨고, 부자 · 군신 · 부부 · 장유 · 붕우의 인륜을 펼치셨으니 사람들
은 마땅히 이 성을 확충하여 이 도리를 다해야 하니, 그런 연후에 바야
흐로 (본성을) 더럽힘 없이 하늘이 부여한 것을 온전히 얻을 수 있다.
성현들이 공경하고 받들어서 종일토록 (상제를) 마주 대하듯 함〔對越〕이

---

186 여기서는 천주를 말한다.

이것이니, 이것이 어찌 복을 구하려고 한 것이고 어찌 화를 피하려고 한 것이며 어찌 수명의 길고 짧음을 위해서이겠는가.

지금 저들의 학문을 하는 자들은 이미 그 하늘이 부여한 본성에 근원을 두고, 본래 가지고 있는 덕을 확충하지 않으며 또한 하늘이 펴신 인륜을 살피고 그 마땅히 행해야 할 도리를 다하지 않는다. 그 공경하고 두려워하며 아끼고 사모하는 것이 한갓 하늘에 달려 있는 화복과 요수라 하니, 그 이른바 공경한다는 것이 성심으로 공경하는 것이 아니고, 그 공경은 진실한 마음〔誠心〕으로 공경하는 것이 아니라 하늘이 자기에게 복을 주기를 바라는 것일 따름이요, 그 사랑하는 것도 진실한 마음〔誠心〕으로 사랑하는 것이 아니라 하늘이 자기에게 화를 내릴까 두려워해서일 뿐이다. 그 학문은 전적으로 이익을 바라는 마음〔利心〕에서 나온 것이므로 성현이 (상제를) 마주 대하듯 하는 일에 대해 더불어 논하기에 부족하다.

오호라, 천리 인륜의 그러함〔所以然〕에 전적으로 몽매하여 한갓 화복에만 매달리는 것이다. 이런즉 장차 복을 구하여서 선을 행하는 경우 복이 없으면 게을러지게 되고, 화를 두려워하여 악을 행하지 않는 경우 화가 없으면 방자하게 되는 것이다. 몸을 버려 인을 이루는 일〔殺身成仁〕이나 생을 버리고 의를 취하는 일〔舍生取義〕을 누가 기꺼이 하겠는가. 이 학설이 행해지면 내가 보건대, 천하가 모두 다 이익으로만 달려가서 돌이킬 수 없을 것이다.

이 책은 유럽에서 학교를 세우고 선비를 기르는 법을 기록하고 있다.[187]

---

[187] 유럽의 교육 체계를 중국에 처음 소개한 저술은 알레니가 『직방외기』와 비슷한 시기에 완성한 『서학범(西學凡)』(1623)이다. 이 책은 1599년에 확정된 예수회의 교학 규범

그 대략은 유교를 흉내낸 것으로 그 법규〔程〕와 조목〔條〕이 순일치 않고 명분과 말이 마땅함을 잃었다. 그 설에 말하기를, "유럽의 국왕이 널리 학교를 세웠는데 한 나라와 한 군(郡)에는 대학(大學)과 중학(中學)을 두고, 읍(邑)이나 마을에는 소학(小學)을 두었다. 소학에는 학문과 품행이 좋은 선비를 선택해 선생으로 삼고, 중학과 대학에서는 또한 학문과 품행이 가장 우수한 선비를 선생으로 삼았다."고 한다.

소학은 문과(文科)라고 하며 네 종류의 과목이 있다. 하나는 옛 현인의 이름난 교훈을 배우는 것이고, 또 하나는 각 나라의 역사이며, 또 하나는 각종의 시문(詩文)이고, 또 하나는 문장(文章)과 의논(議論)이다. 학생들은 7~8세로부터 시작하여 17~18세에 학업을 완성하는데, 본 소학의 선생들이 시험을 치러 우수한 자는 중학에 진학시킨다.

중학은 이과(理科)라고 하며 세 학년을 두었다. 1학년에서는 로지카(落日加, Logica, 논리학)를 배우는데 번역하면 옳고 그름을 변론하는 법〔辨是非之法〕이다. 2학년에서는 피지카(費西加, Physica, 자연학)를 배우는데 번역하면 성리를 살피는 도리〔察性理之道〕를 배우며, 3학년에서는 메타피지카(黙達費西加, Metaphysica, 형이상학)를 배우는데 번역하면 성

(*Ratio atque Institutio Studiorum Societatis Jesu*)을 바탕으로 저술된 것으로, 이지조가 편찬한 『천학초함(天學初函)』에 포함되어 조선에도 전래되었다. 알레니는 『서학범』에서 유럽의 교육 체계를 문과(文科)〔rhetorica, 勒鐸理加, 수사학〕, 이과(理科)〔philosophia, 斐錄所費亞, 철학〕, 의과(醫科)〔medicina, 黙第濟納, 의학〕, 법과(法科)〔leges, 勒義斯, 법학〕, 교과(敎科)〔canones, 加諾搦斯, 교회 법학〕, 도과(道科)〔theologia, 陡祿日亞, 신학〕 등 여섯 과로 소개한다. 예수회의 학교 조직은 중등 교육기관인 하급과와 대학 수준인 상급과로 구성되는데, 하급과에서는 라틴어와 희랍어 문법 및 수사학을 주로 배우고, 상급과에서는 이른바 이학(理學, 철학)과 도학(道學, 신학)을 차례로 공부하게 된다. 알레니는 이러한 예수회의 교육 체제를 중국인들에게 익숙한 표현인 소학, 중학, 대학으로 분류한 것으로 보인다. 소학, 대학, 의학, 법학, 등 알레니의 번역어가 현재에도 유사한 의미로 통용된다는 점을 생각할 때 이 책의 영향력을 파악할 수 있다.

리(性理) 이상을 살피는 학문[察性理以上之學]이다. 총칭하여 필로소피아(斐錄所費亞, Philosophia, 철학)라고 한다. 배움을 마치면 본 중학의 선생들이 다시 시험을 치러 우수한 자는 대학에 진학시킨다.

대학은 네 학과[四科]가 있어서 (수업을) 듣는 사람이 스스로 선택하는데, 하나는 의학과[醫科]로서 질병을 치료하는 것을 주로 하고, 하나는 정치과[治科]로서 정사(政事)에 관한 일을 익히는 것을 주로 하며, 하나는 교회 법과[敎科]로서 교(회)법을 지키는 것을 주로 하며, 하나는 신학과[道科]로서 교화를 일으키는 것을 주로 한다. 모두 몇 해 동안 배운 이후에야 마치는데, 공부가 끝나면 선생들이 또 엄격하게 살펴서 그 가운데서 취하여 곧 임무를 맡는 것을 허락한다. 신학을 배운 자[學道者]는 오로지 백성을 교화시키는 데만 힘쓰고 정사(政事)에는 참여하지 않으며, 백성을 다스리는 자[治民者]는 임기를 채운 후에 국왕이 그 정치의 실적을 살펴서 진급시키거나 강등시킨다.

내가 보기에 세 단계로 학교를 분리해 세운 것은 우리 유교의 소학·대학의 규정과 흡사하며, 선생들이 시험 치는 것도 우리 유교에서 (시험을 치러) 현(縣)이나 주(洲)로 올리는 법과 비슷하다. 그러나 학생들이 배우는 것과 선생들이 가르치는 것은 우리 유학에서 배우고 가르치는 본의가 아니다. 네 학과 가운데서 (우수한 이를) 뽑아 일을 맡기는 것의 경우, 비록 옛날에 (자질을) 의논하여 정하여 관직을 맡기는 제도와 유사하나 그 맡기는 방법을 세밀하게 살펴보면 또한 그렇지 않다.

무릇 우리 유교의 도는 하늘이 명한 본연의 선에 근원하여, 인륜일용(人倫日用)의 떳떳함에서 드러나므로 이른바 배운다는 것은 이것을 배울 뿐이고, 이른바 가르친다는 것은 이것을 가르칠 따름이다. 여덟 살에 소학에 들어가면 물 뿌리고 쓸며 응답하고 접대하며[洒掃應對] 나아가고 물러나는 절도〔進退之節〕와, 어버이를 사랑하고〔愛親〕 윗사람을 공경하며〔敬兄〕, 스승을 높이고〔隆師〕 벗과 친하는〔親友〕 도리를 배우는 것에 지나지 않는다. 요컨대 덕성을 함양하고 근기(根基)를 배양하여 행함에 남은 힘이 있으면 또 시를 암송하고 글을 읽으며 노래를 읊조리고 춤을 추게 하여, 한 생각 한 동작에서라도 혹 뛰어넘음이 없도록 한다.

열다섯 살에 대학에 들어가면 또한 소학에서 이미 가르친 바에 따라 이치를 궁구하여 덕을 높이고 몸을 닦음으로써 그 업(業)을 넓혀서 하늘이 명한 선을 온전히 하고 인륜의 떳떳함을 다하도록 하는 것에 지나지 않는다. 그러므로 (인재를) 마을에서 현으로 올리고 현에서 주로 올리며 주에서 나라로 올리니, 비록 차례가 같지 않고 품절이 다양하나, 그 배우는 바와 가르치는 바는 도리가 아님이 없다. 배움이 이미 완성되고 도리에 이미 통하면 악정(樂正)[188]이 그 우수함을 의논하고 사마(司馬)[189]가 그 자질을 분별하여 조정에 올려 벼슬을 맡긴다.[190] 작게는 사물을 대하여 생각을 발동하며[191] 크게는 도를 논하고 교화를 넓히니 또한 배워서 얻은 것을 미루어서 펼치는 데 불과하다.[192] 이것이 우리 유학이

---

188 악관(樂官)의 우두머리로 주로 국자(國子)의 가르침을 맡는다.
189 주(周)대에 관직과 녹봉을 관장하는 벼슬을 말한다. 『예기』, 「왕제(王制)」에, "사마(司馬)는 관작(官爵)과 녹봉(祿俸)을 관장하니 (…) 처음 조정에 들어와 벼슬하는 자들은 모두 사마가 주관함을 알 수 있다〔司馬掌爵祿 (…) 即知凡入仕者, 皆司馬主之〕."라는 구절이 있다.
190 주나라의 관리 선발 제도다. 『예기』, 「왕제(王制)」에, "악정이 (선왕의 시서예약에 능한 선비인) 조사(造士) 가운데에서 우수한 자를 논정(論定)하여 왕에게 보고한 뒤 사마(司馬)에게 천거하니 이를 진사라 한다〔大樂正, 論造士之秀者, 以告于王而升諸司馬, 曰進士〕."라고 쓰여 있다.
191 『소학(小學)』, 「내칙(內則)」에, "40에 비로소 벼슬하여, 사물을 대하여 계책을 내고, 생각을 발동한다〔四十始仕, 方物出謀·發慮〕."라는 구절이 있다.
192 『벽위편』에는 이 문장 뒤에 『하빈선생전집』에 없는 '대개 그 도의 큰 근원은 애초부터

치우침이 없이 (치우치지 않는) 큰 중심이고 지극한 바름[大中至正]이어서 만세에 바뀌지 않는 도가 되는 까닭이다.

지금 유럽의 학교 제도는[193] 소학에 입학하면 일찍이 덕성을 함양하고 근기(根基)를 배양하는 일에 대략이라도 미치지 못하니, 이것은 이미 본령(本領)의 소재에 전적으로 몽매한 것이다. 옛 현인의 이름난 교훈을 가르치는 것은 조금 이치가 있는 듯하나 문장[文]을 실천[行]에 앞세우므로 근본과 말단이 순서를 잃었으니 우리 유교에서 행함에 남은 힘이 있는 연후에 바야흐로 또 시를 암송하고 글을 읽으며 노래를 읊조리고 춤을 추게 하는 절도에 미치는 것과 같지 않다.

역사서를 능숙하게 보는 일의 경우라면 더욱 처음 배우는 자가 미칠 바가 아닌데 문득 먼저 단계를 뛰어넘어 가르치는 것은 어째서인가? 그 아래로 각종의 시문과 문장, 의논 등 허황된 습관을 가르친다면 그 성질의 아름다움을 망치고 단지 황폐하게 만들 것이다. 그것들을 과목으로 삼아 감독하고 교훈으로 정하여 항상 힘쓸 일[恒務之業]로 삼는다면 후학을 잘못 인도해 사람의 마음을 병들게 함이 역시 심하지 않은가.

중학에서 옳고 그름을 분별하고 성리를 살핀다는 것은 그 말이 그럴

천명과 인륜에서 벗어나지 않으므로 그 배움은 오로지 몸소 실천하여 마음에 얻도록 힘쓰는 것이고 여기에서 나오는 것을 정치에 시행하므로 또한 여기에 근본을 두지 않는 것이 없다[蓋其道之大原, 初不外乎天命人倫, 故其學也, 有務乎躬行心得, 而所以出而施之於政者, 亦莫不於此].'는 구절이 있다.

193 『벽위편』에는 이 문장 뒤에 『하빈선생전집』에는 없는 '(유럽의 학교 제도가) 삼단계로 나뉘어 설치되어 있음은 갖추어졌다고 할 만하며 선생이 시험을 치르는 것도 상세하다고 할 만하다[則三學之分設, 可謂備矣. 師儒之歷試, 可謂詳矣].'라는 문장이 붙어 있다.

듯하다. 그러나 다만 그 (덕성을) 함양하고 (근기를) 배양하는 공효의 단계가 이미 처음에 빠져 있으므로, 분별하고 살피는 것이 근거할 만하여 기초로 삼을 바가 없는 것과 같으니 마침내 또한 치우쳐 굳어져〔偏枯〕[194] 불안하게 된다. 그 설의 오류는 이로부터 나아가 다시 성리(性理) 이상의 학문이 있다고 하는 데 이르지만 이는 도리어 성리 너머에 일찍이 물(物)이 있었던 적이 없음을 모르는 것이다.

대학의 네 학과에 이르러서는 그 어그러짐이 더욱 심하다. 의학은 본래 축사(祝史)[195]의 등속으로 기술자의 부류와 같은 곳으로 귀결되어 선왕의 제도에서는 사림(士林)과 동류가 될 수 없는 자들이었다. 지금 곧 먼저 소학에서 가르치고 다음으로 중학에서 가르쳐서 장차 덕업을 성취하게 하고는 끝내는 이런 등속의 기술로써 뜻을 구하는 입지로 삼는다면 역시 매우 이치가 없는 것이 아닌가. 치과(정치과)와 교과(교회 법과), 도과(신학과) 세 가지는 애초에 판연히 각각 하나의 분과가 될 수 없다. 천명과 인륜의 전체를 가리켜서 말한 것이 곧 도(道)요, 도의 당연함과 품절〔品節〕로 인하여 법이 되는 것이 곧 교(敎)이며, 이 가르침을 들어서 천하에 정치를 펴는 것이 곧 치(治)이다. 그러므로 다스림〔治〕은 그 가르침〔敎〕을 펴는 것이요, 가르침〔敎〕은 그 도(道)를 재배하는〔裁〕 것이다.

지금 치과(정치과)의 경우 정사를 익히는 것을 주로 하면서도 그 정치가 반드시 가르침〔敎〕에 근원한다는 것을 모르고, 교과(교회 법과)는 교

---

194 한의학에서 반신불수(半身不隨)를 이르는 말이다.
195 제사(祭祀) 때 축문(祝文)을 맡아서 읽던 관원을 말한다.

법을 지키는 것을 주로 하면서도 그 가르침이 도에 필연하는 것임을 모르며, 도과(신학과)의 경우 교화를 일으키는 것을 주로 하면서도 (그 도가) 가르침[敎]과 정치[治]에서 미루어 나갈 수 있는 것임을 모르고 있다. 이는 곧 도는 스스로 도이고, 가르침은 스스로 가르침이며, 정치는 스스로 정치여서 판연히 (다른) 각각의 일이 되어 서로 관통하여 통섭할 수가 없는 것이다. 이와 같다면 이치를 안다고 말할 수 있겠는가.

저들의 이른바 소학의 가르침으로 말한다면, 함양의 공이 결여되어 있으므로 허황된 습관에 빠지게 되는 것이 이와 같다. 중학의 가르침으로 논한다면, 성리의 참됨에 몽매하여 치우쳐 굳어지는[偏枯] 폐단으로 흐르는 것이 이와 같다. 대학에서 가르치는 것에 이르러서는 의학의 잡박한 기술을 뒤섞어 같은 반열에 두었다. 도(道)와 교(敎)와 치(治)는 하나의 근원인데 갈라서 나누어 놓으니 잡박하고 어지러워 괴리되는 것이 이와 같다. 만일 그렇다면 이는 우리 유교가 천명과 인륜의 사이에 근원하여 몸소 실천하고 마음으로 얻는 실질에 힘쓰는 것과 어찌 얼음과 숯처럼 상반될 뿐이겠는가.

오호라! 이단의 설이 우리 유교와는 결단코 같지 않은 것이라면 그들을 변척하기는 크게 어렵지 않을 것이고, 그 해로움도 크게 심하지는 않을 것이다. 다만 그것은 (유학을) 몰래 훔쳐내 글을 지어 거짓으로 가탁하여 속이고 그 거짓을 꾸며 교묘하게 우리 유교를 억지로 합치시킨 것이다. 그 참과 거짓, 정(正)과 사(邪)를 진실로 변척하기 어려울 것이니 혹세무민의 해는 장차 이루 다 말할 수가 없을 것이다.

지금 유럽의 학문은 이미 하늘이 명한 본연의 선에서 벗어났고 또 인륜일용의 일상에 어두우니, 그것이 우리 유교와 같지 않은 것은 진실로 여러 말을 기다릴 것 없이 판별된다. 오직 그들이 학교를 세우고 선비를 취하는 법은 각각 유교를 견강부회[傳會]하여 간사하고 거짓된 자취를 덮어 가릴 수 있었다. 그러므로 고명한 선비도 또한 의혹되어 '이 학설이 이토록 횡행하니 모두 오랑캐라 할 필요가 없다.'고 하여 성학(聖學)이 황폐해지는 데에 이른 것이다.

이 책의 천주의 영험한 자취를 기록한 것에서 말하기를 "아라비아(亞剌比亞)라는 나라에 시나이산(西乃山, Sinai)이 있었다. 천주가 모세(美瑟)라는 한 성인(聖人)을 이 산에 불러서 십계를 주어 석판에 써 두었다."[196] 라고 하였다. 또 말하기를, "천주께서 유대(如德亞)에 강생하여 이름을 예수(耶蘇)라 하고, 그후에 드디어 육신이 하늘로 올라갔다."고 하였다.[197] 또 말하기를, "프랑스(拂郎察)의 국왕은 천주께서 특별히 은총을

---

196 이에 대해 『벽위편』에는 『하빈선생전집』에 없는 신후담의 논변이 붙어 있다. "천주가 계명을 내려줄 때에 정성스럽게 명했다는 것인가? 만일 모세가 성인이라면 어찌하여 다시 십계로 명한 것인가? 만일 모세가 성인이 아니라면 천주는 어째서 다른 사람에게 계명을 주지 않고 오직 모세에게만 주었는가? 또 한 사람의 모세를 위하여 저 황상제께서 그 존귀함을 굽혀 하계에 내려오셨다는 것인가[天主賜誡之時, 將諄諄然命之歟. 使美瑟而聖也, 則復焉用十誡爲歟. 使美瑟而非聖也, 則天主何不賜戒於他人, 而獨於美瑟賜之歟. 且爲一美瑟彼惟皇上帝, 屈其尊而降於下界歟]?"
197 이에 대해 『벽위편』에는 『하빈선생전집』에 없는 신후담의 논변이 붙어 있다. "천주가 강생할 수 있는가? 비록 강생했다 할지라도 어찌 천하 만국에 윤회하여 강생하지 않고, 유독 유대를 이적으로 여겨 낮추지 않고 강생한 것인가? 또 야소(예수)의 아버지는 누구이며, 어머니는 누구인가? 야소에게 아버지와 어머니가 없다면 그만이지만 만약 아버지와 어머니가 있다면 장차 존엄한 상제가 야소의 부모가 배태하도록 의탁하였다고 말할 것인가? 또 육신으로 하늘에 올라갔다는 것은 누가 보았고 누가 전한 것인가? 하늘은 기(氣)인데 장차 육신으로 쌓인 기운 속에서 행했다고 말하는 것인가? 저들에게 중요한 것은 영혼인데 어찌 영혼으로 하늘에 오르지 않고 육신까지 함께 갔다는 것인가[天主而可以降生歟. 雖可以降生而何不於天下萬國輪廻降生之, 獨於如德亞不鄙夷之而降生歟. 且耶蘇之父, 誰也, 耶蘇之母, 誰也. 使耶蘇而無父與母, 則己矣, 若其有父與母, 則將謂上

내리셨다. 예로부터 지금까지 왕들은 모두 하나의 신통한 능력을 내려받았는데 (프랑스 국왕이 받은 능력은) 손으로 사람의 종기를 어루만지면 손을 대자마자 낫는 것이다."[198] 또 말하기를, "소돔성(瑣奪馬國)은 남색을 자행한 죄로 인하여 천주께서 중한 벌을 내리시고 그 나라를 모두 불태우고자 하여, 천신에게 세상에 내려가도록 명하였는데 다만 이름이 롯(落得, Rot)이라는 성덕이 있는 선비와 그의 가족들을 인도하여 국경 밖으로 내보냈다."[199]고 하였다.

帝之尊托於耶蘇父母之胚胎歟. 且以肉身升天者, 孰見而孰傳之歟. 天者氣也, 將謂肉身而行於積氣之中歟, 彼所重者在於靈魂, 則何不以靈魂升天而並攝肉身去歟].”

[198] 이에 대해 『벽위편』에는 『하빈선생전집』에 없는 신후담의 논변이 붙어 있다. "천주가 특별히 은총을 프랑스 왕에게만 내린 것은 어째서인가? 반드시 특별히 내리고자 했다면 요임금과 같이 공손하고 밝은 덕을 내리는 것이 옳았을 것이며, 순임금과 같이 깊고 밝은 덕을 내리는 것이 옳았을 것이다. 어찌 요와 순의 덕성을 내리지 않고 다만 사람의 종기를 어루만지는 손을 내리셨겠는가? 또한 반드시 국왕이 손으로 만져야 종기가 나을 수 있다면 프랑스국에 종기를 앓는 자가 한량없었을 터인데 내가 보기에 프랑스 왕의 일과는 사람의 종기만 어루만져 주느라 분주하여 수많은 다른 일을 처리할 겨를이 없었을 것 같다〔天主之特賜寵異於拂郎王者何歟. 必欲特賜, 則賜之以欽明之德如堯可也, 賜之以濬哲之德如舜可也. 何不賜之以堯舜德性, 而只以撫人癘瘡之手歟. 且必待乎國王之手撫可以愈癘瘡, 則拂郎國之患癘瘡者何限, 吾見拂郎王之日, 奔走於撫人癘瘡, 而不暇及於萬幾也].” 이런 비판을 통해 예수회 선교사들이 말하는 기적의 은사나 마귀를 쫓는 일 등이 유학자에게 어떤 인상을 주었는지를 알 수 있다. 예수회원들이 합리적인 지식인으로 보이기 원했던 것과 달리, 중국인들의 눈에는 방사나 도사와 다르게 보이지 않았을 것이다.

[199] 이에 대해 『벽위편』에는 『하빈선생전집』에 없는 신후담의 논변이 붙어 있다. "남색을 자행함은 진실로 죄이다. 천주께서 반드시 이들을 벌하고자 모두 불질렀다면, (망국의 음악을 연주했다는) 복수(濮水) 위의 상간(桑間)과 (음란한 음악을 연주했던) 정나라와 위나라의 풍속은 천주가 어찌하여 불지르지 않았는가? 그리고 또 소돔성에는 유독 7~8세의 어린아이들이 없었는가? 또한 70~80세의 노인은 없었던 것인가? 7~8세의 어린이와 70~80세의 노인들이 어떻게 남색을 자행할 수 있다고 함께 불사름을 당하였으며, 유독 한 사람의 롯(Rot)과 그 가족만이 면하였다는 것인가〔恣男色, 誠罪也. 天主必欲罪此而盡焚之, 則桑間濮上, 鄭衛之風也, 天主何不焚之歟. 且瑣馬國獨無七八歲童子乎, 亦

이러한 말들은 대개 신기하고 영묘한 일로써 세상에 자랑하여 빛내려고 한 것이지만 스스로 그 허황되고 망령된 자취가 이로 인하여 자기도 모르게 탄로나고 만 것이니 일찍이 사람을 속이기에 부족하다. 이것이 어찌 어린아이가 방울을 훔치려는 계책과 다르겠는가.

부처는 이른바 서쪽의 성인이라지만 공자의 말씀을 거짓으로 의탁하여 매우 심하게 이치를 벗어났는데, 이 책은 문득 다시 그 말을 이끌어다 비잔틴 제국(拂菻國)[200]의 왕 다윗(大味得, David)과 솔로몬(撒刺滿, Solomon) 부자(父子)를 가리킨다고 여긴 것[201]은 그 말의 황탄함이 진

無七八十老者乎. 七八歲童子, 七八十老者, 有何男色之可恣, 而同被其焚, 獨於一落得及其家人而免之歟〕."

200 유대〔如德亞〕에 관련된 내용으로, '불름(拂菻)'은 유대의 옛 이름인 비잔틴 제국을 표현한 말이다.

201 『직방외기』의 원문은 다음과 같다. "(유대에) 두 명의 훌륭한 임금이 있었는데 아버지를 다윗이라 하고, 아들을 솔로몬이라고 한다. (그들은) 일찍이 천주의 큰 신전을 지었다. (신전들은) 금과 옥을 겹쳐 쌓아 보배로 장식하여 지극히 아름답고 화려하였다고 하는데 그 비용으로 금 30만(달란트)을 사용하였다. 그 왕들의 덕이 지극히 성대하였고, 지혜는 대단히 뛰어나 명성이 매우 멀리 퍼졌는데, 중국에서 '서방 성인(西方聖人)'으로 전하여 일컬어지는 이는 아마도 곧 이들을 이르는 듯하다〔有二聖王, 父曰大味得, 子曰撒刺滿. 嘗造一天主大殿, 皆金玉石切成, 飾以珍寶, 窮極美麗, 其費以三十萬萬. 其王德絶盛, 智絶高, 聲聞最遠, 中國所傳謂西方聖人, 疑卽指此也〕."(『직방외기』 권1, 「여덕아(如德亞)」) 서방 성인은 중국에서 부처 또는 불교를 전하러 중국에 들어온 달마대사를 가리킨다. 알레니는 서방에서 온 성인이라는 표현을 다윗과 솔로몬을 가리키는 말이라고 추측한 것이다. 이는 불교와 같다는 비판을 벗어남과 동시에 이미 불교가 차지하고 있던 '서방(西方)'이라는 말을 천주교 쪽으로 옮겨오려는 일종의 전략적 언급이라고 할 수 있다. 이러한 시도는 이미 전교 초기부터 있었고, 마테오 리치에게 호의적이었던 고위 관료 풍응경(馮應京, 1555~1606) 같은 중국인 동조자들에게도 승인되던 바였다. "호사가들은 '공자가 일찍이 언급한 서방의 성인은 아마도 부처일 것이다.'라고 말하면서 서로 고취하며 선동하기를 불교의 이론이 우리나라 육경(六經)에서 나온 것과 같다고 한다. 인도는 중국의 서쪽이지만 서방대국〔大西〕 또한 인도의 서쪽임을 어찌 알았겠

실로 이미 심하다. 이 두 왕의 덕을 지극히 칭송하니 다른 곳은 볼 것도 없다. 단지 일찍이 천주의 큰 신전[大殿]을 지었는데 모두 금과 옥을 겹쳐 쌓고 보배로 장식하여 지극히 아름답고 화려하였다고 말한다. 그 비용은 30여 만(달란트)라 하니, 토목공사를 일으킴이 이와 같이 크고 사치스럽다면 이른바 성인이라는 것은 과연 무엇을 말하는 것인가?[202] 가령 하늘[天]을 받드는 것이 내 몸을 받드는 것과 다르지만, 옛날에는 원구(圓邱)[203]나 방택(方澤)[204]의 제사에서 오히려 천신과 지신[神祇]에게 공경을 다할 수 있었는데, 저 고명한 상제가 어찌 궁실을 아름답게 한 연후에야 이를 수 있다는 말인가. 하물며 30만의 재력은 오직 살아 있는 백성[生靈]에서 나온 것이 아니겠는가.

이 책은 서양 선비[西土]가 사람을 교화시키는 것이 온 천하에 미치게 하고자 친구와 친척을 버리고 먼 지방을 두루 돌아다니며 천하를 한 집안같이 보고 천하 사람을 한 몸같이 보았는데, 이는 천하에 대해 진실로 두텁게 한 것이라고 할 만하다. 그러나 군자의 도는 친한 이를 친히 대하여 백성을 사랑하는 데 미치게 하고, 백성을 사랑하는 것을 물을 아끼는 데 이르게 하는 것인데 지금 천하를 위하고자 하면서도 친구를 버리고 친척을 버린다면 이는 이른바 '두텁게 할 것을 박하게 하고 박하게

는가〔好事者曰孔子嘗稱西方聖人, 殆謂佛與, 相與鼓煽, 其說若出吾六經上. 烏知天竺中國之西, 而大西又天竺之西也〕?"(『천주실의』, 「천주실의서(天主實義序)」)

202 『벽위편』에는 다음의 문장이 이어진다. '또한 30만의 비용이 땅을 파서 얻은 것이 아니라면 오직 살아 있는 사람들〔生靈〕에게 거둬들인 것이 아니겠는가〔且三十萬萬費, 非掘土而取之, 則獨非斂於生靈者歟〕?'

203 천자가 동지에 하늘에 제사를 드리는 제단을 말한다.

204 천자가 지신(地神)에게 제사 드리는 곳을 말한다.

할 것을 두텁게 한다.'[205]는 것으로 그들과 우리 유가의 『대학』의 도는 역시 다르다.

선생은 숙종 대 임오년(1702)[206]에 태어나셨는데 22세인 계묘년에 사마시에 합격했으나 과거 공부를 포기하고 위기지학(爲己之學)에 전심하였다. 해를 넘겨 다음 해 갑진년(23세)에 성호 선생을 뵙고 처음으로 서양의 학문이 있다는 것을 들어 그 책을 구해 보았는데 일견에 이미 그것이 사학(邪學)임을 알아서 곧 『서학변』을 지어 배척하였다. 이는 서학이 아직 성행하기 이전으로, 선생이 이미 그 사설이 횡행하여 그 해가 장차 홍수나 맹수보다 더 심할 것임을 알아서 그렇게 하신 것이다. 선생은 영조 대 신미년에 60세의 나이로 생을 마치셨다. 일찍이 백여 권의 저술을 지었는데 모두 육경(六經)(의 뜻을) 발휘한 것이다.[207]

---

205 『대학장구』 1장에, "천자로부터 서인에 이르기까지 한결같이 모두 수신을 근본으로 해야 하니 그 근본이 혼란한데 말단이 다스려지는 자는 없고 두텁게 해야 할 것을 박하게 하고 그 박하게 해야 할 것을 두텁게 하는 자는 있지 않다〔自天子以至於庶人, 壹是皆以 修身爲本. 其本亂而末治者否矣, 其所厚者薄, 而其所薄者厚, 未之有也〕."고 되어 있다.
206 숙종 23년을 가리킨다.
207 이 한 문단 '선생은 숙종 대 (…) 발휘한 것이다.'는 『벽위편』에는 없는 내용이다. 신후담 사후에 필사자가 남긴 부기로 보인다.

부록

「기문편(紀聞編)」 원문

甲辰春　見李星湖紀聞　名瀷 居安山

甲辰三月二十一日, 余往拜李星湖丈于鵝峴寓舍, 李丈方與人論利西泰事.

余問曰, 西泰果何如人.

星湖曰, 此人之學, 不可歇者. 今以其所著文字, 如天主實義天學正宗等諸書觀之, 雖未知其道之必合於吾儒, 而就其道而論其所至, 則亦可謂聖人矣.

余問曰, 其學以何爲宗.

李丈曰, 其言云, 頭者, 受生之本也. 頭有腦囊, 爲記含之主. 又云草木有生魂, 禽獸有覺魂, 人有靈魂, 此其論學之大要也. 此雖與吾儒心性之說不同, 而亦安知其必不然也.

余問曰, 嘗見一書, 言西泰之學, 盖以尊奉天神爲宗. 故日本平行長, 嘗爲其學, 而所居必置天神像云, 此說信否?

李丈曰, 如天主實義中所載者, 亦是尊奉天神之說也.

余問曰, 此與佛氏天堂地獄之說何如.

李丈曰, 天堂地獄之說, 其書亦已有之.

余曰, 然則其學歸趣, 恐亦與佛氏無異也.

李丈曰, 此等處, 雖與佛氏略同, 而佛氏則寂滅而已. 西泰之學, 則有實用處.

余問曰, 若有實用處, 則其言, 豈有及於治民定國之術者, 而其先, 亦豈有能與治
道如堯舜禹湯之盛者乎?
李丈曰, 考其文字, 亦有論治道者, 亦有記聖君賢主之事者. 而若吾之所謂實用
者, 取其天問畧幾何原本等諸書中所論, 天文籌數之法, 發前人之所未發, 大有
益於世也.

甲辰秋 見李星湖紀聞

甲辰七月十七日, 與往拜李星湖丈于鵝峴寓舍.
問曰, 頃見先生深取西泰之學. 竊嘗求西泰所撰職方外記[1]觀之, 則其道全襲佛
氏, 其爲邪學無疑. 先生取他之意, 竊所未曉.
李丈不以爲然曰, 西泰之學, 不可歇看.

乙巳秋 見李星湖紀聞

乙巳七月二十七日, 余往拜李星湖丈于安山庄舍, 留二日. 李丈問曰, 吾嘗聞尹
幼章之言, 則君斥西泰之學, 不遺餘力云. 君知西泰之學爲何如也, 吾且爲君言
之. 西學如天堂地獄之說, 固未免染於佛氏, 而其論星曆之數, 則實有前古之所
未發者. 要之天堂地獄之說, 亦是其見不到處, 非故有誣世之意, 如佛氏之爲也.
大抵西國去中國, 八萬餘里, 而彼[2]耶蘇會諸人, 獨以救[3]世爲心, 航海遠來, 少無
拘戀之意, 及達中國, 見官之而不拜, 祿之而不受, 獨眷眷於揚其道而敎天下.
想其胸次廣大, 意思之宏淵, 足以破世俗齷齪卑狹, 物我計較之私. 而人或謂其

---

1 『직방외기』의 원래 한자는 '紀'이지만 『하빈선생전집』에서는 일관되게 '記'로 표기하고
  있다.
2 『하빈선생전집』에 '被'로 되어 있으나 '彼'로 고쳤다.
3 『하빈선생전집』에 '抹'로 되어 있으나 '救'로 고쳤다.

遠來之意, 實欲張僞敎而陷一世, 則吾將以百口保其必不然也.

至其天主之說, 昧者瞠爲, 而今以經傳所載上帝鬼神之說視之, 則其說亦有嘿相契者. 此中士斥天主之說, 所以見屈於西士者也. 然則君之今日之斥, 亦恐有未深考者也.

余對曰, 西士之書, 固未深考之矣. 獨見職方外記所載, 多涉荒誕, 嘗對尹兄, 有所云云. 今者奉敎, 始知西學之是非, 有非猝然立說之所可破者也. 然以鄙見論之, 彼盖有才而高於術者也. 故其星曆之說, 容不無精妙處. 而至其論道之荒誕, 則所謂賢智之過也. 抑彼之所以論星曆者, 其與古人同異何如.

李丈曰, 中國星曆之學, 自秦漢以後, 失其傳, 諸家互說, 紛錯難定. 獨邵堯夫歲次說, 冠絶千古, 而猶有未精處, 至於元人趙鄱陽, 而益加精矣. 然視西學之曆學, 則亦不免下風. 盖西泰之爲曆學也, 籌天重, 則窮其十二重天, 直至天主所住之宗動天, 然後已. 籌天度, 則推其福島之遠近, 直至溫帶凉帶平分兩極, 然後已. 籌地平, 則驗其東西南北, 周圍一體, 直至地上地下, 人踵對遭之處, 然後已. 籌歲序, 則測其日月行度, 去極遠近之數, 直至六個月爲一晝, 六個月爲一夜, 然後已. 至如地大於月幾倍, 日大於地幾倍, 此有可徵之數, 日之行於第幾天, 月之行於第幾天, 經星之行於第幾天, 緯星之行於第幾天, 皆有可考之次. 金星之旁, 有兩耳, 天河之特多列宿, 皆以觀天鏡驗其實. 又如諸家之論日月食, 皆云有當食而不食, 有不當食而食. 西泰則曰, 日月之食, 其數已定, 則於其當食也, 必無不食之理, 於其不當食也, 亦無見食之理. 但其食之在東, 則東見而西不見, 其食之在西, 則西見而東不見, 因其見不見, 而爲食不食耳. 遂爲日景以明其所以然. 凡此諸說, 今以中國曆書驗之, 則古所無也. 而其在西國, 遠有來歷, 盖非一朝之所刱(創). 吾嘗卽其書而驗其理, 則一一良是不得不信. 抑吾於緯書中, 得鄭康成一說曰, 地厚三萬里. 此與西泰所謂地圍九萬里者, 暗相符合. 要之康成之說, 必有所稽, 則中國之古曆家想, 不無與西泰合者, 不止地厚一說而已. 而特其載籍不完, 所傳者, 只有此耳. 然旣知其言之當理, 則豈以其異於古, 而不取之乎.

余對曰, 某於曆學未有工夫, 固無以辨其言之得失, 然覺其怳況而難據, 當俟異日, 更加商量. 獨其論日月之食, 最似當理, 但其食與不食, 一係於數, 而非人力所能爲, 則春秋之書, 以戒人者, 何也.

李丈曰, 是雖不由於人力, 良亦天地之尤際, 而天未始不驗於人, 人未始不驗於天, 則人之當此, 可無儆戒之道乎, 此聖人垂戒之旨也.

余對曰, 如此爲說亦不礙理, 抑西泰之論易學也, 中士之新後, 而聽受之者, 果有哉人. 李丈曰, 當時中士之接其論者, 蓋多信聽, 李之藻尤酷信之, 終傳其法, 嘗渾蓋通憲一書, 謂其法渾天蓋天相發也.

丙午冬 見李星湖紀聞

丙午十一月二十五日, 余往拜李星湖丈于安山庄舍. 余問曰, 西泰星曆象數之學, 嘗贊之矣. 且其推步符驗之妙, 誠亦有鑿鑿可徵者, 是知瑪竇輩亦間世之異人也. 然觀其所著, 天學正宗靈言蠡勺等書, 則其所論學之說, 全襲佛氏, 無足可取. 且其所傳靈應之蹟類, 多矯誕而不近理, 顯有誣世之意. 某窃謂, 其術雖或可取, 而其道不可不斥, 未知先生以謂何如.

星湖曰, 西士豈必欲誣世者哉, 但酷信鬼神而然耳.

余對曰, 信鬼之弊, 固至於誕然. 如所謂天主降生之說, 其誕亦太甚. 此其嘗論天主之說曰, 天之次舍, 各依其所, 度數, 各依其則者, 由天主之爲之主宰也云, 則天主之不可一日離天也, 亦明矣. 而顧乃降生西土, 至於三十三年之舊, 則天之次舍度數, 能無紊舛壞墜之弊乎. 其正宗第三篇篇首, 所謂儒之曰誠, 曰有, 未盡聞其釋者, 初若不知有儒家書, 而下文所論, 出入經傳, 無不貫穿, 其於儒家書, 亦甚熟矣. 此固牴牾可疑處而也. 至其辨斥太極之說, 則全襲陸王氏餘論, 鄙意則窃恐此未必西士所爲也, 或是中國之好事者, 傅會而成之也.

星湖曰, 其言天神之事, 雖涉荒誕, 然西豈士必欲惑世而誣人者哉. 至其辨斥太極之說, 雖與陸王偶合, 然其說亦自有見.

戊申春 見李翊衛紀聞 名栻 居利川

戊申正月初六日, 余往拜李翊衛丈于城東之藍井洞寓舍. 李丈曰, 嘗以心腎說, 與安山有往復, 而彼此不能歸一, 嫌於强辨, 而自止. 吾子既因安山, 聞其大略, 幸望辨斥其乖謬處, 使得知過.

余對曰, 此等微妙處, 非末學之所可輕議, 辨斥之敎, 不敢奉承. 抑嘗從安山, 言及西洋亞尼瑪之學. 安山云, 嚮見高城丈, 腎爲大本, 心爲大用之說, 而卜其非矣. 今見亞尼瑪文字, 謂有腦囊, 恖之際, 爲記含之主云云. 其說雖不經見, 亦頗有會, 自不害爲一般道理. 因此而反思高城丈心腎之說, 亦似有苗脈來歷. 所聞於安山者如此, 盖未能深扣其說也.

李丈曰, 亞尼瑪之學, 今始聞之矣. 未知其學果爲何如. 安山之說, 以爲何如.

余對曰, 亞尼瑪文字, 如天學正宗靈言蠡勺等書, 可見其學之大略. 而如上項腦囊說及三魂等說, 安山之所取也. 如天堂地獄之說, 安山之所斥也. 所謂三魂者, 曰生魂, 曰覺魂, 曰靈魂. 草木之屬, 只有生魂, 禽獸之屬, 有生魂又有覺魂, 人則有生魂有覺魂又有靈魂, 此其略也. 其論天堂地獄, 則如佛氏同. 此外又有論受曆籌數之說. 見於天則略幾何原本等書, 安山皆取之, 稱其曆學冠絶萬古. 抑其天學正宗, 有一處論濂溪太極圖及圖解之非, 如象山輩說話, 依然一套. 若此之類, 似是皇朝陸學之徒, 傳會而爲之也.

己酉秋 見李息山紀聞 名萬敷 居尙州

己酉閏七月晦日余往拜李息山丈于京西之江村寓舍. 李丈曰, 所謂西泰之學, 果何如也.

余對曰, 西泰之說曰, 草木之魂, 則生而已. 禽獸之魂, 則生而又覺. 人之魂, 則生覺矣, 而又靈. 又曰人有腦囊, 在顱恖之際, 記[4]含之主, 安山嘗稱, 其言有理.

---

4 『하빈선생전집』에 '說'로 되어 있으나 '記'가 옳으므로 고쳤다.

李丈曰, 三魂之說, 雖若創新, 而觀其分等之意, 實出於吾儒家人物通塞之論. 腦囊之說, 又與醫書之所以論髓海者相契, 此不過新其名奇其術, 而未必有絶出之見也.

河濱

「서학변(西學辨)」[1] 원문

1) 『靈言蠡勺』 甲辰作

靈言蠡勺者, 泰西畢方濟口授, 而吳淞徐光啓錄而傳之者也. 書凡四篇, 一論亞
尼瑪之體, 二論亞尼瑪之能, 三論亞尼瑪之尊, 四論亞尼瑪所同美好之情. 卷首
有方濟序文, 極讚亞尼瑪之學. 大畧以爲世間萬事, 如水流花之謝不可久戀. 惟
當磬心努力以求天上永永常在之事.[2] 故格物窮理之君子, 所以顯著其美妙者爲
此.[3] 今按彼所謂亞尼瑪, 此所謂靈魂也. 所謂求天上常在之事者, 言人死而靈
魂不滅, 爲善者升天堂, 爲惡者入地獄. 故學者當盡其心力以求升天堂之事也.
夫爲死生魂魄之說莫明於易. 易曰, 原始反終, 故知死生之說, 精氣爲物, 遊魂
爲變, 故知鬼神之情狀. 人之生也, 陰精陽氣, 聚而成物, 及其死也, 魂遊魄降,
散而爲變, 旣是變則存者亡, 堅者腐, 更無物也.[4] 彼謂永永常在者, 果何據也.[5]

---

1 『벽위편』에는 「신돈와서학변(愼遯窩西學辨)」으로 되어 있으며 제목 아래 다음과 같은
  구절이 붙어 있다. "이름은 후담이고 호는 돈와이다. 영종 때 진사로 거업을 폐하고 학문에
  잠심하였다〔名後聃, 號遯窩, 英宗時進士, 遂廢潛心之學〕."
2 『벽위편』에는 '事'가 아니라 '福'으로 되어 있다.
3 『벽위편』에는 '故格物窮理之君子, 所以顯著其美妙者爲此'가 빠져 있다.

君子之道, 初不外於日用常行之中. 邇之事親, 遠之事君,[6] 大而經綸制作, 細而酬酢云爲, 莫非事[7]也, 而道未嘗不在於其間. 故聖賢之[8]所以敎者, 敎此道而已, 學者學此道而已. 今乃謂世間萬事難可久戀, 而惟當求天上常在之事,[9] 則是爲子者, 不當以事親爲念, 爲臣者, 不當以事君爲心, 治國者, 不當留意於經綸制作, 修己者, 不當致察於酬酢云爲. 凡諸日用萬事皆可廢之. 而一心之所縣企者, 惟在於天上之眞福而已.[10] 是其悖倫蔑理,[11] 徇私要利之習,[12] 豈非可惡之甚者耶. 彼謂世間萬事雖不可久戀, 而亦不可全廢. 故欲求升天之福者, 必爲格物之學, 未嘗屛事而遠物也.[13] 嗚呼, 君子之學, 以至誠爲本, 雖終身爲學, 而若有一毫爲利之心, 則不足爲君子.[14] 此大學所以有自欺之戒, 中庸所以有誠身之訓,

---

4 『벽위편』에는 '堅者腐, 更無物也'가 빠져 있다.

5 『벽위편』과 문장의 순서가 다르다. 『벽위편』에는 이 구절 뒤에 "선행에 복을 주고 음란함에 화를 준다는 설은 우리 유가의 책에도 역시 있다. 이는 다만 리를 가지고 말한 것이다. 리에 순응하는 자는 스스로 마땅히 복을 얻고 리를 거스르는 자는 스스로 마땅히 화를 만나니 어찌 상제가 일일이 사람에게 내려준 것이라고 말하겠는가. 또한 그 화복은 덕 있는 자에게 명령이 내리고 죄 있는 자에게 벌이 내리는 데서 드러나는 것에 불과할 뿐이니 역시 어찌 저들이 말하는 천당·지옥의 설과 같겠는가〔而言也福善禍淫之說, 吾儒書亦有之矣. 此特以理言, 順理者, 自當獲福, 逆理者, 自當遇禍. 豈謂上帝一一下降於人也. 且其禍福不過見於命德討罪之間而已, 亦豈如被所謂天堂地獄之說哉〕."가 나오는데 『하빈선생전집』에는 문장의 표현이 조금 바뀌어 '不誠大矣.' 뒤에 나온다.

6 『벽위편』에는 '邇之事親, 遠之事君'이 아니라 '邇之事親也, 遠之事君也'로 되어 있다.

7 『벽위편』에는 '道'로 되어 있다.

8 『벽위편』에는 '도는 일찍이 그 사이에 존재하지 않았던 적이 없다. 그러므로 성현이 가르치는 것은〔而道未嘗不在於其間, 故聖賢之〕'이 빠져 있다.

9 『벽위편』에는 '今乃謂世間萬事難可久戀, 而惟當求天上常在之事'가 아니라 '그러나 저들이 가르치고 배우는 것은 오로지 하늘 위의 복을 구하는 것이다〔而彼之所以敎之學之, 惟天上之福是求〕'로 되어 있다.

10 『벽위편』에는 '한 마음이 생각하고 바라는〔懸企〕 바가 오직 하늘 위의 진정한 복에 있을 뿐이다〔而一心之所懸企者, 惟在於天上之眞福而已〕'가 빠져 있다.

11 『벽위편』에는 '蔑倫悖理'로 되어 있다.

12 『벽위편』에는 '留'로 되어 있다.

13 『벽위편』에는 '彼謂 (…) 而遠物也'가 빠져 있다.

14 『벽위편』에는 '嗚呼 (…) 則不足爲君子'가 '이른바 배우는 자가 지성을 근본으로 삼지

孔子所以丁寧於爲己爲人之分, 而孟子所以眷眷於義理之辨者也. 今者欲求升天之福而爲格物之學, 則此其爲學之意, 全出於利, 而其爲不誠大矣.[15] 福善禍淫之說, 吾儒書亦有之矣. 此特以理, 言人其天道同此一理, 而理則無有不善. 善者, 順理者也, 自當獲福, 淫者, 逆理者也, 自當遇禍. 此是道理合如此. 豈謂上帝一一下降於人哉. 且其禍福不過見於命德討罪之間而已, 亦豈如彼所謂天堂地獄之說哉.[16] 設有天堂地獄, 而人死之後, 形旣朽滅, 魂亦飄散, 則天堂地獄將安所施. 設如其言, 魂果不滅, 而爲善要利, 不誠如此, 則亦豈有得眞福之利哉. 其亦鄙淺而不足多辨也. 大抵異端之學,[17] 其源皆出於利, 如楊氏之爲我, 固爲利也, 墨氏之兼愛, 雖似不近於利而觀其過於尙儉薄其父母, 則此亦出於私恡之心, 而同畋於利也.[18] 然楊墨則經孟子之辭闢, 而其害亦不能久. 至於莊列則私利愈勝, 而不勝其貪生惜死之心. 至欲學道而免死, 轉而爲長生修鍊之術, 燕齊迂怪之說, 行於天下.[19] 然自秦漢以後, 術旣試無效, 而繼有佛氏者出, 以爲人死而精神不滅, 有天堂地獄之法, 有輪回報應之科.[20] 其所謂精神不滅者, 旣足以中世人貪生惜死之心, 而堂獄輪報等說, 又有以持世人之心而恐誘之. 故擧世靡然從之.[21] 然自程朱卞斥以後, 其說之虛僞綻露無餘, 而人亦厭之矣. 至於

않고 먼저 이익을 위하는 마음이 있다면 이는 군자라고 할 수 없는 것이다〔所謂學者, 不以至誠爲本, 而先有爲利之心, 則不足爲君子〕.'로 되어 있다.

15 『벽위편』에는 다음의 문장이 이어진다. '오늘날 저들이 학문을 하는 까닭은 단지 복을 구하는 데서 나온 것이니 매우 성실치 못하며, 오직 이익을 생각하는 것이다〔今者, 彼所以爲學者, 特出於求福, 則其亦不誠之甚, 而專以利心〕.'

16 '福善禍淫之說 (…) 亦豈如彼所謂天堂地獄之說哉'가 『벽위편』에서는 표현이 바뀌어 '果何據也' 뒤에 나온다.

17 『벽위편』에는 '異端之學, 其流則有萬不同'으로 되어 있다.

18 『벽위편』에는 '觀其過於尙儉薄其父母, 則此亦出於私恡之心, 而同畋(歸)於利也'가 빠져 있다.

19 『벽위편』에서는 이 뒤에 '孰非利也'라는 구절이 붙어 있다.

20 『하빈선생전집』에 '料'로 되어 있으나 『벽위편』에 따라 '科'로 고쳤다.

21 『벽위편』에는 이 문장 뒤에 '然楊墨則經孟子之辭闢, 而其害亦不能久. 至於莊列則私利愈勝, 而不勝其貪生惜死之心. 至欲學道而免死, 轉而爲長生修鍊之術, 燕齊迂怪之說, 行於天下. 然自秦漢以後, 術旣試無效.'가 나오며 '而人亦厭之矣'로 문장이 마무리되고 있다.

皇朝之末, 西泰[22]之學始入中國, 則又因佛氏之餘論, 而变而新[23]之依托天主.[24] 其說愈爲近理, 而要而論之,[25] 則亦不能自掩其貪生惜死之利心. 學者[26]但知其本源之出於利, 斷其爲異學[27]而慎勿以死生動吾心, 則不至爲其說之所引取矣. 今就本書四篇略加論列, 覽者詳之.[28]

第一 論亞尼瑪之體

何謂自立之體? 凡格物者, 欲定一物之稱謂, 必以總專爲法, 自立之體者, 亞尼瑪之總稱也. 一格物之說, 有自立有依賴. 自立者, 自爲體而爲他物所賴, 依賴者, 不能自立, 依自立之體而爲有.

按此言人之靈魂, 自爲体而未嘗依賴於他物, 故爲自立之体也. 然人之生也, 先有形体, 然後方有[29]陽氣來附而爲魂. 故春秋傳曰, 物生始化曰魄, 旣生魄陽曰魂, 太極圖曰, 形旣生矣, 神發知矣. 人之死也, 形旣朽滅而魂亦飄散, 不能自有. 故張子曰, 遊魂爲変者, 自有而無也. 朱子曰魂氣歸于天者, 只是氣散也. 以此推之則魂者乃是依於形體, 而爲有形體[30]旣亡, 則消散而阪於無者也. 烏得爲自立之体乎.

何謂本自在者? 以別於生魂覺魂也. 生魂覺魂, 從質而出, 皆賴其體而爲有. 所依者盡, 則生覺俱盡. 靈魂在人, 非出於質, 非賴其體而有. 雖人死而不滅, 故爲本自在也.

---

22 『벽위편』에는 '至於西泰'로 되어 있다.
23 『벽위편』에는 '神'으로 되어 있다.
24 『벽위편』에는 '天堂'으로 되어 있다.
25 『벽위편』에는 '要而論之'가 빠져 있다.
26 『벽위편』에는 '後之學者'로 되어 있다.
27 『벽위편』에는 '斷其爲異學'이 빠져 있다.
28 『벽위편』에는 '覽者詳之'가 아니라 '俾邪說不得作'으로 되어 있다.
29 『벽위편』에는 '方有'가 빠져 있다.
30 『벽위편』에는 '體'가 빠져 있다.

按此段由上文自立之說, 而轉輾差却. 今[31]既知自立之說爲非, 則本自在之說, 不攻而自破矣. 必謂靈魂異於生覺, 故死而不滅, 則此有不然.[32] 人之一身, 只有一魂, 所以生者此魂也, 所以覺者此魂也. 但萬物之中人稟天地之秀氣, 故其魂比物爲靈.[33] 非旣有灵魂又有生魂覺魂[34]三者, 各爲一物, 而並行於一身之中也. 故此下文亦曰, 亞尼瑪是一非三, 只此灵魂亦生亦覺. 俱盡之後, 寧有靈魂獨在之理乎?

何謂神之類? 以別於他不屬神之類, 如生魂覺魂等.[35] 昔又以正他諸妄說, 如謂魂爲氣等也.

按此謂生覺則人物之所共有, 而靈魂則人之所獨有, 故靈魂爲神之類而別於生覺魂也. 然謂人魂之別於物魂則可, 謂靈魂之別於生覺魂[36], 則是三魂者疑若[37]各爲一物, 而其蔽與上文本自在之說同也.[38] 至其斥謂魂爲氣之說, 則微有意思, 而其辭亦未明暢. 魂之於氣, 亦猶魄之於精. 魄者精之神也, 魂者氣之神也. 旣是氣之神, 則固不可便謂之氣, 而非氣則又無所謂魂也. 今但言魂之非氣, 而不言其爲氣之神, 則將使不知者離氣而覓魂矣, 豈不誤耶?[39]

何謂不能死? 以別於他物之生魂覺魂不能自立, 與體偕滅也. 又以正人死, 魂與偕滅之妄說也. 又以正人有三魂, 死則生覺已滅, 靈魂獨在之誤論也. 亞尼瑪, 是一非三. 只此靈魂, 亦生亦覺. 人死之後, 因無軀殼, 故生覺不用. 倘令復生, 靈魂與肉身復合, 仍用生覺如前未死.

---

31 『벽위편』에 '今'이 아니라 '然'으로 되어 있다.
32 『벽위편』에는 '不然者'로 되어 있다.
33 『벽위편』에는 '靈矣'로 되어 있다.
34 『벽위편』에는 '有生魂覺魂'이 아니라 '有生魂, 又有覺魂'으로 되어 있다.
35 『하빈선생전집』에는 '昔'으로 되어 있으나 『영언여작』에 따라 '等'으로 고쳤다.
36 『벽위편』에는 '生覺魂'이 아니라 '生魂覺魂'으로 되어 있다.
37 『벽위편』에는 '疑若'이 빠져 있다.
38 『벽위편』에는 '上文本自在之說同其誤也'로 되어 있다.
39 『벽위편』에 '豈不誤耶'가 아니라 '鳥可乎哉'로 되어 있다.

按此段生覺魂不能自立, 及人魂不滅之說, 竝已詳辨于前矣. 其以生覺已滅, 靈魂獨在之說爲誤論則是[40]矣. 而因謂生覺之竝與不滅則可乎.[41] 生覺之依於体人與物均焉, 何獨[42]在物之[43]生覺, 則與体偕滅, 而在人之生覺, 則人死而不滅乎. 今欲証靈魂之不滅, 而無奈三魂之不可分, 則遂謂生覺之竝與不滅. 欲証生覺之不滅, 而無奈生覺之依於体, 則遂謂人之生覺異於物之生覺. 轉輾流遁不覺罅漏之自露, 其亦不足辨也.[44] 且謂人死之後生覺不用, 則生覺於何而驗其不滅乎. 且生覺不用則靈魂獨用也. 奈何生也, 則是一非三而不可分. 死也則一用一不用而分爲二物耶. 生覺旣不用, 則雖不滅而其滅無異. 雖有天堂之樂, 而必不能覺其爲樂, 雖有地獄之苦, 而必不能覺其爲苦. 如是而必欲求升天之事者, 亦何意也.

何謂爲我體模? 凡物皆有兩模, 一體模, 一依模. 體模者, 內體模, 物所由成. 非是模, 不成是物. 依模者, 外形模, 物之形像可見者, 是也.

按魂者依於体, 有是体然後, 有是魂, 非先有是魂, 然後依是魂之模像而爲形體也. 以此知体模之說非也.

何謂終賴額辣濟亞, 賴人之善行, 可享眞福? 是言亞尼瑪之爲者也. 亞尼瑪在人, 他無終向, 惟賴聖寵, 可盡力向事陡斯, 立功業以享天上眞福也. 曰額辣濟亞者, 以則[45]天上眞福, 非人之志力, 與天主公祐, 所能得之. 必有額辣濟亞之特祐. 又有三端. 一爲初提醒特祐, 二爲次維持特祐, 三爲後恒終特祐. 初提醒特祐者, 非我功力所致, 天主徒與諸人者也. 次維持特祐者, 人已得提醒, 又賴此維持特

---

40 『벽위편』에는 '是'가 아니라 '似是'로 되어 있다.
41 『하빈선생전집』에는 '無不滅則非也'로 되어 있으나 『벽위편』에 따라 '與不滅則可乎'로 고쳤다.
42 『벽위편』에는 '何獨'이 빠져 있다.
43 『벽위편』에는 '物之'가 아니라 '在物之'로 되어 있다.
44 『벽위편』에는 '其亦不足辨也'가 빠져 있다.
45 『영언여작』 원문에는 '明'으로 되어 있다.

祐. 與我偕行, 日遷於義, 而行義加勤, 獲祐加重. 此維持之特祐, 爲有[46]與而與者也. 賴此維持特祐, 而偕行諸善, 爲義不止, 又得天主與我恒終特祐. 時刻偕行, 主[47]死爲義者, 毫無間斷. 此恒終特祐, 亦可與而與者也. 如是命終, 而得眞福, 則爲當與而與者也.

按此論亞尼瑪之体者, 至[48]於此而其所皈宿, 不過在於立功業享眞福. 其學之全, 出於利心者如此. 今姑不論.[49] 其所謂賴額辣濟亞, 賴人之善行者, 雖有兩端, 而均待[50]於賴天主之特祐, 均非人之志力與天主公祐之所能得. 夫非人志力之所能得, 而必賴天主之特祐而得之, 則是爲人者, 但當待天主之特祐, 而不必留意於爲善. 如此而設能爲善,[51] 此莫非天主之所祐, 而非其志力之所與, 此有何功之可賞[52]而得享天堂之福乎. 非天主公祐之所能得, 而必賴特祐而得之, 則是爲天主者, 亦不能普愛天下之人, 而於其中有所私愛而特祐之也. 均是人也, 均是不由志力,[53] 而或祐或不祐, 則天主又何其偏倚不公之甚也.[54] 其亦不足辨也.[55]

第二篇 論亞尼瑪之能

覺能有二, 一者外覺, 二者內覺. 行外覺以外能, 外能有五司, 耳目口鼻體, 是也. 行內覺以內能, 內能有二司, 有四職. 一公司, 主受五司所收聲[56]色臭味等, 受而

---

46 『영언여작』 원문에 '可'로 되어 있다.

47 『영언여작』 원문에 '至'로 되어 있다.

48 『하빈선생전집』에 '止'로 되어 있으나 『벽위편』에 따라 '至'로 고쳤다.

49 『벽위편』에는 '今姑不論'이 빠져 있다.

50 『벽위편』에는 '待'로 되어 있다. 『하빈선생전집』에 '故'로 되어 있으나 '待'의 오기로 보아 바꾸었다.

51 『벽위편』에는 '如此而設能爲善'이 아니라 '設有爲善'으로 바뀌어 있다.

52 『벽위편』에는 '何功之可賞'이 아니라 '何功'으로 되어 있다.

53 『벽위편』에는 '而特祐之也. 均是人也, 均是不由志力'이 빠져 있다.

54 『벽위편』에는 '不公之甚也'가 아니라 '不公哉'로 되어 있다.

55 『벽위편』에는 '其亦不足辨也'가 빠져 있다.

56 『하빈선생전집』에는 '辨'으로 되어 있다. 『영언여작』 원문에 '聲'으로 되어 있으므로 '聲'의

能分別之. 二思司, 思司有三職. 其一, 主藏五司所收, 其二, 主收覺物自然曉達
之意. 其三, 主藏所收諸物之意也. 內二司之外, 別有一能, 曰嗜司. 凡外五司內
二司所收之物, 可嗜之, 可棄之, 此爲嗜司. 嗜司之能, 又有二分, 一者欲能, 二
者怒能. 凡所嗜所棄, 於己相宜, 則欲求之, 不相宜, 則欲去之, 此爲欲能. 所嗜
所棄, 於己相宜, 則敢求之, 不相宜, 則敢去之, 此爲怒能. 或嗜或棄, 各兼二者,
然欲能柔, 怒能剛, 怒能, 欲能之敵也. 已上內外諸司, 人與鳥獸等無異, 是覺魂
所有之能. 天主於人之亞尼瑪, 亦全界之, 卽人之亞尼瑪, 亦可稱爲覺魂也. 一 亞
尼瑪有生覺靈三能, 而此則論亞尼瑪之覺能也.[57]

按此段外覺內覺之說, 全不近理. 人之知覺, 只是此心之所爲. 至如耳目等五司,
不過與外物相接而已, 未嘗有覺也. 雖[58]因耳目之所接, 覺其爲某物, 而其所以
覺之, 則非耳目也, 心也. 故人之知覺, 只有心覺一路, 而心覺之外更無別覺.
今[59]曰行外覺以外能, 行內覺以內能, 則是人之一身當有兩覺, 分據內外而各
有[60]一物. 外覺之時, 直以外能而覺, 心則無與[61]於其間, 是果成說乎. 至其內能
二司及欲能怒能之說, 亦皆强作稱謂以奇其說, 而攷其皈着, 殊不端的.[62] 公司
之分別, 便是思也. 其所以別於思司者何哉. 凡事之欲求欲去敢求敢去者, 莫非
心之所爲, 則嗜司二分正屬內能, 其在內二司之外者, 亦何哉.[63] 抑其所以論內
能者, 不過依托於魂之一字, 悅惚胡說, 而初不及於此心之爲主於內, 則其所謂
內者, 非吾之所謂內, 而特架虛之贅談而已. 其亦不必辨也.

오자로 보아 고쳤다.
57 『벽위편』에는 이 문장이 『영언여작』 원문 말미에 부주로 작게 표기되어 있으나 『벽위편』
에는 '按被所謂' 아래로 자리가 바뀌어 있다.
58 『벽위편』에는 '今雖'로 되어 있다.
59 『벽위편』에는 '乃'로 되어 있다.
60 『벽위편』에는 '爲'로 되어 있다.
61 『벽위편』에는 '預'로 되어 있다.
62 『벽위편』에는 '不端的'이 아니라 '不端的耶'로 되어 있다.
63 『벽위편』에는 '何哉'가 아니라 '又何耶'로 되어 있다.

何謂藏物之像, 以時而用? 是則記含之分職, 所以別於他司也. 凡外五司所收之物, 皆有形質, 不能入於內司. 則取其像, 入於公司, 此像甚粗. 旣從思司分別取細, 入於記含之司, 待至, 欲用, 隨時取之. 若無形之物, 不屬外司, 爲內二司所收, 亦入公司, 本無粗像, 不必取細, 徑從思司, 藏於記含之司, 以時取之. 取之者, 所藏之物, 種種不一. 若隨時欲取一物, 則記含之司, 悉呈諸物, 任所欲得. 如庫司主藏, 待命出之也.

何謂其功有二? 一者憶記, 二者推記. 憶記者, 先我所知. 復向而知之. 推記者, 從此一物而記他物. 推記須因衆物而得一物, 憶記者, 不須衆物, 直記此物. 此兩所記, 總皆經歷之事, 物像猶在, 故可憶可推, 其實一也. 若本無知者, 知而悉忘者, 無此物像, 莫可憶矣, 莫可推矣.

記含者, 分之有二. 一曰司記含, 一曰靈記含. 司記含之職, 止能記有形之物, 故禽獸等皆有之, 靈記含之職, 能記無形像之物, 惟人有之.

靈記含, 依亞尼瑪之體, 與明悟愛欲同. 皆謂之不能離之賴者. 司記含之所在者腦囊顱頭之後. 何言兩記含當有兩所? 試思天主賜我能視有形之物, 旣有有形之目, 則能明無形之物者, 必有無形之目. 能嘗有形之味, 旣有有形之舌, 則能嘗無形之味者, 必有無形之舌. 有形之司, 收有形之物, 其所記含, 必有有形之所, 無形之司, 收無形之物, 其所記含, 必有無形之所, 有形之所則腦囊, 無形之所則亞尼瑪. — 亞尼瑪之靈能, 有記含明悟愛欲等三司, 而以上四段論記含也.[64]

按此論記含大略以爲人之藏物時用, 與夫憶記推記之屬, 皆係記含, 而司記含則爲腦囊而在顱顙之後, 靈記含[65]則爲亞尼瑪, 而在無形之所.[66] 其謂司記含[67]之

---

64 '亞尼瑪之靈能 (…) 而以上四段論記含也'는 『하빈선생전집』에 작은 글씨로 부기된 구절이지만 『벽위편』에는 이 구절이 '按' 이하에 정식 문장으로 나온다.

65 『벽위편』에는 '所謂'가 붙어 있다.

66 『벽위편』에는 '云'자가 붙어 있다.

67 『벽위편』에는 '其謂司記含'이 아니라 '今以兩記含論之, 則若司記含'으로 되어 있다.

在顱顙之後者, 與吾儒心學之說, 判然不同. 夫人之一身, 內而臟腑, 外而百體, 其數何限. 而吾儒之學, 必以心爲本者何也. 心之爲物, 光明發動, 而神明升降 於是乎舍焉.[68] 故虛靈知覺以爲一身之主宰, 凡所以記藏思推酬酢[69]云爲者, 莫 非此心之所爲. 詩所謂中心藏之,[70] 孟子所謂心之官思, 朱子所謂具衆理應萬事 者是也.[71] 今如此書所言, 則是人之記藏思推酬酢之云爲, 皆腦囊之所爲, 而心則 成一寄贅之物, 無有虛靈知覺之可言矣. 此必無之理也.[72] 至於靈記含之說, 又 謂其在無形之所, 記無形之物, 而與所謂司記含各爲一物,[73] 則此盖不察乎心靈 不測思徹萬微之妙, 以强以靈記含當之.[74] 又不念道器一致, 顯微無間, 有形無 形之不可爲二物, 而强以記有形記無形分之也. 其說之支離詖遁也亦甚矣.

抑腦囊之說, 亦有所來, 嘗見醫書, 引內經天谷, 元神守之, 自眞之文, 而解之 曰, 天谷泥丸乃元神之室, 靈性之所存, 是神之要[75]也.[76] 又曰泥丸之官, 魂魄 之穴也. 泥丸則元首, 九官之一而正居腦骨之中.[77] 今亞尼瑪之學專主靈性靈 魂之說, 而腦囊之稱[78] 又與泥丸之義相符. 今若以此而論醫理, 則亦無不可.[79]

---

68 『벽위편』에는 '光明發動神明之所舍'로 되어 있다.
69 『벽위편』에는 '思推酬酢'이 빠져 있다.
70 『벽위편』에는 '書所謂惟簡在心'이라는 구절이 포함되어 있다. 원문의 출처는 다음과 같
   다. '帝臣不蔽, 簡在帝心.'(『論語』, 「堯曰」)
71 『벽위편』에는 '朱子所謂具衆理應萬事者'가 빠져 있다.
72 『벽위편』에는 '無有虛靈知覺之可言矣. 此必無之理也'가 아니라 '豈理也哉'로 되어 있다.
73 『벽위편』에는 '各爲一物'이 아니라 '分爲二物'로 되어 있다.
74 『벽위편』에는 다음 구절이 첨가되어 있다. '또한 도(道)와 기(器)가 일치하며, 드러난 것과
   은미한 것 사이에 틈이 없고 유형한 것과 무형한 것이 하나의 이치를 함께함을 살피지
   못하고 억지로 유형한 것을 기억하는 것과 무형한 것을 기억하는 것을 구별하였으니,
   그 설은 매우 지리하고 변명하는 것이 또한 심하다〔又不察乎道器一致, 顯微無間, 有形無
   形之同一此理, 而强以記有形記無形分之也, 其說之支離詖遁亦甚矣〕."
75 『하빈선생전집』에는 '安'으로 되어 있으나 『동의보감』 원문에 따라 '要'로 고쳤다.
76 『벽위편』에는 '是神之要也'가 빠져 있다.
77 『벽위편』에는 '의학 이론에서 중요하게 여기는 것이므로 이렇게 말한 것일 것이다〔醫理所
   重故其說云然〕.'라는 구절이 붙어 있다.
78 『벽위편』에는 '專主靈性靈魂之說而腦囊之稱'이 아니라 '專主靈魂腦囊之稱'으로 되어

但謂記藏思推酬酢之云爲,[80] 皆係於腦囊, 而心乃無預於其間,[81] 此其所以爲舛理之言也.[82]

明悟者, 分之有二, 總之歸一. 分爲二者, 其一作明悟, 其一受明悟. 作明悟者, 作萬像以助受明悟之功. 受明悟者, 遂加之光, 明悟萬物而得其理. 作者能爲可得, 受者所以得之也.

何以必言二[83]者? 凡物之所然, 皆有二緣, 一爲作緣, 一爲受緣. 先有作者, 後有受者. 試如器用, 造之者爲作者, 用之者爲受者. 又如耳所聽之聲爲作者, 以耳聽之爲受者. 若未有作, 安得有受? 盡所然如是, 何獨明悟否乎?

今有一理於此. 已得明悟, 是所然也. 其緣則先有作者爲可明, 次有受者明之, 則遂明矣. 試以有形易見者解之, 凡明悟者, 非明悟其物之體物之質. 必將棄其體質, 精識其微通者焉. 體質者爲專屬, 微通者爲公共. 如遇一有形之物, 彼先出其像, 入於我之目司. 此時物去則像隱, 其像全係之形[84]質. 是爲至粗, 非可明之物能被明悟者也.

既而入於公司, 公司者, 五司之共所也. 此像既離於此物, 然物之專像, 無所不收. 像與物, 各有係屬. 是在精粗之間, 亦未爲可明之物也. 既從公司, 入於思司而分別之, 則此物咸別於他物. 既不能無分彼此, 卽像與物, 微有係屬, 不能化於大通, 亦未爲可明之物也. 既而歸於作明悟者, 不惟盡脫於物之體質, 幷悉捐棄其爲彼爲此. 但留物之精微, 衆物所公共者, 則可得而明悟之矣.

있다.
79 『벽위편』에는 '則亦無不可'가 아니라 '則可'로 되어 있다.
80 『벽위편』에는 '記藏思推酬酢之云爲'가 아니라 '記藏云爲'로 되어 있다.
81 『벽위편』에는 '心乃無預於其間'이 아니라 '心無預焉'으로 되어 있다.
82 『벽위편』에는 '此其所以爲舛理之言也'가 아니라 '乃舛理之言也'로 되어 있다.
83 『하빈선생전집』에는 '一'로 되어 있으나 『영언여작』과 『벽위편』에 따라 '二'로 고쳤다.
84 『하빈선생전집』에는 '形'으로 되어 있으나 『영언여작』과 『벽위편』에는 '體'로 되어 있다.

比⁸⁵一尺度於此. 木爲體質, 尺爲其全, 寸爲其分. 所當明悟者, 其全大於分也.
目司所收有形之度, 載尺與寸, 未離體質也. 公司所收, 脫去木體, 止有體之形
像, 載尺與寸, 卽與他物總受總藏, 未能分別也. 思司所收, 則已從他物而分別
之, 脫去形像, 獨留其分與寸矣. 作明悟所爲, 則全脫於度, 幷其尺寸, 但留微妙
玄通. 至公大總者, 爲全與分. 是則爲可明之物, 足以被明悟者也. 旣爲可明, 則
受明悟者, 加之光而遂明⁸⁶之, 明其全大於分矣. 又如物有白者, 則是可見之白.
日光未至, 但爲可見之白, 不爲已見之白. 日光旣至, 遂從而見之. 作明悟所爲
者, 如白可受見也. 受明悟, 如施之光而見白也. 總之歸一者, 作明悟受明悟, 兩
者缺一, 卽不能完明悟之功. 故總此兩者, 爲亞尼瑪之能. 比⁸⁷如定時水漏, 上下
各爲一斗, 一者主施, 一者主受. 兩者缺一, 卽不成器. 合此兩者, 方成⁸⁸一漏刻
之能, 總名一定時之器矣. 一 此段論明悟也.

按此論明悟,⁸⁹ 大略以爲明悟之司, 有作受二緣, 作明悟者, 作萬像以助受明悟
之功, 受明悟者, 遂加之光明悟萬物而得其理. 作者能爲可得,⁹⁰ 受者所以得之
也. 其論⁹¹明悟之極, 則曰盡脫於物之體質, 悉棄其爲彼爲此, 而但留物之精微.
夫⁹²二氣交運五行順布, 而林林⁹³之屬⁹⁴得必能生於其間,⁹⁵ 此莫非天理之自
然,⁹⁶ 而非爲助人之明悟而作之也.⁹⁷ 人有是身, 必有是心, 爲神明升降之舍而

85 『영언여작』과 『벽위편』에는 '譬'로 되어 있다.
86 『하빈선생전집』에 '則'으로 되어 있으나 『영언여작』과 『벽위편』에 따라 '明'으로 고쳤다.
87 『영언여작』과 『벽위편』에는 '譬'로 되어 있다.
88 『하빈선생전집』에는 '成'으로 되어 있으나 『영언여작』과 『벽위편』에 따라 고쳤다.
89 『벽위편』에는 '按此論明悟'가 아니라 '按已上論明悟者'로 되어 있다.
90 『벽위편』에는 '能爲可得'이 아니라 '能爲可得受者'로 되어 있다.
91 『벽위편』에는 '其論'이 아니라 '及其論'으로 되어 있다.
92 『하빈선생전집』에 '大'로 되어 있으나 『벽위편』에 따라 '夫'로 고쳤다.
93 『벽위편』에는 '總'으로 되어 있다.
94 『벽위편』에는 '類'로 되어 있다.
95 『벽위편』에는 '得必能生於其間'이 아니라 '得以化生於其間'으로 되어 있다.
96 『벽위편』에는 '自然'이 아니라 '自然也'로 되어 있다.
97 『벽위편』에는 '而非爲助人之明悟而作之也'가 아니라 '豈爲助人之明悟而作之乎'로 되어

知覺出焉. 故人之所以⁹⁸能明悟物理者, 亦莫非心靈之所爲, 而初非自外而受之
也.⁹⁹ 且所謂明悟物理者, 亦不過因其物而明其理而已. 豈以人爲而加之光哉.
道器雖有精粗之分, 而此物之理, 不外於此物之體. 萬物之理, 雖曰一原而其分
之殊, 盖有不可以一齊者, 此形也. 天性之說, 所以著於孟子, 而聖人¹⁰⁰之道, 必
以一貫而爲貴者也. 今¹⁰¹亞尼¹⁰²瑪之學, 不達¹⁰³天地自然之理, 而妄以私意窺
測造化, 以爲萬象之作由於助明悟之功. 不察吾人本心¹⁰⁴之靈, 而徒見其能明
在外之物性,¹⁰⁵ 則¹⁰⁶因緣臆¹⁰⁷度强爲受明悟之說, 不知¹⁰⁸物理之本然, 出外人
知力之所添減,¹⁰⁹ 則以人之明¹¹⁰悟, 而謂之加物之光.¹¹¹ 至如道器精粗之分,
一本萬殊之妙, 尤非渠之所能識,¹¹² 則至¹¹³謂脫體質, 棄彼此, 而但留其精微.
求天性於形色¹¹⁴之外, 而說¹¹⁵其一而無所¹¹⁶貫, 所謂明悟萬物而得其理者,¹¹⁷

있다.

98 『벽위편』에는 '所以'가 아니라 '以'로 되어 있다.
99 『벽위편』에는 '而初非自外而受之也'가 아니라 '此豈自外而受之乎'로 되어 있다.
100 『벽위편』에는 '聖人'이 아니라 '孔氏之道'로 되어 있다.
101 『벽위편』에는 '今者'로 되어 있다.
102 『하빈선생전집』에 '也'로 되어 있으나 '尼'의 오기로 보아 고쳤다.
103 『벽위편』에는 不達乎로 되어 있다.
104 『하빈선생전집』에 '必'로 되어 있으나 '心'의 오기로 보아 고쳤다.
105 『하빈선생전집』에 '聖'으로 되어 있으나 '性'의 오기로 보아 고쳤다.
106 『벽위편』에는 '明在外之物聖則'이 아니라 '明物理, 故'로 되어 있다.
107 『벽위편』에는 '憶'으로 되어 있다.
108 『벽위편』에는 '不知'가 아니라 '不識乎'로 되어 있다.
109 『벽위편』에는 '出外人知力之所添減'이 아니라 '非人知力之可增可減'로 되어 있다.
110 『하빈선생전집』에 '則'으로 되어 있으나 『벽위편』에 따라 '明'으로 고쳤다.
111 『하빈선생전집』에는 '老'로 되어 있으나 『벽위편』에 따라 '光'으로 고쳤다.
112 『벽위편』에는 '知'로 되어 있다.
113 『벽위편』에는 '乃'로 되어 있다.
114 『하빈선생전집』에 '也'로 되어 있으나 『벽위편』에 따라 '色'으로 고쳤다.
115 『벽위편』에는 '而說'이 아니라 '執'으로 되어 있다.
116 『벽위편』에는 '無所'가 아니라 '不知所以'로 되어 있다.
117 『벽위편』에는 '所謂明悟萬物而得其理者'가 아니라 '所謂明悟者'로 되어 있다.

淪¹¹⁸於虛寂空無之地,¹¹⁹ 而無以見之於用矣. 此其牽補之, 雖巧而不覺縫罅之
自露者也.¹²⁰

愛欲者, 分之有三, 總之歸一. 三者, 其一性欲, 其二司欲, 其三靈欲. 性欲者,
萬物所公共, 生覺靈之類, 皆有之. 是各情所偏宜, 專欲就之, 不待知之. 如石欲
下, 就於地心, 火欲上, 就於本所.¹²¹ 又如海魚, 專就於海, 又如人專欲就於常生
眞福. 舍此所宜, 雖百方强之不安, 必得乃已. 亞吾斯丁曰, 主造人心以向所
爾,¹²² 故萬福不足滿, 未得爾, 必不得安也.

司欲者, 生物所無, 覺類人類則有之. 是各情所偏, 偏於形樂之美好, 其在人爲
下欲. 下欲者, 令人屈下近於禽獸之情, 令人失於大公, 專昵己私也.

靈欲者, 生覺物所無, 惟靈才之天神與人則有之. 是其情之所向, 向於義美好.
在人也,¹²³ 居於亞尼瑪之體, 爲上欲, 爲愛欲.¹²⁴ 可欲與靈欲, 其所以異者¹²⁵數
端. 一者, 靈欲隨義所引,¹²⁶ 司欲隨思司所引.¹²⁷ 二者, 靈欲所行, 皆得自制,
司欲所行, 不由自制, 惟外物所使, 隨性不隨義. 其在禽獸, 絶不自制, 一見可欲,
無能不從. 故聖多瑪斯曰, 禽獸所行, 不可謂行, 可謂被行. 不能自制之謂也.

---

118 『하빈선생전집』에 '論'으로 되어 있으나 『벽위편』에 따라 '淪'으로 고쳤다.
119 『벽위편』에는 '地'가 아니라 '域而已'로 되어 있다.
120 『벽위편』에는 '而無 (…) 自露者也' 대신 '曾何足以見之於用乎'로 되어 있다.
121 『영언여작』에는 '樹木欲就於風日雨露之所及'이라는 구절이 연결되어 있다.
122 『하빈선생전집』에는 '所'이나 『영언여작』과 『벽위편』에 따라 '爾'로 고쳤다.
123 『영언여작』에는 '故在人也'로 되어 있다.
124 『영언여작』 원문과 『하빈선생전집』에는 '愛欲'으로 되어 있으나 『벽위편』에는 '受欲'으로
잘못 표기되어 있다.
125 『벽위편』에는 '其所以異者'가 아니라 '異者'로 되어 있다.
126 『하빈선생전집』에 '所司'로 되어 있으나 『영언여작』에는 '所引'으로, 『벽위편』에는 '所取
引'으로 되어 있어 『영언여작』에 따라 '引'으로 고쳤다.
127 『하빈선생전집』에 '所司'로 되어 있으나 『영언여작』에는 '所引'으로, 『벽위편』에는 '取引'
으로 되어 있어 『영언여작』에 따라 '引'으로 고쳤다.

其在於人, 一見可欲, 或直從之, 或擇去之, 或從否之間, 虛懸未定. 如是者, 稍似自制, 實則稟於靈欲以使其然. 非由本質, 蓋乃自制之影耳. 其曰總三歸一者, 爲是三者依其本情, 雖有三向, 如性欲本[128]向者, 是利美好, 司欲本向者, 是樂美好, 靈欲本向者, 是義美好, 然歸於一總美好, 故曰總之歸一也. 一 此段論愛欲下二段并同.

按此論三欲分析,[129] 若可喜者而子細評考, 全無是處.[130] 其論性欲之說與吾儒之論性者, 截然氷炭. 誠能反求乎吾儒之書, 而有見於性理之實, 則彼說之眞僞, 將有可得而言者矣. 詩云, 天生蒸民, 有物有則, 民之秉彛, 好是懿德. 盖人受天地之正理而以爲秉彛之性, 故所好者, 惟在於懿德. 然則以好德之心而謂之性欲, 可也. 必若兼指形氣之性以備其說, 則如口之於味也, 目之於色也, 耳之於聲也, 鼻之於臭也, 四支之於安佚也, 亦性也. 然則以味色聲臭之屬而謂之性欲, 亦可也. 至於常生之欲,[131] 則非但不準於秉彛好德之性, 而雜以形氣之性, 亦無所當. 此特出於後世自私自利之徒老莊釋迦之屬, 而今乃掇其餘論, 區區傳會以爲人性之專欲在於常生之眞福.[132] 此其爲說之陋, 固不足以欺天下. 而至以爲舍此所宜, 雖百方强之不安, 必得乃已, 則此尤有不足辨者. 常生眞福, 雖曰人情之所偏宜, 而形衰氣盡,[133] 不待强之而死, 死而達命之君子,[134] 未嘗有不安之心. 雖有不安之心, 而旣死之後, 形旣朽滅, 神亦飄散, 固無復生之理, 則所謂

---

128 『하빈선생전집』에 '不'로 되어 있으나 '本'의 오기로 보아 고쳤다.

129 『벽위편』에는 '按此論'이 아니라 '按已上論受欲者也'로 되어 있다.

130 『벽위편』에는 '若可喜者而子細評考, 全無是處'가 아니라 '雖若可據而仔細考之, 全沒理致'로 되어 있다.

131 『벽위편』에는 '至於常生之欲'이 아니라 '今者彼所爲常生眞福之欲'으로 되어 있다.

132 『벽위편』에는 '此特出於後世自私自利之徒老莊釋迦之屬, 而今乃掇其餘論, 區區傳會以爲人性之專欲在於常生之眞福'이 아니라 '此特出於老莊釋迦之屬以自私自利爲主者, 而彼又掇其餘論, 而益傳會之以爲人性之欲專在於常生之眞福'으로 되어 있다.

133 『벽위편』에 '形衰氣盡'이 아니라 '形旣衰矣, 氣已盡矣'로 되어 있다.

134 『벽위편』에는 '不待强之而死, 死而達命之君子'가 아니라 '不待强之而旣死之後, 形旣朽矣, 神亦散矣. 固無復生之理, 是以達命之君子'로 되어 있다.

强之不安, 必得乃己者, 抑何在也.[135]

其論司欲靈欲之說, 以司欲爲隨思司所引而偏於形樂之美好, 靈欲爲隨理義所引, 而向於義美好者, 近於吾儒人心道心之說, 疑若可取, 而其實有大不同者.[136] 夫思者, 心之官也. 而其思之發於理則爲道心, 其思也發於氣則爲人心. 朱子所謂或原於性命之正, 或生於形氣之私, 所以爲[137]知覺者不同是也.[138] 今[139]若專以其偏於形樂者而謂之思, 則曾謂此心之神明不測, 而所思者止於形氣之私乎. 凡人之思爲善事者, 亦可謂偏於形樂, 而洪範所謂思曰睿, 睿作聖者, 樂何指也.[140] 且心爲一身之主而思慮焉, 心思或有爲外物所引之時, 非[141]心思之上有一物爲心思之所引也. 外[142]物由外而入引心而出則謂之引, 可也. 而[143]義理者得於[144]天賦之初, 其於[145]本性之中, 君子惟有[146]擴而充之, 循而行之而已. 非此身之外理義自爲一物, 理義引人而人隨理義, 如人之引馬而馬之隨人.[147] 其謂隨理義所引者, 不亦謬乎.[148] 至於[149]下文論司欲所行而有隨性不隨義之說, 則綻露益甚. 夫不識理義之具於[150]性中, 而以性義分爲兩物. 至以隨性而爲非,

135 『벽위편』에는 '抑何在也'가 아니라 '果能何據也'로 되어 있다.
136 『벽위편』에는 '向於義美好者, 近於吾儒人心道心之說, 疑若可取而其實有大不同者'가 아니라 '向於義美好云者, 擬於吾儒人心道德之分, 而其實有大不然者'로 되어 있다.
137 『벽위편』에는 '爲'가 아니라 '謂'로 되어 있다. 『중용장구』의 원문은 '爲'로 되어 있다.
138 『벽위편』에는 '也'가 아니라 '已'로 되어 있다.
139 『하빈선생전집』에 '命'으로 되어 있으나 『벽위편』에 따라 '今'으로 고쳤다.
140 『벽위편』에는 '樂何指也'가 아니라 '果何所指'로 되어 있다.
141 『하빈선생전집』는 '昨'이나 『벽위편』에 따라 '非'로 고쳤다.
142 『벽위편』에는 '外' 앞에 '且'가 있다.
143 『벽위편』에는 '而'가 아니라 '至於'로 되어 있다.
144 『벽위편』에는 '於'가 아니라 '之'로 되어 있다.
145 『벽위편』에는 '其於'가 아니라 '其乎'로 되어 있다.
146 『벽위편』에는 '有'가 아니라 '當'으로 되어 있다.
147 『벽위편』에는 '非此身之外 (…) 馬之隨人'이 아니라 '豈此身之外 (…) 馬之隨人乎'로 되어 있다.
148 『벽위편』에는 '其謂隨理義所引者, 不亦謬乎'가 아니라 '所謂隨理義所引者, 亦謬矣'로 되어 있다.
149 『하빈선생전집』에는 '非'로 되어 있으나 『벽위편』에 따라 '於'로 고쳤다.

則此其無見¹⁵¹於大本者, 固¹⁵²可知矣. 而¹⁵³人之性欲既在於常生眞福, 則不非¹⁵⁴常生之說而獨非隨性者, 亦獨何哉.¹⁵⁵ 此其轉輾流循而前後之不相掩者也¹⁵⁶

凡美好有三. 其一樂美好, 其二¹⁵⁷利美好, 其三¹⁵⁸義美好. 世間所有萬物之美好, 皆至美好之一微分, 而天主則爲完全之美好, 樂者利者義者, 無不備足, 無不充滿. 故世物之美好, 爲愛欲之分向, 而天主爲愛欲之全向. 世物, 雖盡得之, 我不能足, 我不能安, 而天主眞福, 我得之, 則至足至安. 樂美好利美好¹⁵⁹ 皆着於物, 其美好易見, 故庸人小人, 皆趨慕之. 若義美好, 在物之外, 非庸常所見, 必須智慮籌度, 乃能知其美好而願得之. 故向之爲難, 獨君子能然.

此三美好, 趨向難易等級分異者, 緣人靈魂係於肉體. 樂與利, 最爲肉體所便, 義美好則靈魂¹⁶⁰所便, 肉體所不便故也.
至若天主, 其爲美好, 無形無像, 更非庸衆所見. 必遠慮卓識, 思路超越, 乃能知其美好. 令有人得向此美好, 此其所爲, 必逸然出於樂利之上, 寧違世間萬樂而受萬苦, 寧去世間萬利而就萬害, 必欲得此而後已.
凡人有甘歷苦辛¹⁶¹冒危害而求之者, 爲樂與利在其中也. 求得天主, 至於受萬

---

150 『벽위편』에는 '具於'가 아니라 '具在於'로 되어 있다.
151 『벽위편』에는 '無見'이 아니라 '不見'으로 되어 있다.
152 『벽위편』에는 '固'가 아니라 '亦'으로 되어 있다.
153 『벽위편』에는 '而'가 아니라 '且如彼說'로 되어 있다.
154 『벽위편』에는 '不非' 앞에 '彼旣'가 있다.
155 『벽위편』에는 '而獨非隨性者, 亦獨何哉'가 아니라 '尺以隨性爲者, 非亦獨何也'로 되어 있다.
156 『벽위편』에는 '不相掩者也'가 아니라 '不相掩有如此也'로 되어 있다.
157 『영언여작』에는 '一'로 되어 있다.
158 『영언여작』에는 '一'로 되어 있다.
159 『영언여작』에는 '樂美好利美好'가 아니라 '此兩美好'로 되어 있다.
160 『벽위편』에는 '靈魂'이 아니라 '靈體'로 되어 있다.
161 『영언여작』에는 '辛苦'가 아니라 '苦辛'으로 되어 있다.

苦萬害, 欣然欲之, 安得不有至樂大利在其中乎? 特尋常識慮, 不能及此. 故雖全備滿足至樂大利, 反不若世間暫樂微[162]利, 足動人意耳. 庸人惟肉體是循[163], 惟樂利是求, 不知其違義犯天主, 陷於萬罪. 故罪人謂之愚人.

何謂惟於至美好不獲自專而爲至自專? 謂若能明見至美好, 卽不得不愛, 勢不在己, 何者? 明見之後, 凡諸至樂大利, 可願可求, 爲愛欲所向者, 完備滿足, 自能全攝愛欲者而愛欲之, 爲此是亞尼瑪愛欲者之全向. 故得之爲得至足, 爲得至安, 爲得至樂, 爲得至利, 爲得至義. 是不得不愛, 故爲不獲自專. 而此不獲專者, 正是本情所最向, 所至愛至欲者, 故又爲至自專.

按此二段反復縷縷, 不過言義美好之必有至樂大利, 以誘世人.[164] 夫爲善要福之爲不是, 前已辨之矣. 今不疊說[165]而姑錄其文, 以示其學之專出於利者[166]如此.

第三篇 論亞尼瑪之尊與天主相似

天下萬物, 其美好精粹, 皆有限數. 其與天主無窮之善, 無窮之妙, 無相等者, 亦無一能彷彿無量億數中之一二者. 今言亞尼瑪與天主相似, 特是假借比喩, 爲是其影像耳. 形與影, 不爲相等之物, 亦無大小多寡可爲比例也. 儻不達此意而泥其詞, 謂我眞實可比擬之, 豈不屈抑天主而長世人莫大之傲哉[167]?

後諸比意, 惟爲顯揚天主全能, 大智, 至善之性, 又讚美其普施於人亞尼瑪無窮之恩云耳. 其云相似, 凡有數端, 總歸三者. 一曰性, 一曰模, 一曰行.[168]

---

162 『하빈선생전집』에 '欲'으로 되어 있으나 『영언여작』과 『벽위편』에 따라 '微'로 고쳤다.
163 『하빈선생전집』과 『벽위편』에는 '循'으로 되어 있으나 『영언여작』 원문에는 '狥'으로 되어 있다.
164 『벽위편』에는 '至樂大利' 뒤에 '以誘世人'이 빠져 있고 이 부분은 다른 문장 뒤에 연결된다.
165 『벽위편』에는 '今不疊說'이 아니라 '今不必疊說'로 되어 있다.
166 『벽위편』에는 '利者'가 아니라 '利一字者'로 되어 있다.
167 『영언여작』에는 '乎'가 아니라 '哉'로 되어 있다.

按此篇所論大抵多襲前篇, 今不盡擧. 姑錄其篇首一段, 而爲之辨如左.[169] 彼以天主當吾儒之所謂上帝, 以亞尼瑪當吾儒之所謂魂. 夫上帝爲天之主宰, 則天主之稱不爲無理. 以人魂而謂亞尼瑪者, 旣是西國之方言, 則此亦無害於義. 但以亞尼瑪比於天主而以爲其尊相似, 則此有所不然者.[170] 吾儒之論魂也, 蓋必與魄而對擧, 魂者陽之靈也, 而主於伸, 魄者陰之靈也, 而主於屈.

若以彙類而推之, 則如天之有鬼神. 神者伸也, 天之陽靈也, 鬼者屈也, 天之陰靈也. 故陰陽屈伸之迹, 在乎天則謂之鬼神, 在乎人則謂之魂魄. 若是者爲相似而可以比之也. 故禮曰人亦鬼神之會, 而朱子申其義曰, 魄者鬼之盛, 魂者神之盛, 此其當理之言也. 至於上帝則旣以主宰而得名, 與陰陽屈伸之迹, 自有分別, 其不可比之於人魂也, 明矣. 故經傳中言上帝者非一言, 魂魄者亦非一, 而未有以上帝與魂魄比而論之者, 誠知其不可比也.

今者此書論亞尼[171]瑪也, 雖以亞尼瑪謂之魂, 而觀其所論, 未嘗略及於陰陽屈伸之迹, 與吾儒之所以論魂者, 全不相似, 則此固不知魂之所以爲魂矣.

旣以亞尼瑪謂之魂, 而乃以比之於上帝之主宰天地, 則此又不知上帝之所以爲上帝矣. 斯皆名言之不稱, 而引喩之失當者也. 今以吾儒之說論之, 則人之可比於上帝者, 惟有此心耳. 主宰乎上天者帝也, 主宰乎一身者心也. 人之有此心, 如天之有上帝也. 故心有天君之名, 君者主宰之義也. 然人心之可比於上帝者, 非但以其主宰而比之也, 蓋有所以主宰[172]之理存焉.

書不云乎, 惟皇上帝降衷于下民, 若有恒性. 此言民受上帝所降之衷, 而爲心中

---

168 『하빈선생전집』에는 두 글자가 지워져 있다. 『영언여작』에 따르면 지워진 글자는 '如左'이며, 『벽위편』에는 '如左'가 보인다.

169 『벽위편』에는 '如左'가 아니라 '曰'로 되어 있다.

170 『벽위편』에는 '此大不然者'로 되어 있다.

171 현재 『하빈선생전집』의 59쪽이 시작되는 부분이지만 실제로는 60쪽에 해당하는 부분이다. 필사본을 취합할 때 생긴 문제인지, 필사본을 출판할 때 발생한 문제인지 확인할 수 없으나 아세아문화사 판에서 60쪽과 59쪽이 뒤바뀌어 있다.

172 『하빈선생전집』에서 59쪽이 시작되는 부분이나 실제로는 60쪽에 해당한다.

所具之性也. 故性字在六書會意之法從心從生, 謂其與心而俱生也. 惟其上帝
所降之衷與心俱生而爲吾之性. 故吾儒之學必以治心而爲本, 推[173]其功效之
極, 而可至於桼天地贊化育之域. 此則心之所以爲靈而可比於上帝者也. 故人
以至眇之身, 而其心之大不過方寸, 度以常情, 宜不可比論於上帝, 而因其所具
之性原其所降之衷, 而究其所以主宰之理, 則實如符契之脗合, 而非爲假借而
强擬也.

今亞尼瑪之學, 未嘗從事於心性之理, 不察乎天人脗合之妙, 而顧乃依托於靈魂
之說, 欲以上帝而比於魂, 則此其爲道之己外矣.

而惟其所見之不的, 不能據實而直言, 謂之假借, 謂之影像, 謂之非眞實可擬, 飾
其依違苟且之說, 弄其閃奸打訛之習, 而推而置之於幽昧怳惚不可致詰之境. 易
所謂中心疑者, 其辭枝, 孟子所謂遁辭, 知其所窮者, 正指此也.

第四篇 論至美好之情

此至美好, 其在今也, 目不可見, 耳不可聞. 惟當信之, 惟當望[174]之, 惟當存想
之. 我此信此望此想, 卽是所惠敎訓, 所垂祐助. 至後來明見之日, 自當茫然慬
然, 若攝我心, 若失我身, 若眩我睛, 若鼇足我中情, 怡然得所而大寧, 福我永我,
乃以常生.

按君子之道語其精微之極, 固有耳目之所不及者. 如中庸所謂君子之道費而隱
是也. 然而耳目之所不及者, 推心能通之, 如孟子所謂盡其心者, 知其性也, 知
性則知天是也. 是以吾儒之爲學也, 推其自得於心, 而明其實然之理, 故有以篤
信而不惑, 有以勉慕而不怠, 如大學所謂知止有定, 易所謂知至至之是也.

今此段之論至美好也, 但謂之目不可見, 耳不可聞而已. 未嘗反之於本心之靈,
而示以可知之道, 則是非但耳目之所不可見聞也, 亦此心之所不可知也. 如是

---

173 『벽위편』에는 '惟'로 되어 있다.
174 『벽위편』에는 '望'이 아니라 '理'로 되어 있다.

而猶曰信之望之存想之,[175] 則且問心所不知之物, 何以知其可信而信之, 亦何所指的而望想之乎. 此其爲說之無據固已甚矣.

至於後來明見之說, 盖指人生現世之後. 而人死之無所知覺, 前已詳言, 其理甚明, 夫豈有明見之可論,[176] 而有何怡然得所乃以常生之事乎.

大抵彼所謂至美好者, 不過依托於空虛范然[177]之說, 而非若吾儒之學眞有實理之可驗者, 則是雖極其心思之勞, 而必無見得之理.

此其所以誘之於不見不聞之境, 强之以信之望之之事, 而不能質言其有可知之道也. 夫使人而信其不見不聞之物, 而不言其可知之道, 則人雖愚迷之甚, 必知其說之可疑, 而未必聽從. 故假[178]爲死後明見之說, 而誘之以常生之福, 自以爲死後之事, 人不能詰其有無, 而又有福利之誘, 如是而可欺於天下也. 殊不知死生終始之說, 自有可知之理, 而明理之君子, 不可欺之以理之所無也. ― 其亦甚陋而不足多辨也.[179]

人有二光. 其一自然之本光. 推理致知, 人力可及者是. 其一超於自然者之眞光, 在理之上, 惟天主賜與, 非人知見所及者是.

此至美好者, 在我今日, 依我本光, 稍亦識之, 其在他日, 依藉眞光, 果得見之. 而此識者見者, 如飲海滴水, 見日隙明, 悉難勸盡. 惟獨自能窮究, 自能全通, 自能全愛, 此全通者, 全愛者, 是名無窮眞福.

按此段之意, 大略與前段相似, 不足多辨. 而其本光眞光之說, 自有片言而可析者. 彼以推理致知, 人力可及者, 爲自然之本光, 以在理之上, 而非人知見所及

---

175 『벽위편』에는 '存想之'가 아니라 '存之'로 되어 있다.
176 『벽위편』에는 '論'이 아니라 '言'으로 되어 있다.
177 『벽위편』에는 '范然'이 아니라 '范昧'로 되어 있다.
178 『벽위편』에는 '假'가 아니라 '托'으로 되어 있다.
179 마지막 문장은 『하빈선생전집』에는 작은 글씨로 적혀 있어 나중에 첨가된 듯하나 『벽위편』에는 이 문장이 그대로 말미에 나온다.

者, 爲超自然之眞光. 本光之稱, 雖不見於吾儒之書, 而此旣以推理致知之事言之, 則固亦無害於義也. 至如眞光, 旣曰在理之上, 則此非以理而可推者也.

理所不能推之物, 未知於何而驗其有無乎. 彼亦謂非人知見所及, 則西士亦人也, 其所不知, 必與我無異, 而猶且强言之者何也. 夫以理之所不能推, 已之所不能知, 而宣之於口, 筆之於書, 欲使天下之人信其說而從其道, 其亦難矣

欲讚嘆此爲至美好, 不能形容, 不能窮盡. 卽以海水磨墨, 尙恨其少, 以諸天爲楮, 尙恨其狹, 以天神之聰明才智, 尙恨其鈍, 以億萬萬無窮極之年, 尙恨其短. 窮古終天, 無數聖賢, 無數天神, 幷合其才智心思, 窮慮極想於無涯無量之才智心思, 而此才智心思, 猶不足摹擬萬分之一也.

按此段極讚至美好之情, 張皇悅惚, 君子不可以得其要領者. 然而以理而推之, 則可見其爲荒誕無據之說, 而異於吾儒之論道也. 夫君子之道, 雖曰廣大而無窮, 微妙而難見, 然而其理至爲其實, 苟能精思而深究, 則必無不可知之理, 知之旣明則必無不可形容之理. 古昔聖賢固自有明知此道, 而因以形之於文字, 垂之於後世者, 如六經之所載, 不可誣也. 夫豈有無數聖賢, 幷合其才智心思, 而不能摹擬其萬一之理哉.

此至美好, 若有思惟擬議, 以爲已能知見, 此政[180]極無知見. 若更加窮究, 盡思極慮, 至於昏無所得, 自視爲至愚至懵, 我所想, 我所講, 我所識, 與所當想, 所當講, 所當識者,[181] 全然未有分毫入處. 此正爲有所知, 有所見矣.

按此段之意, 亦與前段相似, 而其爲綻露益甚. 彼所謂至美好者, 旣是架虛之說, 而本無可驗之實, 則是雖眞思極慮而窮之, 其必昏無所得, 而不能自脫於愚懵也, 宜矣. 若吾儒之爲學也則不然, 以實然之心而窮實然之理, 知之必期於精,

---

180 『하빈선생전집』과 『벽위편』에는 '政'으로 되어 있으나 『영언여작』에는 '正'으로 되어 있다.

181 『벽위편』에는 '我所想, 我所講, 我所識, 與所當想, 所當講, 所當識者'가 빠져 있다.

見之必期於明. 此大學所以有格物之訓, 中庸所以有明誠之說也. 若是者何嘗以昏無所得而爲貴乎. 知之旣精, 見之旣明, 則必有以自驗其所造之域. 此伊尹所以以先覺自許, 孔子所以以知命自謂也. 若是者豈有自視爲至愚至憎之理乎. 以此推之, 則吾學之與彼學, 虛實眞僞之所以不同者, 斷可知[182]矣.[183]

2) 『天主實義』

天主實義者, 泰西利瑪竇及其鄕會友與中國人問答之詞也. 書凡八篇[184]大略言奉事天主之事, 而考其歸趣, 則不過以天堂地獄之說, 恐誘世人, 以爲人死而精靈不滅, 故天主固待其死而賞罰之. 其說與靈言蠡勺同一源流,[185] 此姑不辨. 而[186]篇首有瑪竇題引, 述其著書斥佛之意, 而自謂不悖於堯舜周孔之道. 又有明人[187]李之藻, 馮應京等, 序文隨聲, 讚嘆以爲其學果與吾儒無異而與佛氏不同, 則其爲誣人, 莫此爲甚.[188] 彼其[189]天堂地獄精靈不滅之說, 明是佛氏之餘論,[190] 而未嘗畧見於吾儒之言.[191] 吾未知異於佛氏者何事也, 同於吾儒者何事也. 區區掇拾乎佛氏之餘論, 而反以斥佛爲名, 瑪竇諸人, 不徒吾儒之罪人, 抑亦佛氏之反賊也.[192] 今就本言逐篇評批, 以明其學之本出於佛氏, 而不可强合

---

182 『하빈선생전집』에 '誠'으로 되어 있으나 『벽위편』에 따라 '知'로 고쳤다.
183 『벽위편』에는 '吾學之與彼學虛實眞僞之所以不同者, 斷可知矣'가 아니라 '彼學虛實, 斷可知矣'로 되어 있다.
184 『벽위편』에는 8편이 아니라 6편으로 잘못 표기되어 있다.
185 『벽위편』은 '也'로 끝난다.
186 『벽위편』에는 '此姑不辨而'가 빠져 있다.
187 『벽위편』에는 '明人'이 아니라 '皇明人'으로 되어 있다.
188 『벽위편』에는 '(…) 不同, 則其爲誣人, 莫此爲甚'이 아니라 '(…) 不同云 何其妄也'로 되어 있다.
189 『벽위편』에는 '其'가 빠져 있다.
190 『벽위편』에는 '餘論'이 아니라 '言'으로 되어 있다.
191 『벽위편』에는 '言'이 아니라 '書'로 되어 있다.
192 '區區 (…) 佛氏之反賊也'는 나중에 첨가한 듯 행간에 작은 글씨로 적혀 있다. 『벽위편』에

於吾儒, 使覽之者無惑於彼此同異之辨.[193] 而其已見於靈言蠡勺者不論.

第一篇 首篇論天主始制天地萬物而主宰安養之

按此篇問答首及於死生之說. 其問曰, 本世之事, 雖已署明, 死後之事, 未知何如. 其答曰, 不辭今世之苦勞, 以專精修道, 圖身後萬世之安樂. 於此一節可見其爲學之源全出利心, 與佛氏往生之說, 同爲誕妄之歸.

而篇末所記天主命神, 警戒懊悟之事, 尤爲矯誣, 盖亦效嚬於佛氏天女下降等說也. 此則姑不足辨.

其所謂天主制作天地萬物而主宰安養之者, 最是一篇之要領. 而覽其辭意, 頗因吾儒論上帝之說, 以爲托眞衒僞之計, 而終有所不能自掩者. 然程子曰以主宰謂之帝, 則彼謂天主之主宰天地者, 其說亦可矣. 朱子曰萬物隨帝而出入, 則彼謂天主之安養萬物者, 其義亦近之. 而至謂天地之成由於天主之制作, 則此乃於理無徵, 於經無稽, 而特出於臆度之論也. 彼雖引工匠成房屋之事以証之, 然吾恐天地之開闢, 不如房屋[194]之出於人爲也, 而彼惟皇之帝亦不加比之於工匠也. 開闢之事, 固難言也.

且以經典之所載者徵之, 易曰太極是生兩儀, 兩儀者陰陽二氣, 形而下之器也. 太極者所以陰陽, 形而上之道也. 而天者陽之輕清位乎上者也, 地者陰之重濁位乎下者也. 以此言之, 則天地者, 不過原於太極之眞成於兩儀之實而已. 而所謂上帝, 則盖亦天地成形之後主宰乎其間, 合道器而爲之名. 如人賦生之後, 方有此心主宰乎人身, 而固不能制作人身, 則上帝雖主宰乎天地, 而豈有制作天地之理乎. 此彼說之所以不可信[195]也.

는 그대로 적혀 있다.

193 『벽위편』에는 '今就本言 (…) 同異之辨'이 아니라 '今就本言逐篇評批, 使覽之者, 毋爲彼說此之同所惑'으로 되어 있다.

194 『하빈선생전집』에 '産'으로 되어 있으나 '屋'의 오기로 보아 고쳤다. 『벽위편』에는 '屋'으로 되어 있다.

第二篇 解釋世人錯認天主

按此篇首論三教之是非, 初若右吾道斥二氏, 至於中間乃擧周子太極之說而極口詆斥, 以爲以此而攻佛老, 無異於以燕伐燕. 此乃於吾道, 則陽右而陰擠之, 於二氏, 則僞斥而實助之也. 然其所以詆斥太極者, 則不可不辨.

其說曰, 古先君子敬恭乎天地之上帝, 未聞有尊奉太極者. 如太極爲上帝萬物之祖, 古聖何隱其說乎. 又曰無極而太極之圖, 不過取奇偶之象言, 而其象何在. 太極非生天地之實可知已.

又曰若太極者, 只解之以所謂理, 則不能爲天地萬物之原. 中國學士講論理者, 只有二端, 或在事物, 或在人心. 據此則理在物後, 後豈先者之原. 且其初無一物之先, 渠言必有理在焉. 理在何處, 依屬何物乎. 如曰賴空虛耳, 恐(空)虛[196] 非足賴者, 理將不免乎偃墮也. 試問盤古之前, 旣有理在, 何故閑空, 不動而生物乎. 其後誰從激之使動. 況理本無動靜, 況自動乎.

又曰太極圖註云, 理者非物矣. 物之類多, 而均謂之物. 或有形者, 或無形者. 理旣非有形之物類, 豈不爲無形之物品乎. 又問理者靈覺否, 明義者否. 如靈覺明義, 則屬鬼神之類, 曷謂之太極, 謂之理也. 如否則上帝鬼神夫人之靈覺由誰得之乎. 彼理者以己之所無, 不得施之於物以爲之有也.

其下論夫子言太極之意曰, 此爲天主所立者, 夫太極之理, 本有精論, 吾雖曾閱之, 不敢雜陳其辯. 又記中士屈服之語曰, 吾國君臣自古迄今, 惟知以天地爲尊敬之如父母, 故郊社之禮以祭之. 如太極爲天地所出, 是世之宗考妣[197]也. 古先帝王祀典, 宜首及焉, 而今不然. 此知必太極之解[198]必非也. 先生辨之最詳, 于古聖賢無二意矣.

---

195 『벽위편』에는 '不可信'이 아니라 '妄'으로 되어 있다.
196 『하빈선생전집』과 『벽위편』에는 '空' 자가 없으나 『천주실의』에는 '空虛'로 되어 있다.
197 『벽위편』에는 '妣'가 없다.
198 『벽위편』에는 '解'가 아니라 '辭'로 되어 있다.

吾觀西士之論[199]太極者, 節節謬戾, 不甚難辨, 而爲中士者其心屈服, 終無一言之辨折者何哉. 夫太極者, 其理則實, 而其位則虛. 非若上帝之主宰乎天而有定位, 則恭敬之禮, 固無可施之處, 而太極之有無, 初不可以此而定之也.

今夫人之尊堯舜孔孟, 以其道德之高厚也. 而未聞有尊奉道德者, 非謂道德之無也, 以道德之爲虛位也. 以此推之, 則古人之敬恭上帝, 而未聞有尊奉太極者, 亦猶是也.[200] 奇偶之象卽陰陽也, 而所謂太極者, 未嘗離乎陰陽, 但卽陰陽, 而不雜乎陰陽者是也. 彼謂太極圖不過言奇偶之象, 而其象何在者, 可謂迷昧之甚. 而陰陽不能自陰陽, 其所以陰陽者乃太極也. 故易曰太極是生兩儀, 而天者陽之位乎上者也, 地者陰之位乎下者也. 故易以六陽爻爲乾, 六陰爻爲坤, 則太極生天地之實, 又豈不昭然可驗乎.

學[201]者之所以講理, 固不外於人心事物兩端,[202] 而所謂在人心事物之理, 果是人心既有之後, 旋旋揍合, 而納之於人心, 事物既有之後, 旋旋揍合, 而着之於事物,[203] 如懸疣寄贅之本無而猝[204]有之者, 而乃以爲理在物後, 而不足爲物之原乎. 此固不足辨也. 然才有此理卽有此物, 才有此物卽有此理, 理與物初未嘗判然離絶而爲兩事.

今若以此而謂理之不外於物, 則固無不可,[205] 而[206]若謂無此物之先, 未有爲此

---

199 『벽위편』에는 '論'이 아니라 '詆'로 되어 있다.
200 행간에 세필로 '또한 저들이 말하는 태극도는 홀수와 짝수의 상을 말한 것에 불과하니 그 상이 어디에 있는가. 어찌하여 그 미혹되고 몽매함이 심한가?〔且彼謂太極圖不過言寄寓之象, 而其象何在者, 何其迷昧之甚也〕.'라고 적혀 있다.
201 '學' 옆의 행간에 작은 글씨로 '且彼謂中國'이라고 적혀 있으며『벽위편』에는 '且彼謂中國學者'로 되어 있다.
202 『벽위편』에는 이 구절 뒤에 '因謂理在物後, 理'가 붙어 있다.
203 『벽위편』에는 '人心既有之後, 旋旋揍合, 而納之於人心事物, 既有之後, 旋旋揍合, 而着之於事物'이 아니라 '人心既有之後, 旋旋揍合, 而着之於事物'로, 한 구절이 빠져 있다.
204 『벽위편』에는 '猝'이 아니라 '卒'로 되어 있다.
205 『벽위편』에는 '無不可'가 아니라 '可'로 되어 있다.
206 『벽위편』에는 '而'가 빠져 있다.

物之[207]理, 則所謂物者, 何自而出乎. 若[208]以空虛之不足賴, 而疑理之不免[209]於偃墮, 則此又不識理之言[210]也. 木石有形之物, 則固不能自立於空虛, 而偃墮之患.[211] 理是無形之物, 則不足以此而爲慮也.[212] 然空虛之說, 不必以無形之先論之. 雖天地成形之後, 天之下地之上, 則莫非空虛之處,[213] 而理未嘗偃墮於其間者何哉.[214]

若謂理者只在於一事一物, 而空虛之中未有理在, 則理之欠缺不到之處,[215] 亦多矣.[216] 而中庸所謂君子之道, 天下莫能載者, 果何謂也. 斯理也充滿發育未嘗停息. 故此天地前亦有一天地, 此天地後亦有一天地.[217] 推而上之不見其始, 推以下之不見其終. 而其人物之化生寒暑之運行, 皆與此天地無異, 則不論盤古之前與後, 而顧安有閑[218]空不生物之時乎.

且理之動靜不可驗之於他處, 而陽之動, 陰之靜, 則此理之動靜也. 故易曰一陰一陽之謂道, 則彼所謂理無動靜者, 抑何處哉. 且吾儒之論物理也, 以有形者謂之物, 無形者謂之理. 理字物字固有分別, 則太極圖註, 理者非物之說, 自無可疑. 而至謂理無靈覺, 而不得以所無施之於物, 則此又不知理之所以爲理, 而物之所以爲物也. 夫物之能靈能覺者, 氣之爲也. 而推原其所以靈覺者, 則理也.

---

207 『하빈선생전집』의 80쪽에 해당하나 실제로는 79쪽에 와야 한다.
208 『벽위편』에는 '且若'으로 되어 있다.
209 『하빈선생전집』에 '兌'로 되어 있으나 '免'의 오기로 보아 고쳤다. 『벽위편』에는 '免'으로 되어 있다.
210 『벽위편』에는 '言'이 아니라 '甚'으로 되어 있다.
211 『벽위편』에는 '而偃墮之患'이 아니라 '而有偃墮之患'으로 되어 있다.
212 『벽위편』에는 '理是無形之物, 則不足以此而爲慮也'가 아니라 '至於理亦可謂有形乎, 旣是無形, 則又何偃墮之足慮乎'로 되어 있다.
213 『벽위편』에는 '莫非空虛之處'가 아니라 '莫非空虛'로 되어 있다.
214 『벽위편』에는 '哉'가 아니라 '也'로 되어 있다.
215 『벽위편』에는 '不到之處'가 아니라 '不到處'로 되어 있다.
216 『벽위편』에는 '亦多矣'가 아니라 '亦必多矣'로 되어 있다.
217 『하빈선생전집』의 79쪽에 해당하나 실제로는 80쪽에 와야 한다.
218 『벽위편』에는 '閑'이 아니라 '間'으로 되어 있다.

但物則有形而可見, 理則無形而不可見. 故知道者, 卽其有形可見之物, 而驗其無形不可見之理. 若以理之無形, 物之有形, 而遂謂理之無與於物, 則其於論理也, 不亦遠乎. 旣以太極爲天主之所立, 而謂其理之本有精論, 則何不明言其所以然, 使天下之人曉然知其明義. 而顧乃中止而不說也. 彼旣中止而不說, 則是亦未了之公案, 而爲中士者徑[219]先屈服隨聲讚嘆, 誠可謂惑之甚者. 而其所屈服之語, 則與上文所謂未聞古聖之尊奉太極者, 同一見識. 誠知太極之爲虛位, 而無施敬之處, 則祀典之所以不及者, 亦無怪也.

大抵此篇主意全[220]在於詆斥太極, 解與陸子靜王守仁輩話頭, 依然一套. 陸王之學盛於皇朝, 而彼九萬里海外之人所見, 暗合如是者, 固可異也. 且篇首所謂儒之曰有, 曰誠, 未盡聞其釋也, 初若不知有吾儒之學, 而其下乃曰, 吾嘗博覽儒書, 則其說之不免抵捂, 有如此者.[221] 而至於篇末論上帝之說, 則出入經傳, 無不貫穿, 何其習於儒書之. 若是而乃不知[222]有字, 誠字之釋也, 其亦可疑之大者也.[223]

第三篇 論人魂不滅大異禽獸

按此篇人魂不滅之說, 吾已辨之於靈言蠡勺. 而今觀中士問彼之語, 極言吾人生世之苦勞及至死入土之爲大愁, 初不知吾儒名教之自有樂地, 而君子安時處順之心, 未嘗慽慽於生死. 且以孔子[224]及釋老二氏混斥爲他道, 而同歸之於乖亂天下之科. 無倫蔑理, 莫此爲甚, 則無怪乎其一聞域外之誕說, 而欣然從之

---

219 『하빈선생전집』에는 '經'으로 되어 있으나 『벽위편』에 따라 '徑'으로 고쳤다.
220 『벽위편』에는 '全'이 아니라 '專'으로 되어 있다.
221 『벽위편』에는 '有如此者'가 아니라 '又可異也'로 되어 있다.
222 『벽위편』에 '何其習於儒書之. 若是而乃不知'가 아니라 '何其習於儒書也. 若是而始不知'로 되어 있다.
223 『벽위편』에서는 '其亦可疑之大者也'가 아니라 '어떤 중국의 호사가가 육왕의 학문을 견강부회하여 이마두에 가탁하였는지 알 수 없다〔或者中國之好事家, 傳會陸王之說, 而因托於瑪竇, 卽是未可知也〕.'로 문장을 마무리하고 있다.
224 『벽위편』에는 '孔子'가 아니라 '孔聖'으로 되어 있다.

也.[225]

大抵此篇死生之說, 已兆於首篇死後何如之問,[226] 向[227] 其所以斥孔子[228]者, 又自第二篇斥太極之說而權輿焉. 雖其爲說每每借重於西士, 而其端則先自中士而發之. 不待觀西士之答而已, 可見中士之意, 則是西泰未入中國之前, 固有一西泰在於中國也, 又何之以罪西泰乎.

第四篇 辨釋鬼神及人魂異論而解萬物不可謂一體

按此篇鬼神人魂之說, 不過固上篇之意而申言之, 本不足辨. 而其引先王祭祀之禮, 及詩書所言人靈在天之說, 以爲籍口之資者, 則恐或有惑世之一端. 嘗見朱子語類有一條正論此事, 今輒引之於左, 以爲辨正之地.

『語類』曰,[229] 問人之死也, 魂魄便散否. 曰固是散. 又問子孫祭祀, 卻有感格者如何. 曰畢竟子孫是祖先之氣. 他氣雖散, 他根卻在這裏, 盡其誠敬, 則亦能呼召得他氣聚在此. 如水波樣, 後水非前水, 後波非前波, 然卻通只是一水波. 子孫之氣與祖考之氣, 亦是如此. 他那簡當下自散了, 然他根卻在這裏. 根旣在此, 又卻能引聚得他那氣在此. 此事難說, 只要人自看得. 問下武詩三后在天, 先生解云, 在天, 言其旣沒而精神上合於天. 此是如何. 曰便是又有此理. 用之云, 恐只是此理上合於天耳. 曰旣有此理, 便有此氣. 或曰想是聖人稟得淸明純粹之氣, 故其死也, 其氣上合於天. 曰也是如此. 這事又微妙難說, 要人自看得.

(用之)問 先生答廖子晦書云, 氣之已散者, 旣化而無有矣, 而根於理而日生者, 則固浩然而無窮也. 故上蔡謂我之精神, 卽祖考之精神, 蓋謂此也. 問[230]根於理

---

225 『벽위편』에는 '無倫蔑理, 莫此爲甚, 則無怪乎其一聞域外之誕說, 而欣然從之也'가 아니라 '無倫蔑理, 至於此極, 則無怪乎其一聞域外之說, 而欣然從之也'로 되어 있다.

226 『벽위편』에는 '問矣'로 되어 있다.

227 『벽위편』에는 '向'이 빠져 있다.

228 『벽위편』에는 '孔子'가 아니라 '孔聖'으로 되어 있다.

229 『하빈선생전집』에는 작은 글씨로 첨가되어 있고 『벽위편』에는 본문에 나타난다.

而日生者, 浩然而無窮, 此是說天地氣化之氣否. 曰此氣只一般. 周禮所謂天神
地示人鬼, 雖有三樣, 其實只一般. 若說有子孫底引得他氣來, 則不成無子孫底
他氣便絶無了. 他血氣雖不流傳, 他那個亦自浩然一生無窮.[231] 要之, 通天地人
只是這一氣, 所以說洋洋然如在其上, 如在其左右. 虛空偪塞, 無非此理, 自要
人看得活, 難以言曉也.

第五篇 辨排輪廻六道戒生殺之謬說而揭齊素正志

按此篇所以辨斥佛氏輪廻之說, 是矣.[232] 而佛之推善惡於前世, 此之指禍福於
後世者, 其爲離本世而架虛說則均矣. 且所謂後世之禍福者 實用佛氏天堂地獄
之餘論, 以此而斥輪廻, 其不爲佛氏之所笑者幾希矣.

第六篇 論死後必有天堂地獄以報善惡

按此篇天堂地獄之說, 已辨於前, 玆不疊論.

第七篇 論人性本善而述天主門士正學

按此篇之論人性, 大畧以爲生覺而能推論理者, 乃所謂人性也, 仁義禮智在推理
之後, 不得爲人性. 且謂性未嘗有德, 德者以久習義念義行生也. 故吾儒復性之
說爲非云. 彼嘗以生覺推論屬之於魂, 則魂是氣也, 何足以論人性之本然乎. 此
固不足辨也.[233]
仁[234]義禮智之爲人性, 自孟子而已有定說. 準之於四德, 配之於五行, 而無不
然[235]而相契, 固非猝然立說之所可破也.[236]

---

230 『하빈선생전집』과 『벽위편』에 모두 '且'로 되어 있으나 『주자어류』의 원문은 '間'으로
    되어 있다.
231 『하빈선생전집』에는 '他那個亦自浩然一生無窮'이 없으나 『벽위편』에 의거해 첨가하였
    다.
232 『벽위편』에는 '是矣'가 아니라 '似是'로 되어 있다.
233 『벽위편』에는 '此固不足辨也'가 빠져 있다.
234 『벽위편』에는 '仁' 앞에 '且'가 있다.

且使仁義禮智誠在推理以後, 而不具於本然之性, 則所謂惻隱等四者之心, 未知果寓於何處而猝發於倉黃入井之際, 不必待推理而後有之耶. 且以其在推理之後而謂之非性, 則所謂理者果在是性之外, 而理與性判然爲二物耶. 此固不識理之言也. 謂德之生於義念義行而不具於性, 則人之有是德者, 果是攬取在外之物, 强以納之於內者, 而大學所謂明德, 中庸所謂德性, 抑何指也. 此又不知德之言也. 然性理之說見於六經及程朱書者, 不啻明盡, 今不待復論而足矣. 學者必欲詳知其義, 則於是乎求之可矣.

第八篇 論傳道之士所以不娶而幷釋天主降生來由

按此篇絕婚一事, 此固佛氏之所以得罪於吾道, 而先儒之所以辨斥者, 亦已詳矣, 今不煩論. 至於天主降生之說, 則尤極狂[237]誕而無理, 本不足辯.[238] 姑以本書論天主之說而質之, 亦自有判然, 氷炭而不相入者.

彼嘗謂上天之度數, 各依其則, 次舍, 各安其位, 而無所差忒者, 由天主之主宰乎天,[239] 則天主之不可一日離天也, 明矣. 而今乃降生于民間, 至於三十三年之久, 則是其三十三年之間, 天固爲無主之一閑物矣. 度數次舍能無差忒之患乎. 彼嘗謂[240]天主爲古今大父, 宇宙公君, 則是必徧[241]覆四海之內, 而不當以私恩小惠偏[242]施於一方之人也, 決[243]矣. 今西泰之外天下之國, 不啻萬區, 莫非天主上帝之所子也,[244] 而不聞天主之降生於各國, 獨生於西泰之國, 則天主施恩

---

235 『벽위편』에는 '然' 앞에 '洵'이 있다.
236 『벽위편』에는 '固非猝然立說之所可破也'가 아니라 '固非胡辭亂說之所可紊也'로 되어 있다.
237 『벽위편』에는 '狂'이 아니라 '誑'으로 되어 있다.
238 『벽위편』에는 '本不足辯'이 빠져 있다.
239 『벽위편』에는 '天'이 아니라 '天云'으로 되어 있다.
240 『벽위편』에는 '謂'가 아니라 '以'로 되어 있다.
241 『벽위편』에는 '偏'으로 되어 있으나 '徧'의 오기일 것이다.
242 『하빈선생전집』에 '徧'으로 되어 있으나 『벽위편』에 따라 '偏'으로 고쳤다.
243 『하빈선생전집』에 '次'로 되어 있으나 『벽위편』에 따라 '決'로 고쳤다.
244 『벽위편』에는 '莫非天主上帝之所子也'가 빠져 있다.

之道, 可謂偏私之甚,[245] 而惡在其爲大父公君也. 只[246]此二段已可[247]見虛僞之
竭露, 而其說之不足憑, 盖有不待多言而明者矣.[248]

3) 『職方外記』[249]

此書以亞細亞, 歐邏巴, 利未亞, 亞墨利加, 墨瓦蠟尼加爲五大州. 亞細亞則中
國也. 除朝覲所通, 本係職方之外, 別有韃而靼等諸國屬焉. 歐羅巴在西海, 去
中國九萬里以西巴尼亞等諸國屬焉. 利未亞東際西紅海, 西界福島, 阨入多等
諸國屬焉. 亞墨利加卽歐羅巴大臣閣龍等航海而尋得者也. 其地分南北二界.
南則有孛露等諸國, 北則有墨是可等諸國. 墨瓦蠟尼加卽以西巴尼亞臣墨瓦蘭
所尋得者也. 約在亞墨利加之東偏, 而山川道里人物風俗與夫鳥獸蟲魚, 俱無
傳說, 不得漫述云云.

余惟國中居天下中, 得風氣之正, 自古[250]聖賢迭興, 名敎是尙, 其風俗之美, 人
物之盛, 固非外國所可及. 而彼歐羅巴等諸國, 皆不過窮海之絶域, 裔夷之徧方,
其於名敎無所與聞,[251] 不能自進於華夏.

今乃徒以土地之大小略相彷彿, 而輒敢竝列而混稱之, 固已不倫之甚矣. 且天
下萬區, 自職方所記之外, 其在實瀛曠漠之際者, 道里絶遠, 梯船不通,[252] 雖有

---

245 『벽위편』에는 '天主施恩之道可謂偏私之甚'이 아니라 '天主施恩之道亦云偏矣'로 되어
있다.
246 『벽위편』에는 '只'가 아니라 '卽'으로 되어 있다.
247 『벽위편』에는 '可'가 빠져 있다.
248 『벽위편』에는 '而其說之不足憑. 盖有不待多言而明者矣'가 빠져 있다.
249 원래 『직방외기』의 기는 '紀'이지만 『하빈선생전집』에는 '記'로 표기되어 있다. 한편 『벽
위편』에는 제목 옆에 '甲辰作'이라고 적혀 있다.
250 『벽위편』에는 '自古'가 아니라 '自古迄今'으로 되어 있다.
251 『벽위편』에는 '其於名敎無所與聞'이 빠져 있다.
252 『벽위편』에는 '梯船不通'이 아니라 '梯杭莫通'으로 되어 있다.

奇形異狀之國, 棋布其中, 顧無以親歷而驗其實, 則君子所以存而不議[253]也.

今西士雖善遠遊, 要不能[254]極天地四窮之涯.[255] 徒以耳目之所嘗及者區區編錄, 指定五州, 傲然自謂已盡乎天下之觀, 何其爲見之小哉. 至如墨瓦蠟一州, 旣曰俱無傳說, 則不[256]知於何考信, 知其爲大[257]而得與四州竝列哉.

歐羅巴之學頗行於中國, 我東人亦多悅慕者.[258] 今因此書所記而觀之,[259] 則其說要皆祖述乎佛氏, 而其見之陋又出於佛氏下. 如所謂天堂地獄及守童身屛俗緣, 形軀可滅, 靈魂不滅等說, 全襲佛氏緒餘也.[260]

如所謂化誘世人轉輪不絶者, 卽佛氏勸善之意. 如所謂公共瞻禮名, 曰彌撒者, 卽佛氏頂禮之事也. 如所謂抛棄世間福樂避居山谷畢世修持者, 卽佛氏之出家也, 如所謂初悔罪有拔[261]地斯摩之禮, 重解罪有恭棐桑之禮者, 卽佛氏之懺罪. 其斥論回之說, 雖與佛氏若異, 而所謂人至命終天主審判而賞罰之者, 卽佛氏剉燒舂磨之餘論也. 至如前知預說,[262] 佛氏之有識者, 猶不肯爲至斥以邪魔外道.

而此書則特以前知未來爲神聖之極功, 以爲西方聖人多有受命天主.[263] 凡有疑事, 必得嘿啓其所前知, 悉載經典, 後來無不符合. 如天主降生救援人罪之事,

---

253 『벽위편』에는 '議'가 아니라 '論'으로 되어 있다.
254 『벽위편』에는 '雖善遠遊, 要不能'이 아니라 '雖善於遠遊, 而要不能'으로 되어 있다.
255 『벽위편』에는 『하빈선생전집』에는 없는 '則海中諸國容亦有未能遍到處也'라는 구절이 이어진다.
256 『벽위편』에는 '殊不'로 되어 있다.
257 『벽위편』에는 '大洲'로 되어 있다.
258 『벽위편』에서 이 문장은 2쪽 가량 뒤에 나오며, '至於我東人亦多有悅慕者而稱道之者'로 바뀌어 있다.
259 『벽위편』에는 '觀之'가 아니라 '考其大略'으로 되어 있다.
260 『벽위편』에는 '全襲佛氏緒餘也'가 아니라 '全是佛氏說也'로 되어 있다.
261 『하빈선생전집』에 '柭'로 되어 있으나 『벽위편』에 따라 '拔'로 고쳤다.
262 『벽위편』에는 '預說之事'로 되어 있다.
263 『벽위편』에는 '受命天主'가 아니라 '受命於天主者'로 되어 있다.

經典中預說甚詳, 而後果降生於如德亞白德稜之地云云.[264] 此等說視佛氏尤爲淺露, 徒以自狀其荒誕, 可笑之甚者也.[265]

此書記歐羅巴之學, 以尊奉天主上帝爲第一義, 而至言其所以尊奉之意, 則曰凡人禍福修短皆天主之主宰. 故人當畏敬而愛慕之, 從天主之眞敎, 則必昇天堂參拜天神及諸聖賢, 不則必隨地獄永受苦難.

余惟禍福修短之係於天, 其理固然. 而君子之敬天, 非畏此而然也.[266] 天生斯人,[267] 賦之以仁義禮智之性, 敍之以夫子君臣夫婦長幼之倫, 人當[268]充是性而盡是倫, 然後方可以無忝而得全乎上天之付畀矣.[269] 聖賢所以欽斯承斯終日對越者此也, 是豈爲求福而爲之乎, 是豈爲畏禍而爲之乎, 是豈爲年壽之修短而爲之乎.[270]

今爲彼學者, 旣不原[271]天賦之性而充其固有之德, 又不察天敍之倫而盡其當行之道. 其所敬畏而愛慕者, 特以禍福修短之繫於天, 則其敬也非誠心而敬之也, 要天之福己而已, 其愛也非誠心而愛之也, 畏天之禍己而已. 其學全出於利心, 以不足與論於聖賢對越之事矣.

噫, 全昧乎天理人倫之所以然, 徒以禍福已, 而則是將要福而爲善, 無福則弛矣, 畏禍而不爲惡, 無禍則肆矣. 殺身成仁之事, 舍生取義之節, 孰肯爲之. 此設行, 吾見天下滔滔趨利而不可返也.[272]

---

264 『벽위편』에는 '云云'이 아니라 '皆經典所說云'으로 되어 있다.
265 『벽위편』에는 '徒以自狀其荒誕, 可笑之甚者也'가 아니라 '曾何足以誣人, 適足自狀其荒誕而已'로 되어 있다.
266 『벽위편』에는 '君子之敬天非畏此而然也'가 아니라 '君子所以敬天畏天此者, 其爲是也'로 되어 있다.
267 『벽위편』에는 '人也'로 되어 있다.
268 『벽위편』에는 '人當'이 아니라 '凡爲人子'로 되어 있다.
269 『벽위편』에는 '然後方可以無忝而得全乎上天之付畀矣'가 아니라 '然後方得全乎上天之付畀矣'로 되어 있다.
270 『벽위편』에는 '是豈爲年壽之修短而爲之乎'가 빠져 있다.
271 『벽위편』에는 '不原'이 아니라 '不能原'으로 되어 있다.

此書記歐羅巴建學取士之法. 大約效嚬於儒教, 而程條不純名言失宜.[273] 其說曰, 歐羅巴國王廣設學校, 一國一郡有大學中學, 一邑一鄉有小學, 小學選學行之士爲師, 中學大學又選學行最優之士爲師. 其小學曰文科, 有四種. 一古賢名訓, 一各國史書, 一各種詩文, 一文章議論. 學者自七八歲學至十七八學成, 而本學之師儒試之優者, 進於中學. 中學[274]曰理科, 有三家. 初年學落日加, 譯言辨是非之法. 二年學費西[275]加, 譯言察性理之道. 三年學默[276]達費西加, 譯言察性理以上之學. 總名斐錄所費亞, 學成而本學師儒又試之優者, 進於大學. 大學[277]乃分爲四科, 而聽人自擇, 一曰醫科, 主療疾病. 一曰治科, 主習政事, 一曰敎科, 主守敎法, 一曰道科, 主興敎化, 皆學數年而後成. 學成而師儒又嚴[278]考閱之取中, 便許任事. 學道者專務化民, 不與國事. 治民者秩滿後,[279] 國王察其政績黜陟之.

余觀[280]三學之分設, 近於吾儒小學大學之規矣, 師儒之歷試[281]擬[282]於吾儒升縣升州之法矣. 而若其學者之所以學, 敎者之所以敎, 則非吾儒爲學爲敎之本

---

272 '其所敬畏而愛慕者 (…) 不可返也'는 『벽위편』의 경우 문장이 다르며 '不可返也' 이후에 다음과 같은 구절이 붙어 있다. '其所以敬且畏之者, 徒以禍福修短之係於天, 則其所謂敬之也, 非誠心而敬之也. 其所謂畏之也, 非誠心而畏之也. 求福而已, 怵禍而已. 其學之全出於利心, 以不足與論於聖賢對越之誠可見矣. 此設行, 吾見天下滔滔趨利而不可返也. 至於堂獄之說 又因要福畏禍之心, 而雜之以佛氏之誕妄 欲以誘脅世人用心之不正, 亦云甚矣.'

273 『벽위편』에는 '大約 (…) 失宜'가 빠져 있다.

274 『하빈선생전집』에는 '中學'이 빠져 있어 『벽위편』에 따라 삽입했다.

275 『벽위편』에는 '日'로 되어 있으나 '西'의 오류이다.

276 『벽위편』에는 '嘿'으로 되어 있다.

277 『하빈선생전집』에는 '大學'이 빠져 있어 『벽위편』에 따라 삽입했다.

278 『벽위편』에는 '嚴'이 빠져 있다.

279 『벽위편』에는 '後'가 빠져 있다.

280 『벽위편』에는 '觀'이 아니라 '惟'로 되어 있다.

281 『벽위편』에는 '試'가 아니라 '視'로 되어 있다.

282 『하빈선생전집』에 '疑'로 되어 있으나 『벽위편』에 따라 '擬'로 고쳤다.

意也.[283] 至於四科之取中任事者, 雖亦彷彿[284]於古者論定任官之制, 而細察[285] 其所以任之之術, 則又爲非矣.

夫吾儒之爲道也, 原於天命本然之善, 著於人倫日用之常, 其所謂學者學此而已, 其所謂敎者敎此而已. 八[286]歲而入小學, 不過敎之以洒掃應對, 進退之節, 愛親敬兄隆師親友之道. 要以涵養其德性, 培壅其根基,[287] 行有餘力, 則又使誦詩讀書咏歌舞蹈, 欲其一念一動之無或逾越.

十五而入大學, 又不過因小學之所已敎, 而窮理以崇其德, 修身以廣其業, 有[288] 以全乎天命之善, 盡乎人倫之常. 故自[289]鄕而升之縣, 自縣而升之州, 自州而升之國學者, 雖其次第之不同, 品節之有殊, 而[290]所以學, 所以敎者, 莫非道理也.[291] 學旣成矣, 道旣通矣, 樂正論其秀, 司馬辨其材, 升之朝, 任之以職. 小焉而方物發慮, 大焉[292]而論道弘化, 又不過推其學之所得而施之而已. 此吾儒所以爲大中至正, 萬世不易之道也.

今歐羅巴學校之制, 則[293]其入小學也, 未嘗略及於涵養德性倍壅根其之事, 此已全昧乎本領之所在矣. 其所以敎之以古賢名訓者, 稍[294]若有理, 而以文先行, 本末失序, 非如吾儒之有餘力然後, 方及於詩書歌舞之節也.[295] 至於史書之熟

---

283 『벽위편』에는 '則非吾儒爲學爲敎之本意也'가 아니라 '則與吾儒所以學之敎之者異也'로 되어 있다.
284 『벽위편』에는 '彷彿'이 아니라 '衣樣'으로 되어 있다.
285 『벽위편』에는 '細察'이 아니라 '若其'로 되어 있다.
286 『벽위편』에는 '八' 앞에 '自'가 있다.
287 『벽위편』에는 '根基爲先也'로 되어 있다.
288 『벽위편』에는 '有' 앞에 '求'가 있다.
289 『벽위편』에는 '自' 앞에 '其所以'가 있다.
290 『벽위편』에는 '而若其'로 되어 있다.
291 『벽위편』에는 '莫非道理也'가 아니라 '則要莫非這道理也'로 되어 있다.
292 『하빈선생전집』에는 '焉'이 없으나 『벽위편』에 따라 고쳤다.
293 『벽위편』에는 '而觀'으로 되어 있다.
294 『벽위편』에는 '雖'로 되어 있다.
295 『벽위편』에는 '非如吾儒之有餘力然後, 方及於詩書歌舞之節也'가 아니라 '孰如吾儒之有

閙, 尤非幼學所及,[296] 而輒先[297]躐敎者何哉. 下此而各種詩文文章議論,[298] 敎此浮浪之習, 壞其性質之美, 而顧爲之荒.[299] 以科目督, 以訓誨定, 爲恒務之業, 誤[300]後學而痼人心, 不亦甚乎.[301]

若中學之卜是非, 察性理, 其說似矣. 而第其涵養培壅之功, 旣闕於始, 則[302]所以卜, 所以察者, 如無可據而爲之基,[303] 終亦偏枯而不安矣. 其說之誤, 至以爲自此而進, 更有性理以上之學, 而却不知性理之上, 未嘗有物也.[304]

至於大學之四科, 則其舛尤甚. 醫者本與祝史[305]之屬, 同歸執技之類, 先王之制不得齒於士林者也. 今乃先敎於小學, 次敎於中學, 若將成就其德業, 而末以此等術, 爲究意之地者, 不亦無謂之甚乎.[306] 治也敎也道也三者, 初不可判然各爲一物.[307] 指其天命人倫之全體而言之, 則道也.[308] 因其道之當然而品節而爲之

餘力, 卽以學文者乎'로 되어 있다.

296 『벽위편』에는 '及'이 아니라 '急'으로 되어 있다.

297 『벽위편』에는 '先'이 아니라 '徑'으로 되어 있다.

298 『벽위편』에는 '詩文也, 文章議論也'로 되어 있다.

299 『벽위편』에는 '敎此浮浪之習, 壞其性質之美, 而顧爲之荒'이 없고 다음과 같은 문장으로 '以科目督'에 이어진다. '아름답고 고우며 붉은 실로 짠 듯하나 허황하고 잡되어서 그것을 잘해도 일에는 도움이 되지 않고 그것을 착실히 하여도 도에는 해가 된다. 하물며 어려서 처음 입학한 때에 과목으로 차례를 정하고〔綺麗纂組浮奈駁雜, 能之而無補於事, 着之有害於道, 況童年入學之初, 顧爲之第〕'

300 『벽위편』에는 '使之誤'로 되어 있다.

301 『벽위편』에는 '痼人心, 不亦甚乎'가 아니라 '痼人心乎'로 되어 있다.

302 『벽위편』에는 '則及乎中學'으로 되어 있다.

303 『벽위편』에는 '如無可據而爲之基'가 아니라 '將欲何據而爲之基乎'로 되어 있다.

304 『벽위편』에는 '終亦 (…) 未嘗有物也'가 아니라 다음과 같은 문장으로 되어 있다. '다시 이로부터 나아가 더욱 성리 이상의 학문을 해야 한다고 운운하는데 도리어 성리 너머에 물(物)이 있었던 바가 없음을 모르는 것으로, 마음을 수고롭게 하여 억지로 찾아도 돌아갈 바가 없으니 마침내 치우쳐 굳어져 불안할 뿐이다〔復以爲自此而進, 更有性理以上之學云, 却不知性理之上, 未嘗有物, 勞心强索, 無所歸宿, 終亦偏枯而不安矣〕.'

305 『벽위편』에는 '祝史射御'로 되어 있다.

306 『벽위편』에는 '至於'가 있다.

法,[309] 則教也.[310] 擧其[311]教而爲政於天下者, 則治也.[312] 故[313]治者所以敷其教也, 教者所以裁其道也.

今治科則[314]主習政事, 而不知其爲政之必原於教, 教科則主守教法, 而不知其爲法之必於道, 道科則主興教化, 而不知其[315]可以推於教與治. 是則道自道, 教自教, 治自治, 而判然爲一[316]物, 不[317]相貫通[318]而該攝也.[319] 若是者可謂知理之言乎.[320]

---

307 『벽위편』에는 '物也'로 되어 있다.

308 『벽위편』에는 '則道也'가 아니라 '則不爲道也'로 되어 있다.

309 『벽위편』에는 '品節而爲之法'이 아니라 '品節之以爲之法'으로 되어 있다.

310 『벽위편』에는 '所謂敎也'로 되어 있다.

311 『벽위편』에는 '其'가 아니라 '斯'로 되어 있다.

312 『벽위편』에는 '所謂治也'로 되어 있다.

313 『벽위편』에는 '故曰'로 되어 있다.

314 『벽위편』에는 앞 문장과 則 사이에 '다스림이라는 것은 가르침에 근본하지 않을 수 없고 가르침이라는 것은 도에 근원하지 않을 수 없는 것인데 지금 저들은 이른바 치과 등 세 과를 각각으로 나누어서 사람들이 스스로 선택하도록 하여, 치과는〔爲之治者, 未有不原於敎, 爲之敎者, 未有不本於道, 而今彼所謂治科等三科, 分爲各種, 聽人自擇, 以爲治科〕'이라는 구절이 더 있다.

315 『벽위편』에는 '其道之可以'로 되어 있다.

316 『벽위편』에는 '三'으로 되어 있다.

317 『벽위편』에는 '不能'으로 되어 있다.

318 『벽위편』에는 '貫通也'로 되어 있다.

319 『벽위편』에는 '而該攝也'가 빠져 있다.

320 『벽위편』에는 '若是者可謂知理之言乎'가 아니라 다음과 같은 문장이 이어져 있다. '이것으로 도를 알고, 교를 알며, 치를 안다고 할 수 있겠는가? 견해의 차이가 이미 이와 같다. 그러므로 무리 중에 취하여 직무를 맡긴다는 설에 대해 논하기를, 다만 도를 배운 자는 국사에는 참여하지 않고 백성을 다스리는 자는 또한 도에 전념해야 한다고 말하지 않는다. 도를 배워도 나라 일에 참여하기에 부족하다면 배운 도는 과연 무슨 도인가? 백성을 다스리는 데 반드시 도에 전념하지 않는다면 그 다스림은 또한 근본이 없는 것이다〔此可謂知道者乎, 知敎者乎, 知治者乎. 所見之差, 旣如是也. 故其論取中任仕之說, 直以爲學道者, 不與國事, 而治民者, 又不言其須於道. 夫學道而不足與國事, 則所學之道, 果何道乎. 治民而不須於道, 則其治也, 亦無本已矣.〕.'

夫以³²¹小學之敎而言之, 則闕於涵養之功, 而淫於浮浪³²²之習者如此. 以³²³中學之敎而論之, 則昧於性理之眞, 而流於偏枯之弊者如此. 至於大學之所以敎, 則醫方之雜³²⁴技也, 而混以列之. 道敎治之一³²⁵原也, 而岐以分之其爲駁亂³²⁶而乖離又如此. 若然者其與吾儒之原於天命人倫之際, 而務乎躬行心得之實者, 奚³²⁷啻氷炭之相反哉.³²⁸

嗚呼, 異端之說, 其與吾儒而絶不同者,³²⁹ 則其卞不甚難也, 其害不甚酷也, 獨其窃取而文, 其詐假托, 而飾其僞,³³⁰ 巧與吾儒而牽合者, 則其眞假正邪固難卒卞,³³¹ 而惑世誣民之害, 將不可勝言矣.³³² 今歐羅之學, 旣外於天命本然之善, 又昧於人倫日用之常, 其與吾儒而³³³不同者, 固不待多言而卞矣. 惟此建學取

---

321 『벽위편』에는 '以彼所謂'로 되어 있다.
322 『벽위편』에는 '奈'로 되어 있다.
323 『벽위편』에는 '以'가 없다.
324 『벽위편』에는 '賤'으로 되어 있다.
325 『하빈선생전집』에는 '之一'이 없다. 그러나 이 두 글자가 없으면 문장이 성립하지 않을 뿐더러 실제로 '治'와 '原' 사이에 두 글자 분량의 공간이 비워져 있다.
326 『벽위편』에는 '갈라서 나누어 놓았고, 또 직무를 맡기는 경우 치와 도가 각각 별도의 과목이 되어 체와 용이 서로 관계되지 않아 잡박하고 어지럽다[而岐以分之, 及其任仕, 則治也, 道也, 各殊其科, 體用之不相管, 而駁亂].'로 되어 있다.
327 『하빈선생전집』에는 한 글자 분량의 공백이 있으며 『벽위편』에 따라 '奚'를 넣었다.
328 『벽위편』에는 다음의 문장이 이어진다. '또한 어찌 우리 유교에서 학문을 함에 반드시 정치에 미루어 나가고, 정치를 함에 반드시 학문에 근본을 두는 것과 견주어 말할 수 있겠는가? 법규와 조목이 순수하지 않으며 명분과 말이 마땅함을 잃었으니 천박하고 비루하여 대단히 우습다[而又豈可比論於吾儒之爲學, 必推於政, 爲政必本於學者哉. 程條不純, 名言失宜, 淺陋而可笑之甚也].'
329 『벽위편』에는 '然而不同者'로 되어 있다.
330 『벽위편』에는 '藏情匿實而巧'로 되어 있다.
331 『벽위편』에는 '其眞假正邪固難卒卞'이 아니라 '其眞似之分卒難能辨'으로 되어 있다.
332 『벽위편』에는 다음의 문장이 이어진다. '이것이 맹자가 양주와 묵적이 인과 의를 미혹시킨 바를 미워하고, 정자와 주자가 불교가 참됨을 크게 어지럽힌다고 배척한 이유이다[此孟子所以惡楊墨疑於仁義, 而程朱所以斥佛氏之大亂眞也].'
333 『벽위편』에는 '而'가 빠져 있다.

士之法, 各能傳會於儒教,[334] 揜其邪僞之迹. 故高明之士或且疑之,[335] 此說肆行幾何, 其不胥爲夷, 而以至於[336]聖學之榛蕪也[337]耶.

此書之記天主靈蹟有曰,[338] 亞剌比亞國有西內山, 天主召一聖人美瑟於此山賜以十戒, 著於石版.[339] 又曰天主降生於如德亞, 名曰耶蘇, 後遂肉身升天. 又曰拂郎察國王, 天主特賜寵異. 自古迄今之主, 皆賜一神能, 以手撫人癭瘡, 應手而愈. 又曰瑣奪馬國, 因恣男色之罪, 天主降之重罰盡焚其國, 命天神下界, 止導一聖德士名落得者及其家人出壇云云.

此等說, 蓋欲以神奇靈異之事兮耀於世, 而不自覺誕妄之迹, 因此綻露, 曾不足以誣乎人. 此何異於[340]小兒竊鈴之討[341]也.

佛氏所謂西方聖人, 假托孔子之言, 殊極無理, 而此書輒引去說,[342] 以爲指拂菻國王大味得, 撒剌滿父子, 而言其爲浮誕, 固已甚矣. 至讚二王之德, 則他無所見. 只曰嘗造天主大殿, 皆金玉砌成, 飾以珎寶窮極美麗. 其費以三十萬萬與.[343] 枌土木, 若是宏侈, 而所以爲聖人者, 果何說也.[344] 假曰奉天異於自奉, 而古者圜丘方澤之祭, 猶可致敬於神祇, 彼高明之上帝, 豈可致美於宮室然後, 可以格之耶.[345] 況三十萬萬財力獨非斂於生靈者耶.

---

334 『벽위편』에는 '各能傳會於儒教'가 빠져 있다.
335 『벽위편』에는 '故高明之士或且疑之'가 아니라 '대략 우리 유가를 흉내낼 수 있기 때문에 고명한 선비라도 혹 능히 궁구할 수 없으면 (서학을) 이단으로 귀착시켜서는 안 된다고 여긴다. 오호라〔而略能效嚬於吾儒, 高明之士或不能深究, 而以爲不可歸之於異端. 嗚呼〕'로 되어 있다.
336 『벽위편』에는 '於'가 빠져 있다.
337 『벽위편』에는 '也'가 빠져 있다.
338 『벽위편』에는 '有曰'이 아니라 '多矣'로 되어 있다.
339 『벽위편』에는 '云'이 붙어 있다.
340 『벽위편』에는 '曾不足以誣乎人. 此何異於'가 아니라 '正如'로 되어 있다.
341 『벽위편』에는 '見'으로 되어 있다.
342 『벽위편』에는 '輒引去說'이 아니라 '掠所其說'로 되어 있다.
343 『벽위편』에는 '與計'로 되어 있다.
344 『벽위편』에는 '而所以爲聖人者, 果何說也'가 아니라 '稱爲聖人者, 何也'로 되어 있다.

此書以爲西士化人而欲及天下, 捐朋友, 棄親戚, 遍歷遠方, 視天下猶一家, 視天下人猶一體,[346] 其於天下, 固爲厚矣.[347] 然君子之道, 親親而及於仁民, 仁民而及於愛物, 今欲爲天下, 而捐其朋友, 棄其親戚, 則此所謂所厚者薄, 所薄者厚, 而其與吾儒大學之道, 亦異矣.[348]

先生以肅廟壬午生, 年二十二, 癸卯中司馬, 因棄貢擧業, 專心於爲已之學. 越明年甲辰, 見李星湖, 始聞有西洋之學, 求見其書, 一見已知爲邪學, 卽著西學辨以斥之. 此在西學未盛之前, 而先生已知其邪說橫流, 其害將甚於洪水猛獸而然也. 先生以英廟辛巳, 終壽六十, 嘗有著述百有餘卷, 皆所以發揮六經也.

---

345 『벽위편』에는 '彼高明之上帝, 豈可致美於宮室然後, 可以格之耶'가 아니라 '欲格上帝者, 豈務宮室之美歟'로 되어 있다.

346 『벽위편』에는 이 문장 바로 뒤에 '夫視天下猶一家, 視天下人猶一體, 則'이 더 붙어 있다.

347 『벽위편』에는 '固爲厚矣'가 아니라 '可謂厚矣'로 되어 있다.

348 『벽위편』에는 '然君子之道 (…) 亦異矣'가 다음과 같이 바뀌어 있다. '그러나 돌아보면 친척을 버리고 친구를 버리는 것을 면치 못하니 친척과 붕우를 천하 사람들만 못하게 여기는 것이니 『대학』에서 그 후하게 할 것을 박하게 하고 박하게 할 것을 후하게 한다는 말이 바로 이 무리를 위해서 한 말일 것이다〔而顧不免棄其親戚, 捐其朋友, 則其視親戚朋友, 反不如天下人耶. 大學曰, 於其所厚者薄, 所薄者厚, 正爲此輩說也〕.'

참고문헌

1. 원전 및 원전 번역서

『論語』

『大學』

『孟子』

『書經』

『禮記』

『周易』

『中庸』

『春秋左傳』

『列子』

『東史綱目』, 安鼎福, 朝鮮古典刊行會 編, 경인문화사, 1970

『東醫寶鑑』

『闢衛編』, 李晩采 編纂, 열화당, 1971

『벽위편: 韓國天主教迫害史』, 李晩采 編, 金時俊 譯, 명문당, 1987

『徐光啓集』, 徐光啓, 上海: 上海人民出版社, 1984

『서광계 문집』, 서광계, 최형섭 역, 지만지, 2010

『국역 星湖僿說』, 이익, 민족문화추진회, 1976

『星湖先生全集』

『星湖僿說類選』

『星湖全集』, 이익, 김기빈 외 역, 한국고전번역원, 2010

『順菴覆瓿稿』, 安鼎福, 박홍갑 외 역, 國史編纂委員會, 2012

『順菴先生文集』, 安鼎福, 韓國文集編纂委員會 編, 景仁文化社, 1994

『국역 순암집』, 안정복, 양홍렬 역, 민족문화추진회, 1997

『與猶堂全書』

『朱子大全』

『朱子語類』

『河濱先生全集』, 愼後聃, 刊行委員會 편저, 亞細亞文化社, 2006

『橫渠易說』, 장재, 장윤수 역, 지만지, 2008

『영언여작』, 프란체스코 삼비아시, 김철범, 신창석 공역, 일조각, 2007

『직방외기』, 줄리오 알레니, 천기철 역, 일조각, 2005

『신학대전』, 토마스 아퀴나스, 정의채 역, 성바오로출판사, 1993

『明末靑初耶蘇會思想史彙編』, 鄭安德 편저, 전5책. 北京: 北京大學宗敎硏究
　　　所, 2003

『耶穌會羅馬檔案館明淸天主敎文獻』, Nicolas Standaert, Adrian Dudink ed.,
　　　台北: 利氏學社, 2002

『영혼에 관하여』, 아리스토텔레스, 유원기 역, 궁리, 2001

『天主敎東傳文獻』, 台北: 學生書局, 1965

『天主敎東傳文獻續編』 전3권, 台北: 學生書局, 1966

『天主敎東傳文獻三編』 전6권, 台北: 學生書局, 1984

『천주실의』, 마테오 리치, 송영배 외 역, 서울대학교 출판부, 1999

Matteo Ricci, *The True Meaning of the Lord of Heaven*, Douglas Lancashire
　　　& Hu Kuo-chen S.J, Taipei: The Ricci Institute, 1985

2. 연구논저

강병수, 「하빈 신후담의 학문과 사상 연구」, 동국대학교 박사논문, 2002

구만옥, 「성호의 서학관과 과학사상」, 『성호이익 연구』, 2012

금장태 외, 『순암 안정복의 서학인식과 교육사상』, 성균관대학교 출판부, 2012

금장태, 『실학과 서학 : 한국근대사상의 원류』, 지식과 교양, 2012

　　　 『조선 후기 儒敎와 西學 : 교류와 갈등』, 서울대학교 출판부, 2003

김기련, 「로마 카톨릭 교회의 은총과 칭의 이해」, 『신학과 현장』제19집, 2009

김선희, 『마테오 리치와 주희, 그리고 정약용』, 심산, 2012

김철범, 「『영언여작』과 조선 지식계의 수용양상」, 『부산교회사보』제40호, 2003

노대환, 「정조시대 서기 수용 논의와 서학 정책」, 『정조시대의 사상과 문화』, 돌베개, 2007

문석윤, 「星湖 李瀷의 心說에 관하여: 畏庵 李栻의 「堂室銘」에 대한 비판을 중심으로」, 『철학연구』86권, 2009

박성순, 『조선후기 서학의 수용과 북학론의 형성』, 고즈윈, 2005

V. Cronin, 이기반 역, 『西方에서 온 賢者: 마테오 리치의 생애와 중국 전교』, 분도출판사, 1994

서강대학교 도서관, 『고서해제』, 서강대학교, 2010

안영상, 「동서 문화의 융합·충돌 과정에 나타난 성호학파의 철학적 특징의 일단면－인체관에 나타난 pneuma와 心氣論을 중심으로」, 『民族文化研究』 Vol.41, 2004

야마다 케이지, 김석근 역, 『주자의 자연학』, 통나무, 1991

앤소니 케니, 이재룡 역, 『아퀴나스의 심리철학』, 가톨릭대학교 출판부, 1999

이용범, 『한국과학사상사연구』, 동국대학교 출판부, 1993

요셉 후우비, 강성위 역, 『가톨릭思想史』, 대조사, 1965

정인재, 「서학의 아니마론과 다산의 심성론」, 『다산 정약용 탄신 250주년 기념 학술대회 자료집』, 2012

주교회의 교리교육위원회, 『가톨릭 교회 교리서』, 한국천주교중앙협의회, 2008

G. 달 사쏘 외, 이재룡 역, 『신학대전 요약』, 가톨릭대학교 출판부, 1995

최동희, 『西學에 대한 韓國實學의 反應』, 고려대학교 민족문화연구소, 1988

하우봉, 「성호 이익의 일본인식」, 『전북사학』 8집, 1984

히라카와 스케히로(平川祐弘), 노영희 역, 『마테오 리치』, 동아시아, 2002

羅光, 『利瑪竇傳』, 台北: 學生書局, 1979

山口正之, 『朝鮮キリスト敎の文化史的硏究』, 東京: 雄山閣, 1967

徐宗澤, 『明淸間耶蘇會士譯著提要』, 上海書店, 1994

方豪, 『李之藻硏究』, 台北: 商務印書館, 1966

　　　『中國天主敎史 人物傳』, 北京: 中華書局, 1988

海老澤 有道, 『日本キリシタン史』, 東京: 塙書房, 1976

Nicolo Longobardi, *Traité surquelques points de la Religion des Chinois*, 福島 仁 역, 「『中国人の宗教の諸問題』訳注」(上), 『名古屋大学文学部研究論集』 CII, 哲学34, 1988

『明淸間耶蘇會士譯著提要』, 徐宗澤, 上海書店, 1994

George H. Dunne, *Generation of Giants: The Story of the Jesuits in China in the last Decades of the Ming Dynasty*, Notre Dame, University of Notre Dame Press, 1962

V. Cronin, *The Wise Man From the West*, London: Collins Press, 1984

실시학사 실학번역총서 04

하빈 신후담의 돈와서학변

1판 1쇄 인쇄 2014년 9월 20일
1판 1쇄 발행 2014년 9월 25일

기획 | 재단법인 실시학사
지은이 | 신후담
옮긴이 | 김선희

펴낸곳 | 성균관대학교 출판부 · 사람의무늬
등록 | 1975년 5월 21일 제1975-9호
주소 | 110-745 서울특별시 종로구 성균관로 25-2
전화 | 02)760-1252~4 팩스 | 02)762-7452
홈페이지 | http://press.skku.edu

ⓒ 2014, 재단법인 실시학사
ISBN 979-11-5550-078-1 94150
      979-11-5550-001-9 (세트)
값 19,000원